冶金工业出版社
高职高专“十四五”规划教材

运动人体科学概论

主　编　周群英　常　鑫
副主编　胡江华　高金宝

北　京
冶　金　工　业　出　版　社
2023

内 容 提 要

本书共分十章，主要内容包括：绪论，人体运动的物质与能量代谢，运动系统，神经和内分泌系统，氧运输系统，体育运动中的营养学问题，身体素质，运动中人体机能变化规律，年龄、性别、环境与运动，以及常见运动损伤的预防与治疗。

本书可作为高职院校体育专业教材，也可作为体育从业者的参考书。

图书在版编目(CIP)数据

运动人体科学概论／周群英，常鑫主编．—北京：冶金工业出版社，2023.5

高职高专“十四五”规划教材

ISBN 978-7-5024-9489-6

Ⅰ.①运… Ⅱ.①周… ②常… Ⅲ.①人体运动—人体科学—高等职业教育—教材 Ⅳ.①G804.62

中国国家版本馆 CIP 数据核字(2023)第 078525 号

运动人体科学概论

出版发行 冶金工业出版社 **电 话** (010)64027926
地 址 北京市东城区嵩祝院北巷 39 号 **邮 编** 100009
网 址 www.mip1953.com **电子信箱** service@mip1953.com

责任编辑 刘林烨 俞跃春 美术编辑 吕欣童 版式设计 郑小利
责任校对 葛新霞 责任印制 窦 唯
三河市双峰印刷装订有限公司印刷
2023 年 5 月第 1 版，2023 年 5 月第 1 次印刷
787mm×1092mm 1/16；11.75 印张；280 千字；175 页
定价 50.00 元

投稿电话 (010)64027932 投稿信箱 tougao@cnmip.com.cn
营销中心电话 (010)64044283
冶金工业出版社天猫旗舰店 yjgycbs.tmall.com
(本书如有印装质量问题，本社营销中心负责退换)

前言

运动人体科学是一门应用人体解剖学、生理学、营养学和体育保健学等多种人体科学学科理论和方法研究体育运动对人体形态结构、生理功能的影响，以及体育运动中的保健规律和措施的综合性科学知识体系，是我国体育职业教育中的一门重要基础课程。

掌握和正确运用运动人体科学的基本理论、基础知识和基本技能可以有效地指导运动训练和科学健身。新中国成立以来，我国运动员取得了举世瞩目的成绩。在金牌背后，不仅有运动员的拼搏、教练员兢兢业业的奉献、管理者细致入微的工作，同时也凝结着体育科学工作者的辛勤汗水。运动人体科学知识在竞技体育中的运用，为运动员科学训练提供了可靠的保障。全民健身的发展水平是一个国家体育发展水平的重要标志，全民健身对提高劳动者的全面素质，建立科学、文明、健康的生活方式，促进竞技体育与群众体育的协调发展，推动社会主义物质文明和精神文明建设等，都产生了积极的作用。

学习和掌握运动人体科学的基本理论和方法，可以合理解释和科学对待体育教学和运动训练中所遇到的身体机能反应，正确认识机体运作规律，从而防止运动伤害的发生，提高体育教学和运动训练的科学性和有效性，提高体育锻炼的自觉性和生活质量，提高运动竞技水平。学习和掌握运动人体科学的基本理论和方法，也为国家的奥运争光计划和全民健身计划的实施提供理论指导。运动人体科学在保证体育教学、运动训练、运动健身的科学性方面有着重要的作用，对体育教学过程优化、运动员选材、运动技术分析与诊断、训练效果检查评定、训练状况反馈调控、健身计划制订、健身效果评价、改善和增强国民健康水平等方面有直接的影响。

随着现代社会经济、文化的快速发展，竞技体育不断勇攀高峰，新的科学运动训练理论和方法的形成和选择，需要寻找有力的科学支点；同时，全民健身运动和健康活动的广泛开展，需要科学的指导，而体育科学原有的运动训练学和体育教育理论难以全面、更好地满足发展的需要，在这样的背景下运动人体科学应运而生，它的形成为指导科学训练、提高竞技体育比赛成绩、科学合理地规划人们的健身活动提供了有力支持，从而进一步科学地促进竞技体育发展，改善人类健康状况，推动社会进步。

本书由周群英和常鑫担任主编，胡江华、高金宝担任副主编，参与编写的还有李方玉、刘畅和廖成惠。具体编写分工为：周群英编写第一章、第二章和第六章；常鑫编写第三章～第五章；胡江华编写第二章部分内容；高金宝编写第三章部分内容；其他作者参与了资料的收集和整理。全书由周群英统稿。在本书编写过程中，参考了有关文献资料，在此向文献作者表示感谢。

由于编写水平所限，书中不妥之处，敬请广大读者批评指正。

编　者

2023 年 1 月

目　录

第一章　绪　　论

第一节　运动人体科学概述

运动人体科学是一门应用人体解剖学、生理学、营养学和体育保健学等多种人体科学学科理论和方法研究体育运动对人体形态结构、生理功能的影响，以及体育运动中的保健规律和措施的综合性科学知识体系，是我国体育职业教育中的一门重要基础课程，它包括传统体育专业教育课程中的运动解剖学、运动生理学和体育保健学内容。

一、运动人体科学的内容

（一）运动解剖学

运动解剖学是研究正常人体形态结构及其发生发展规律与体育、运动相互关系的科学，是运动人体科学的重要基础。运动解剖学的主要内容涉及人体细胞、组织、器官、系统的形态结构及其发展变化规律和运动对人体形态结构的影响等。学习运动解剖学的知识：一方面有助于掌握运动生理学和体育保健学的基本理论和方法；另一方面对于更好地理解和掌握运动技术、有效地组织教学和训练及创造性地运用人体科学的知识实施运动技术创新等也都具有很大的帮助。

（二）运动生理学

运动生理学是研究人在体育运动中或在长期运动训练和体育锻炼影响下，人体各种生理机能变化规律及其变化机制的科学。学习和掌握运动生理学的知识对于人们科学地进行运动训练和体育锻炼有着重要的理论和实践指导意义。运动生理学的主要研究内容包括能量代谢、肌肉活动、血液循环、神经控制、身体素质和运动性疲劳等理论基础和应用基础知识。学习运动生理学的目的是了解人体基本生理活动的原理和规律、掌握运动生理学的基本知识和运动训练的基本生理学原理，为体育锻炼和运动训练的科学化奠定基础。

（三）体育保健学

体育保健学是研究体育运动中保健规律和措施的应用性知识，其主要研究内容包括运动卫生、医务监督、运动伤病和按摩等。体育保健学学习的目的在于掌握体育运动中的人体保健基本理论知识和实践技能，了解包括运动员在内的不同性别和年龄人群的体育保健特点和要求，以达到增强体质、增进健康和为运动训练科学化提供支持和保障的基本目的。

二、学习运动人体科学的目的

运动人体科学覆盖我国中等体育职业教育各专业所必需的人体解剖学、运动生理学、运动营养学和体育保健学等多门人体科学、基础和临床医学基本知识、基本方法和基本技能，是一部覆盖面广、涉及学科多、基础性强和职业教育特色明显的课程。学习和掌握运动人体科学的基本理论和方法，有助于提高学生竞技运动教学和训练的自觉性、主动性和科学性，有利于提高运动训练的质量，从而促进专项运动训练水平不断提高，达到普及科学基础知识、培养从事学校、社会体育实用型人才和培养各级各类运动员，特别是优秀运动员后备人才的目的。

三、运动人体科学的学习方法

（一）形态结构与生理功能相结合

体育锻炼和运动训练对人体的影响虽然很多，但不外乎是形态、机能和代谢三方面的变化。代谢改变是机能和形态变化的基础，机能改变往往又可以进一步影响代谢和形态的变化，形态改变往往也能够影响机能和代谢。它们之间相互联系、相互影响又互为因果。以肌肉体积和肌肉力量的关系为例，长期力量训练首先可以引起肌肉蛋白质合成代谢加强，肌纤维横断面积增加，肌肉体积增大，由此导致肌肉力量增强；相反，若长期卧床不起或缺乏锻炼，可使肌肉萎缩，肌肉力量下降。

（二）局部与整体相结合

人体是由多种组织、器官和系统组成的有机整体。任何组成成分都是整体不可分割的一部分。组织、器官和系统在结构和机能上既相互联系，又相互影响。机体通过神经和体液因素的调节，使机体的各个组成部分之间保持密切联系。机体的某些组成部分发生变化，势必影响身体的其他部分，而全身状态也会影响局部的功能活动。例如，人体在从事剧烈的肌肉活动时，储存在内脏器官的血液会分流到运动的肌肉。经常进行肌肉活动可以有效地改善心血管和呼吸系统的功能，促进大脑的发育。

（三）科学理论与运动实践相结合

运动人体科学是体育职业教育的基础理论，它来源运动人体科学的实验和体育锻炼与运动训练的实践研究，但学习运动人体科学的目的还在于实际应用。学好运动人体科学能够更好地认识人体在运动中身体机能的变化规律和运动伤病的发生规律等，从而为体育科学其他理论学科的学习和体育锻炼与运动训练实践奠定基础。此外，注重理论学习和实验相结合，与体育锻炼、运动训练实践相结合，还有助于加深对理论的理解和独立思考、认真分析和综合，从而提高其分析问题和解决问题的能力。

第二节 人体中的化学组成成分

人体是一个具有复杂结构和机能的有机整体，由占体重99.95%的碳（C）、氢（H）、氧（O）、氮（N）、硫（S）、钙（Ca）、磷（P）等50多种宏量元素，以及占体重约0.05%的铁（Fe）、锌（Zn）、铜（Cu）等微量元素组成。这些元素在体内绝大多数以化合物形式存在，可分为无机化合物和有机化合物两大类。无机化合物包括水和无机盐；有机化合物则主要有蛋白质、糖类、脂类、核酸、酶和维生素等。它们是构成人体细胞的主要成分，是生命活动的物质基础。

一、蛋白质与核酸

（一）蛋白质

蛋白质是一类重要的生物高分子含氮物质，它们不仅是构成人体组织细胞的基本成分，而且它们的不断合成与分解，还能调节人的正常生理功能，保证机体的生长、发育、繁殖、遗传和损伤组织的修复，因此是生命的重要物质基础。

1. 蛋白质的元素组成

各种蛋白质的元素组成很接近，都含有 C、H、O、N 四种元素。此外，部分蛋白质含 S，有些蛋白质还含有少量的 P 或金属元素，如 Fe、Zn 和 Cu 等。蛋白质的平均含氮量约为 16%，这是蛋白质元素组成的一个特点。

2. 蛋白质的基本构成单位——氨基酸

蛋白质的种类繁多、结构复杂，但是其基本构成单位都是氨基酸。氨基酸是一种含有氨基的羧酸，其结构特点是在羧基相邻的碳原子上连有一个氨基。自然界中的氨基酸有 300 多种，组成人体各种蛋白质的氨基酸在数量上也有几十、几百、几千甚至更多，但是合成人体蛋白质的氨基酸种类只有 20 种。它们之间通过肽键相连，构成蛋白质分子。其中，一部分氨基酸可以在体内合成，称为非必需氨基酸，但另外一部分（8 种）氨基酸则不能在体内合成或合成速度远不能适应机体的需要，必须从外界摄取，这类氨基酸称为必需氨基酸，它们包括赖氨酸、亮氨酸、异亮氨酸、蛋氨酸、苯丙氨酸、苏氨酸、色氨酸和缬氨酸。

3. 蛋白质的主要生物学功能

蛋白质是生命活动的物质基础，被誉为“人体的建筑材料”。在正常人体中，蛋白质占 18%，在人体除掉水分以后的干物质中大约占 50%，人体的皮肤、肌肉、血液和内脏的主体物质为蛋白质，毛发、骨骼、指甲和体内的各种激素、抗体和酶也均是蛋白质，不同的蛋白质具有以下生理功能。

（1）催化功能。生命的基本特征是物质代谢，而物质代谢的全部生物化学反应几乎都需要酶作为生物催化剂。目前已知有 2000 多种酶的化学本质是蛋白质，它们的活动决定了细胞代谢的类型，从而表现出各式各样的生命活动现象。

（2）代谢调节功能。人体存在着十分精细和有效的物质代谢调节机构，以维持正常的生命活动。人体参与代谢调节的许多激素都属于蛋白质（如生长激素等），它们能直接或间接地促进或抑制体内的物质代谢过程，调节和控制机体的生长、发育和生殖，以及增强机体对有害物质的抵抗力和对急剧环境变化的适应能力。

（3）物质转运与储存功能。体内不少物质的转运和储存可由一些特殊的蛋白质来完成。例如，红细胞中的血红蛋白运输氧气和二氧化碳；肌肉中的肌红蛋白储存氧气；血浆运铁蛋白转运铁并在肝脏形成铁蛋白复合物而后储存。此外，许多药物吸收后也常与血浆蛋白结合而运输。

（4）运动功能。肌肉的收缩和舒张是由构成肌肉的各种蛋白质共同活动来完成的，这是驱动人体运动、血液循环、消化与吸收等身体机能活动的基础。

（5）防御与保护功能。体内存在一类可以防御病毒、细菌等异物侵入的蛋白质（如各种免疫球蛋白），它们能够识别这些异物并与之结合，使这些异物失去活性，这样可以防止各种疾病的发生。此外，血纤蛋白原是另外一类具有保护功能的蛋白质，它能够在皮肤破伤时，迅速转变成血纤蛋白，封闭伤口，防止血液流失和异物入侵。

蛋白质还具有其他一些重要的生物学功能，比如蛋白质与核酸结合形成核蛋白，核酸直接参与人体生长、繁殖和遗传变异。蛋白质可以作为能源物质向人体提供能量，每克蛋白质在体内氧化分解，可以产生 17.1kJ 的热量。此外，近年来分子生物学的研究还表明，蛋白质还与记忆、思维等一系列大脑的高级生理活动密切相关。

（二）核酸

核酸是人体内一种含有磷酸的生物大分子物质，因为其最初是由细胞核中分离出来，又具有酸性，故称为核酸。一切生物都含有核酸，即使是比细菌还小的病毒也同样含有核酸。因此，凡是有生命的地方就有核酸的存在。

核酸的元素组成中除了含有 C、H、O 和 N 四种元素外，还含有大量的磷，平均含量为 9%～10%。核酸的基本结构单位是核苷酸，核苷酸的化学成分包括戊糖（核糖和脱氧核糖）、磷酸和碱基（嘌呤和嘧啶两大类）三个部分。其中，由戊糖与碱基结合，形成核苷；核苷再与磷酸结合，即形成核苷酸；而核酸则是由许多的核苷酸按照一定的排列顺序连接而成的。如果形成核酸的戊糖是核糖，则称为核糖核酸（RNA）；如为脱氧核糖，即为脱氧核糖核酸（DNA）。前者主要存在于细胞质中，而后者则集中在细胞核内的染色体上。

核酸普遍地存在于生物细胞内。在人体中，核酸大部分以核蛋白形式存在，核蛋白是核酸与蛋白质结合的产物，也有少量以游离或与氨基酸结合的形式存在。核酸约占细胞干重的 5%～15%，人体细胞丰富的组织和器官，也是核酸含量较高的地方，比如胰、脾和胸腺等器官含量较高，而脑、肌肉等含量较少。此外，细胞分化较旺盛的胚胎组织核酸含量较成年组织多。

核酸是人体生命活动最重要的物质基础之一。DNA 是遗传信息的携带者，而 RNA 与蛋白质的生物合成有关。在 DNA 分子上有许多基因，它们是 DNA 大分子中的一个一个片段，代表单个生物性状。在遗传过程中，亲代的 DNA 可以通过复制生成子代 DNA，从而将遗传信息一代代传下去。如果 DNA 分子结构发生改变，将会引起生物遗传的变异和生物功能的改变。RNA 有三种不同的类别，分别称为核糖体 RNA、转运 RNA 和信使 RNA，它们都与蛋白质的生物合成有关。其中，信使 RNA 来自 DNA 的转录，在蛋白质生物合成中起着模板的作用；转运 RNA 具有携带氨基酸的作用；而核糖 RNA 则是生物体内蛋白质生物合成的场所，肌肉蛋白等人体各种蛋白质都是在这里合成的。

二、糖类

糖类又称碳水化合物，是地球上储量最大、分布最广的一类有机化合物。植物的根、茎、叶、果实和种子大多由各种类型的糖类物质组成。人体组织中糖类的含量虽然不超过干重的 2%，但是人体的运动、劳动、呼吸和循环等各种生命活动所需要的能量大部分来自糖类的供给。此外，糖类还是人体细胞的重要构成成分。因此，在人类的生命活动中，糖类起着很重要的生理作用。

（一）糖的组成与分类

糖主要是由 C、H 和 O 三种元素组成的，分子中含有多个羟基的醛或酮，或它们的聚合物。糖可以根据其能否水解而分为单糖、低聚糖和多糖三类。

单糖是构成各种糖分子的基本单位，是不能被水解成更小分子的糖。单糖又可按照分子中含碳原子的多少，分为丙糖、丁糖、戊糖、已糖和庚糖。在自然界中分布最广、意义最大的是已糖，其次是戊糖。已糖是六碳糖，主要包括葡萄糖、果糖和半乳糖等，其中葡萄糖是人体血糖的基本成分，在正常成人血液中为 5～6g。戊糖是五碳糖，主要包括核糖和脱氧核糖，它们是细胞内 RNA 和 DNA 的基本成分。

低聚糖又称为寡糖，是由 2～10 个单糖分子缩合而成的糖。最简单的低聚糖就是双糖，常见的双糖有蔗糖、麦芽糖和乳糖，它们都可被水解为单糖。适合运动员饮用的一些运动饮料中通常配有 4～10 个葡萄糖单位的低聚糖。

多糖是由多个单糖分子脱水缩合而成的高分子聚合物，它与人类生活关系极为密切，其中最重要的多糖是淀粉、糖原和纤维素。淀粉是植物贮存的养料，主要存在植物的种子、果实和根茎中（如小麦和玉米），它们是提供人体能量的主要营养物质。糖原又称动物淀粉，是动物和人体内糖的储存形式，以肝脏和肌肉中的含量最高。肌糖原的储量与肌肉的运动能力，尤其是运动耐力有密切的关系，长期从事耐力训练的运动员，肌糖原的含量较高，可达 20～30g/kg 湿肌肉。纤维素是自然界中最丰富的一类多糖，它们是构成植物纤维和细胞的主要成分。人和多数哺乳类动物的消化系统不能直接利用纤维素，但食物中的纤维素能够促进肠道蠕动，促进排便和减低胆固醇的吸收，因此对人体的健康有益。

（二）糖的主要功能

糖是组成人体的重要成分之一，也是体内重要的功能物质。糖是机体生命活动所需能量的主要来源，约占人体所需能量的 60%～70%。每克糖在体内完全氧化分解所释放的能量约为 16.72kJ（4kcal）。此外，糖也是人体组织细胞的组成成分，例如，葡萄糖是各种组织细胞的组成成分；核糖和脱氧核糖是 RNA 和 DNA 的组成成分；肝糖原存在于肝细胞中，是机体维持血糖恒定的物质基础；肌糖原为肌肉活动和有关代谢所必需；乳糖存在于产妇的乳汁中，用以提供婴儿的部分能量需要；有些糖与蛋白质结合，作为机体不同组织成分的基本物质，如决定血型的凝血原为糖与特殊蛋白的结合物等。此外，糖还可通过中间代谢与蛋白质和脂肪之间相互转化，生成机体所需的各种物质。由此可见，糖在机体生命活动中具有重要地位。

三、脂

（一）脂及其分类

脂是脂肪和类脂的总称，这类物质在化学组成和结构上差别很大，但是都有以下类似特征：

（1）不溶于水而溶于有机溶剂；

（2）与脂肪酸有联系，它们或为脂肪酸的酯，或能与脂肪酸形成酯类物质；

（3）碳氢比例较大，如普通脂肪的碳氢比为110：6，而葡萄糖分子内的比值是12：6。

脂肪又称真脂或中性脂肪，它是由甘油与三分子高级脂肪酸组成的，化学名称为三脂酰甘油。人体脂肪组织中的脂肪酸有多种，分布最广的有软脂酸、硬脂酸和油酸三种。前两种是饱和脂肪酸，后一种是不饱和脂肪酸。在不饱和脂肪酸中，比较重要的还有亚油酸、亚麻酸和花生四烯酸，这几种不饱和脂肪酸在体内不能合成，或合成的数量太少，不能满足身体的需要，必须依靠食物供应，因此成为必需脂肪酸。在体内，脂肪广泛分布于皮下组织、肠系膜、大网膜和内脏器官周围及肌间组织中。正常人体内脂肪含量因年龄、性别和营养状况的不同而变化，一般健康青年男性为10%~20%，女性为20%~30%时。而男性超过25%，女性超过30%时，通常被认为是肥胖。

类脂包括磷脂、糖脂、胆固醇及其酯、蜡等，它们广泛地存在于体内，含量相对恒定，是构成细胞某些结构必不可少的组成部分。类脂作为生物膜结构的基本材料，通常约占膜重量的一半或更多，在各种组织和器官中都有分布，尤其在神经组织中含量较为丰富。

（二）脂的主要功能

脂肪是机体储量最多的能源物质，约占男性体重的15%，女性体重的25%。每克脂肪在体内完全分解氧化可释放约37kJ(9.3kcal）的能量，是等量糖和蛋白质提供能量的2倍之多。因此，体内储存脂肪作为能源比糖更为经济。运动过程中，当机体脂肪氧化供能能力增强时，可以降低糖和蛋白质的消耗。脂肪除了氧化供能之外，还可提供机体所需的各种必需脂肪酸。如果缺乏这些必需脂肪酸就会影响机体代谢，通常表现为上皮功能不正常，对疾病的抵抗力下降以及生长停滞。此外，必需脂肪酸还是磷脂的重要组成部分，它们具有抗脂肪肝作用，还能降血脂，防止动脉粥样硬化等。植物油中含必需脂肪酸比动物油多，因此植物油的营养价值也比动物油高。脂肪还可以协助脂溶性维生素A、D、E、K和胡萝卜素等的吸收。在食物中，这些物质溶于食物的油脂中，在肠道内随油脂的消化产物一起被肠黏膜吸收。食物中脂肪含量太少可以影响这些脂溶性维生素的吸收，造成相应维生素的缺乏症。脂肪组织比较柔软，存在于皮下和重要的内脏器官周围，可以起到防震作用，在一定程度上使人体在跑动、跳跃、翻腾和滚动时免受损伤。此外，脂肪不易传热，故能防止体温散失，维持体温恒定。

四、水、无机盐和维生素

（一）水

水是地球上储量最丰富的无机化合物，也是人体体液的主要成分。水约占人体体重的40%~60%，在肌肉中占质量的65%~75%，在脂肪中约占质量的25%。体内的水依据存在部位不同，分为细胞内液和细胞外液两大部分，前者存在于细胞内部，后者主要包括血浆、淋巴液、组织间液和肠胃消化液等。成人细胞内液约占体重的45%，细胞外液约占体重的20%。

人体水的主要来源是饮水和食物中所含的水，其次还有糖、脂肪和蛋白质在体内氧化所产生的水。通常情况下，人体每日从食物中进食的水量相对稳定，约为1000mL，从饮水中摄取的水量约为1200mL，而物质代谢生成的水约为350mL，每日人体总摄水量约为2550mL。

人体每日排出水的数量与摄水量多少有关，此外还受环境温度、劳动和运动强度等因素的影响。体内水的排出途径有消化道、肺、皮肤和肾，其中以肾最为重要，不同条件下各种排水途径的日排水量见表1-1。

表1-1　成年人水的日摄取和排出量及运动对其的影响　(mL/d)

水的摄取	共计	水的排出	通常条件下	高温条件下运动
食物	1000	呼吸	350	700
饮水	1200	皮肤	850	5000
代谢水	350	粪便	100	100
		尿液	1250	500
共计	2550		2550	6300

水是机体所必需的基本物质，有着特殊的理化性质和极为重要的生理功能。

(1) 运输养料和代谢物。水是一种良好的溶剂，机体所需的多种营养物质和各种代谢产物都能溶于水中，这些溶解了的物质可以通过血液循环被运输到全身。

(2) 调节体温。水的比热、蒸发热和流动性都比较大，是调节体温的良好物质。比热容大就是能够吸收较多的热量，使机体在代谢过程中产生的热由体液吸收而使体内温度变化不大，并通过体液交换和血液循环，将体内代谢产生的热运输到体表，通过皮肤散发到环境中去，使体温维持相对恒定。水的蒸发热高，每克水在37℃时完全蒸发可散发2.5kJ(0.6kcal) 的热量。因此只要出少量的汗，就可以散发大量的热，这对于人体在高温条件下运动具有重要的生理学意义。

(3) 促进体内的化学反应。体内的许多代谢物都能溶解或分散于水中，水还能促进各种电解质的解离，从而促进化学反应加速进行。此外，水还直接参与体内的水解反应和氧化还原反应的反应过程。

(4) 润滑作用。关节腔内的滑液能够减少活动时关节面之间的摩擦，唾液可以使食物容易吞咽，眼液有助于眼球的运动等。

(二) 无机盐

无机盐存在于人体中的各种元素，除了C、H、O和N主要以有机化合物形式出现外，其余的各种元素，无论其存在形式如何，统称为无机盐。其中含量较多的有Ca、Mg、K、Na、P、S和Cl共7种元素，称为宏量元素。其他元素如Fe、Cu、I、Zn和Mn等，由于存在的数量极少，故称之为微量元素。体内约有5/6的无机盐存在骨骼内，其他1/6存在体液和各种组织中。存在于体液中的无机盐和一些有机物（如蛋白质等）一般以离子状态存在，故又称为电解质。

无机盐在人体的化学组成中含量并不多，但种类繁多、功能各异，很多无机盐是组成人体的重要原料，发挥重要的生理功能。无机盐的主要生理功能如下。

（1）构成骨骼、牙齿和其他组织。骨组织主要含无机盐，其中主要的阳离子为 Ca^{2+}，其次是 Mg^{2+}、Na^{+}等；主要的阴离子为 PO_4^{3-}，其次为 CO_3^{2-}、OH^{-}及少量的 Cl^{-}和 F^{-}。其他组织和体液中也含有多少不等的无机盐。

（2）维持正常渗透压和酸碱平衡。水在体内可以自由通过细胞膜，但是其通过的方向由膜内外电解质形成的晶体渗透压和蛋白质等形成的胶体渗透压来决定，渗透压的大小与体液中各种晶体和胶体物质的总浓度成正比，水分总是向渗透压高的地方流动。因此，细胞内外各种无机盐浓度的相对恒定，对于保持细胞和各种组织的正常结构和容量有重要的作用。此外，有些无机盐本身就是酸碱的缓冲物质，因而有维持体内酸碱平衡的作用。

（3）维持神经肌肉兴奋性。正常神经肌肉兴奋性的维持，与多种无机离子的相对含量和比例有密切关系，即：

$$\text{神经肌肉的兴奋性} = \frac{[Na^+] + [K^+] + [OH^-]}{[Ca^{2+}] + [Mg^{2+}] + [H^+]} \tag{1-1}$$

式中，分子部分的离子浓度增高，神经肌肉的兴奋性提高；分母部分的离子浓度增高，兴奋性降低。

（4）维持酶的活性。有些无机离子是体内代谢酶的活化剂、辅助因子或组成部分，它们对于维持和激活酶的催化活性发挥着重要的作用。

（三）维生素

维生素是一类维持人体正常生命活动的微量的低分子有机化合物，其种类繁多、结构和功能各异。在生理功能上，维生素既不是构成组织的原料，也不是供应能量的物质，但却是机体进行物质代谢、维持正常生理功能不可缺少的一类物质。

维生素种类很多，化学结构差异也很大，一般按其发现的先后顺序用拉丁字母 A、B、C、D 等命名，或根据它们的生理功能而命名，比如维生素 A 又称为抗眼干燥症维生素，维生素 B_1 又称为抗脚气病维生素，维生素 C 又称为抗坏血病维生素。目前已经发现的维生素有 60 多种，一般按其溶解性质分为脂溶性和水溶性两类。脂溶性维生素包括维生素 A、维生素 D、维生素 E 和维生素 K，这类维生素常与脂肪共同存在，并与脂肪的吸收密切相关。吸收后的脂溶性维生素主要储存在肝脏中。当脂肪吸收障碍（如长期腹泻等），脂溶性维生素的吸收大大减少，容易引起这类维生素的缺乏症。此外，这类维生素的排泄率不高，摄入太多还会在体内聚积以至产生有害影响。能溶于水的维生素称水溶性维生素，重要的有 B_1、B_2、PP、B_6、泛酸、生物素、叶酸、B_{12}和维生素 C 等。水溶性维生素在体内的储存量不大，当体内储备饱和后，多余的会随尿排出。

维生素在体内的主要生理学功能是通过成为酶的辅助因子，参与体内的物质和能量代谢、维持机体的正常生理功能。各种维生素的主要生理功能如下。

（1）参与物质与能量代谢。多数 B 族维生素以辅酶的形式参与物质和能量代谢。比如，维生素 B_1 参与糖的有氧氧化；泛酸参与糖、脂肪和蛋白质的代谢；叶酸参与核酸和蛋白质的代谢。

（2）参与血液红细胞的生成。维生素 B_{12}及叶酸参与核酸的合成，故对红细胞的发育和成熟有促进作用。体内缺乏它们时，均可能引起巨幼红细胞贫血。

（3）参与血液的凝固。维生素 K 参与凝血因子的形成。当维生素 K 缺乏时，会影响血液的凝固过程，容易产生皮下、肌肉和内脏出血。

(4) 参与骨骼的生长和发育。维生素 D 可以促进 Ca、P 的吸收和利用，有利于骨骼的钙化。当维生素 D 缺乏时，Ca、P 的吸收障碍，骨骼钙化不全、骨质疏松，受重力的影响容易产生骨骼的多种畸形，如 O 形腿、X 形腿和鸡胸；此外还可能出现牙齿发育迟缓和龋齿。

(5) 参与激素的合成。维生素 A 参与类固醇激素的合成。当维生素 A 缺乏时，会导致肾上腺、性腺、胎盘等组织中类固醇激素合成减少，因而影响生长、发育和生育。

第三节　人体基本组成

人体是由许多细胞构成的。细胞经过不断地分裂，逐步分化形成组织；组织再按一定结构组成器官；器官进而构成一个个系统，协调完成人体的各种生命活动。

一、细胞和细胞间质

细胞是人体结构和功能的基本单位。细胞在人体内所处的位置、生活环境和所执行的生理功能不同，故其大小不等、形态各异。人体内的细胞一般都很小，通常不能直接用肉眼观察到，须使用显微镜进行观察。1665 年，英国科学家虎克利用自己制造的显微镜，发现了细胞。体内较小的细胞如小脑内颗粒细胞，直径只有 4μm（$1\mu m = 1\times 10^{-3}mm$）。较大的如卵细胞，其直径可达 200μm 以上。细胞的形状也多种多样，有圆形、柱状、梭形、纤维形、多边形、立方形和多突形等。

（一）细胞的一般形态结构

细胞的大小、形状和生理功能虽然各有差异，但在结构上却大体相同，一般都是由细胞膜、细胞质和细胞核三部分构成。

1. *细胞膜*

细胞这个微小的国度，在光学显微镜下看到的细胞膜只是一层极薄的膜，膜上有许多小孔，是水和离子出入的通道。而在电镜下，细胞膜分为内、中、外三层，内、外两层密度较大、色深暗，中层密度小、色浅明亮，这种结构称为单位膜。除细胞膜是这样的结构外，细胞内的各种细胞器和细胞核表面的膜也是由这样的单位膜构成的。细胞膜具有以下主要功能。

(1) 保持细胞的完整性。细胞膜作为界膜，能保持细胞的完整性，使细胞与外界环境隔离。

(2) 具有选择通透性。细胞膜能控制一些离子和分子的出入，以实现细胞内、外的物质交换，维持细胞内部结构和机能的稳定，保持新陈代谢活动的正常进行。

(3) 具有调节作用。细胞膜中的嵌入蛋白质可与某些化学物质结合，如与激素、神经递质或某些药物结合，引起细胞相应的生理功能变化，以控制和调节细胞的代谢和生理功能活动。

2. *细胞质*

细胞质是位于细胞膜与细胞核之间的部分，包括基质、细胞器和内含物三部分。

基质是半透明的液态胶状物质，又称为细胞液，其化学成分有蛋白质、无机盐和糖等。细胞器和内含物悬浮于基质内。

细胞器是具有特定形态和特殊功能的结构，主要的细胞器有线粒体、内质网、核糖体、高尔基复合体、溶酶体、微管和微丝等。

内含物又称包含物，是指细胞质内除细胞器以外的其他有形成分。有的内含物是暂时贮存于细胞质中的营养物，如糖原和脂滴等；有的是需要排泄的物质，如分泌颗粒、空泡、无机盐结晶等。内含物的数量可随细胞的生理状态不同而改变，如肝细胞中的糖原，进食后增加，饥饿时则减少。

3. 细胞核

人体内除成熟的红细胞外，其他细胞均有细胞核。每个细胞通常只有 1 个细胞核，位于细胞中央，多呈圆形。但也有双核和多核的，如有的肝细胞和心肌细胞有两个核，骨骼肌细胞的核可多达 100 个以上。细胞核是细胞的重要部分，它的主要功能是记录遗传信息，控制细胞的代谢、分化和繁殖等。无核的细胞，如红细胞，不能再繁殖，其寿命也短。细胞核由核膜、核液、核仁和染色质构成。

核膜由包在核表面的两层单位膜组成。两层之间有核膜间隙，核膜外层的表面有核蛋白颗粒附着。

核液又称核质，是无结构的透明胶状物质，其中悬浮着核仁和染色质。

核仁一般为圆形的小体，大多位于核的一侧，数目多为 1～2 个，但也有 3～5 个的，也有无核仁的。核仁是形成核蛋白体的部位。

为什么每种生物都能把自己的形态、结构、功能等特征传给自己的后代，为什么子女像父母？这个秘密就在细胞核的染色体中。之所以称为染色体，是因为细胞核内这些物质容易被碱性染料染成深色。细胞正在分裂时，这种物质在显微镜下呈现小棒状，称为染色体；分裂完成后，这种物质在显微镜下呈现颗粒状或细丝状，称为染色质。染色体与染色质其实是同一物质结构在不同时期中的两种不同形态。

人体的细胞内共有 23 对染色体，其中 22 对为常染色体，1 对为性染色体。性染色体与性别有关，男性为 XY 染色体，女性为 XX 染色体。染色体主要由脱氧核糖核酸（DNA）和蛋白质构成。DNA 内含有遗传因子，可进行自我复制，并将遗传的信息一代代传下去，所以 DNA 是遗传的物质基础。比如，人的黑头发、黄头发、蓝眼珠、黑眼珠等差别，都是由每个人的染色体决定的。研究染色体的形态与优生优育有关，还可预测身高，对运动员的选材具有一定的参考价值。

（二）细胞的基本功能

1. 细胞膜的物质转运功能

细胞膜不但是细胞与周围环境之间的屏障，也是各种物质进出细胞的必经途径。细胞膜可根据细胞代谢和功能活动的需要，对不同物质进行有选择性的物质转运。被转运的物质种类多、理化性质各异，因而转运的形式也不同。常见的细胞膜对物质转运的形式有以下几种。

（1）简单扩散。简单扩散是指某些脂溶性小分子物质由膜的高浓度一侧向低浓度一侧的运动过程。扩散量的多少，既取决于膜两侧该物质的浓度梯度（浓度差），也取决于膜对该物质通过的阻力或难易程度，即膜对该物质的通透性。浓度梯度大、通透性大，则扩散量就多，反之就少。体内的 O_2 和 CO_2 都依靠简单扩散通过细胞膜。

（2）协助扩散。非脂溶性或脂溶性很小的物质，借助于细胞膜上的通道蛋白或运载蛋白的帮助，顺浓度差或顺电位差通过细胞膜的转运过程，称为协助扩散。协助扩散和简单扩散一样，物质转运过程所需能量主要来自浓度差或电位差所包含的势能，转运时不需细胞另外供给能量，属于被动转输。

（3）主动转输。小分子物质在膜上泵蛋白的作用下，从低浓度一侧向高浓度一侧转运的过程，称为主动转输。泵蛋白有多种，如钠钾泵（简称钠泵）、钙泵等。钠泵是一种特殊的膜蛋白质，它具有 ATP 酶的活性，可分解 ATP 获得能量，并利用此能量逆浓度梯度将细胞内的 Na^+ 移出膜外，同时将细胞外的 K^+ 移入膜内，从而形成和维持了细胞内外 Na^+、K^+ 的不均匀分布和一定的浓度差。比如静息状态时的神经和骨骼肌，其细胞内 K^+ 浓度约为细胞外的 30 倍，细胞外 Na^+ 浓度约为细胞内的 12 倍。

（4）胞吐作用与胞吞作用。胞吐作用与胞吞作用是细胞膜对某些大分子物质或物质团块的转运形式。其胞吐作用过程是：细胞内形成的分泌颗粒或分泌囊泡，渐渐向胞膜移动，然后与膜融合、破裂，将内容物一次性排出。胞吞作用过程是：细胞膜伸出伪足，将物质包围，然后发生膜的融合和断裂，异物进入细胞内。

2. 细胞的生物电现象

细胞的生物电现象包括以下两种。

（1）静息电位。静息电位指细胞未受刺激时存在于细胞膜内外两侧的电位差。静息电位表现为膜内较膜外为负，如果以膜外为零电位，则膜内为负电位。通常肌肉和神经细胞的静息电位为 $-90 \sim -70mV$。

（2）动作电位。动作电位指细胞受刺激而兴奋时，在膜两侧所产生的快速、可逆、可扩散性的电位变化。动作电位的产生是细胞兴奋的标志。动作电位包括上升支和下降支。上升支的膜内电位在短时间内由 $-90 \sim -70mV$ 上升至 $+20 \sim +40mV$，即由原来静息时的内负外正变为内正外负；下降支的膜内电位从 $+20 \sim +40mV$ 重新回到静息电位水平。

（三）细胞间质

细胞间质是存在细胞与细胞之间的物质，细胞间质由基质和纤维两种成分构成。基质是一种无定形的多态物质，主要由黏多糖、黏蛋白和水构成。纤维主要由蛋白质构成，可分为胶原纤维、弹性纤维和网状纤维。

细胞间质的不同，决定了组织具有不同的物理性状，比如骨组织呈坚硬的固态，软骨组织呈半固态，血液呈液态。

二、基本组织

细胞经分化后出现的形态和结构相似、功能相同的各种细胞群，称为组织。人体的组织可分为上皮组织、结缔组织、肌组织和神经组织四大类。

（一）上皮组织

上皮组织覆盖在身体表面、内脏器官的表面及体内各种管腔壁的内表面，由大量的上皮细胞和少量细胞间质组成。上皮组织主要具有保护功能，有些部位（如消化管内表面）

的上皮除有保护作用外，还有吸收和分泌功能。

上皮组织按其分布、形态结构和功能分为被覆上皮、腺上皮和感觉上皮。

被覆上皮呈膜状，通常所说的上皮即指被覆上皮而言。被覆上皮分布广泛，身体表面和有腔器官的内表面，都衬贴着被覆上皮。根据上皮细胞的层数，被覆上皮可分为单层上皮和复层上皮，前者包括单层扁平上皮、单层立方上皮、单层柱状上皮和假复层纤毛柱状上皮。后者包括复层扁平上皮和移行上皮。

腺上皮构成腺体的主要成分，执行分泌功能，主要分布于外分泌腺和内分泌腺。

感觉上皮是由某些上皮细胞经过特殊分化而形成，能感受外界理化刺激，具有感觉功能。感觉上皮主要分布于特殊的感觉器官之内，如视上皮、听上皮、味上皮和嗅上皮等。

（二）结缔组织

结缔组织是形态多样、种类繁多、分布较广的一类组织。肌腱、血液、软骨等都属于结缔组织。其特点是细胞数量少，细胞间质多。结缔组织根据其形态结构和功能的不同分为以下七种。

（1）疏松结缔组织。疏松结缔组织又称蜂窝组织，其结构特点是细胞种类多、数量少且分散，纤维排列稀疏而方向不一，大量基质充填于细胞和纤维之间。疏松结缔组织广泛分布于皮下组织及各器官、组织之间。

（2）致密结缔组织。致密结缔组织的特点是纤维成分多，排列紧密。此种组织中的细胞主要是成纤维细胞，纤维成分以胶原纤维为主。致密结缔组织主要参与形成肌腱、韧带、骨膜和深筋膜等。

（3）网状结缔组织。网状结缔组织由网状细胞、网状纤维和基质构成，其主要特点是网状纤维交织成网。网状结缔组织构成造血器官的支架，分布于骨髓和淋巴器官等处。

（4）脂肪组织。脂肪组织由大量脂肪细胞聚集而成，主要分布于皮下、肠系膜等处。

（5）软骨组织。软骨组织由软骨细胞和细胞间质组成，基质呈凝胶状半固体，具有一定的硬度和弹性。

（6）骨组织。骨组织是人体内最坚硬的一种结缔组织，是构成骨的主要成分，由骨细胞和细胞间质构成。其特点是细胞间质中有大量的钙盐沉积而钙化形成坚硬的骨板，又称骨质（即骨组织）。

（7）血液与淋巴。血液和淋巴是液态的结缔组织。血液由血浆和血细胞构成；淋巴液主要是由水和血液中逸出的大分子物质构成，有人把淋巴比作是没有红细胞并含少量蛋白质的血液。

（三）肌组织

肌组织广泛分布在骨骼、内脏和心血管等处，主要由肌细胞组成，肌细胞之间有少量的结缔组织以及血管和神经。肌细胞细长呈纤维状，故又称肌纤维。肌纤维最主要的生理功能是具有收缩和舒张的能力。人体的各种运动，如行走、跑跳、胃肠蠕动、呼吸、排泄和循环等活动，都是依靠肌细胞的收缩来实现的。

根据肌纤维的形态结构、分布和功能等特点，可将肌组织分为骨骼肌、平滑肌和心肌组织。

骨骼肌一般都直接附着于骨骼，主要由骨骼肌纤维构成。骨骼肌纤维是呈长圆柱状的多核细胞，在光镜下可见明暗相间的横纹，故又称横纹肌。它的活动受意识支配，所以又称随意肌，完成人体的各种随意运动。

心肌是构成心脏各房室壁的肌层，由心肌纤维组成。心肌纤维是呈短柱状，多数有分支，并彼此连接。相邻两个心肌细胞的连接处称为闰盘，呈阶梯状的横线结构。闰盘可以加强相邻两条心肌纤维的相互连接，还可以加强心肌纤维兴奋传导的速度。心肌纤维也有横纹，但不如骨骼肌明显。

平滑肌广泛分布于血管壁和许多内脏器官，又称为内脏肌。平滑肌由平滑肌纤维组成，无横纹。细胞呈长梭形、单核，位于细胞中央。平滑肌纤维收缩引起内脏、血管的运动。平滑肌不受意识支配，收缩缓慢，但能持久，具有较大的伸展性，能适应器官内容物的充盈。

（四）神经组织

神经组织由神经细胞和神经胶质细胞构成。神经细胞是神经组织的主要成分，它的主要功能是感受人体内外各种刺激并传导神经冲动。神经胶质细胞主要是起支持、保护、营养、运输和修复等功能。

神经组织遍布全身各组织和器官之中，控制和调节整个机体的功能活动。

三、器官和系统

在人体体内，各种不同组织按一定次序组合在一起，形成一定的结构，执行一定的功能，就成为器官，比如心脏、肺、脑、胃、肝、皮肤、肌肉和骨等。多个功能相近的器官有顺序地排列在一起，能共同完成一种或几种连续性的生理功能，称为系统。人体有运动、呼吸、消化、心血管、泌尿、神经、内分泌和生殖等系统。

（一）运动系统

运动系统构成人体的支架和基本形态，在神经系统支配下，起支持、保护和运动的功能。运动系统由骨、关节、肌肉组成，三者协同工作，以骨为杠杆、以关节为枢纽、以肌肉收缩为动力来实现运动。

（二）呼吸系统

呼吸系统由呼吸道和肺所组成。呼吸道是气体进出的通道，包括鼻、咽、喉、气管和支气管等器官。通常鼻、咽、喉为上呼吸道，气管、支气管为下呼吸道。肺是气体交换的场所，位于胸腔内，左右各一。支气管进入肺中，在肺内形成树枝状分支，愈分愈细，最后形成呼吸性细支气管。呼吸性细支气管末端附有肺泡管，肺泡管又附有许多肺泡，形状像串葡萄。肺泡壁很薄，数量很多，表面积可达 $110m^2$，能充分保证气体交换的正常进行。

（三）消化系统

消化系统由消化管和消化腺组成。消化管是一条很长的管道，包括口腔、咽、食管、胃、小肠和大肠。消化腺有唾液腺、胃腺、肝脏、肠腺和胰腺等。

消化系统的各个器官在神经和体液调节下密切配合，相互协作，完成对食物的消化和营养物质的吸收，并把食物残渣排出体外。

（四）心血管系统

心血管系统由心脏和血管组成。它们在体内形成一个复杂的管道系统，血液在其中不断地循环流动。心脏是血液循环的动力器官，由于心脏不断地进行节律性的收缩和舒张，从而推动血液流向全身各部分。血管是运送血液的管道，血液由心脏射出，经动脉到全身毛细血管，然后经静脉流回心脏。血液流经毛细血管时可与组织之间进行物质交换。

（五）泌尿系统

泌尿系统由肾、输尿管、膀胱和尿道组成，其中肾是最主要的排泄器官。肾像台“滤血器”，血液流经肾时，其中的代谢产物，如尿素、尿酸、多余的水和无机盐在肾中被滤出，形成尿液。肾形成的尿液汇集到肾盂，经输尿管流入膀胱，当膀胱中尿液积聚到一定量时，经神经系统调节，产生排尿反射。

（六）神经系统

神经系统是人体主要的调节机构，由脑、脊髓及由它们发出的很多神经组成。神经系统分为中枢神经系统和周围神经系统。

神经系统在调节和控制机体活动过程中，是通过感受器接受体内、外环境的各种信息，经过脑和脊髓的各级中枢进行整合，再经周围神经到达各器官系统的效应器进行工作。人类大脑高度发达，大脑皮质中不仅存在感觉中枢、运动中枢，还具有分析语言的高级中枢，所以人类不仅能适应环境和认识世界，还能主动地改造世界。

（七）内分泌系统

内分泌系统由内分泌腺和分散存在于机体各处的内分泌细胞组成的一个大系统，其所分泌的高效生物活性物质称为激素。激素对机体的新陈代谢、生长发育和生殖等具有重要的调节作用。

体内主要的内分泌腺有甲状腺、甲状旁腺、垂体、肾上腺、胰岛和性腺等，这些内分泌腺所分泌的激素进入血液，随血液循环运送，到达激素所作用的器官、组织或细胞，发挥调节作用。

（八）生殖系统

男性的生殖系统包括睾丸、附睾、输精管、前列腺等器官。其中睾丸是男性的主要性器官，其余是附属性器官。睾丸能产生精子并分泌雄性激素。

女性生殖系统包括卵巢、输卵管、子宫、阴道等器官。卵巢是女性的主要性器官，其余是附属性器官。卵巢位于子宫的两侧，左右各一个，能产生卵子并分泌雌激素、孕激素。子宫在盆腔内，形状像一个倒放的梨，是胚胎发育的地方。

第四节　人体功能活动概述

一、内环境与稳态

（一）内环境

人体绝大部分细胞并不与大气环境（外环境）直接接触，而是生活在体内的液体环境之中。人体细胞内外含有大量的液体统称为体液，约占成人体重的60%。40%的体液存在细胞内，称为细胞内液；约20%分布在细胞外，包括血浆、组织液等，称为细胞外液。在细胞内液和细胞外液之间隔有细胞膜，在组织液和血浆之间隔有毛细血管壁。

细胞外液构成体内细胞生活的液体环境，特称其为机体内环境，以区别于机体所生存的外环境。内环境是体内细胞与外环境进行物质交换的桥梁，因此，体内各处细胞虽不与外环境相接触，但都能与外环境进行物质交换。

（二）稳态

在正常情况下，细胞外液的化学成分和理化特性，经常随着细胞代谢水平的高低和外环境的影响而处于变动之中。但是在神经、体液调节下，各器官、系统协同作用使其变动幅度很小。细胞外液化学成分和理化特性保持相对稳定的状态，称为稳态。稳态是细胞进行正常生命活动的必要条件，稳态一旦遭到破坏，机体某些功能将会出现紊乱，甚至引起疾病。

二、人体功能活动的反应与适应的生理机制

人和其他所有生物一样，生活在不断变化的环境中。当内外环境发生变化时，人体的生理功能及外部表现也将发生相应的暂时变化，称为反应。而当人体在长期的环境变化影响下，其功能和形态发生相应的持久性的变化，即为适应。例如，运动时出现的心跳加快、呼吸增强就是机体产生的反应；如果长期力量训练后肌肉出现肥大、长期耐力训练后心肺功能增强就是机体产生适应的结果。

人体之所以能产生与环境变化相应的反应，是由于人体存在一系列调节机制。

（一）神经调节

神经调节是指通过神经系统实现的调节机制。神经调节的基本方式是反射，所谓反射是指人体通过神经系统对外界和内部的各种刺激做出应答性反应。比如手被针刺了一下或偶然碰到火时，都会立刻缩回来，这就是反射活动。产生反射的神经结构称为反射弧，反射活动必须通过反射弧才能实现。反射弧由感受器、传入神经纤维、神经中枢、传出神经纤维、效应器五个部分组成。当环境条件发生变化时，感受器接受刺激，并将它转换成神经冲动，经传入神经到中枢。中枢分析处理传入信息，并发出传出信息，经传出神经至效

应器，使之产生反应，即感受器（接受刺激）→传入神经纤（传导冲动）→神经中枢（分析、综合）→传出神经纤维（传导冲动）→效应器（做出反应）。

按反射形成的过程，可将反射分为非条件反射和条件反射两类。非条件反射是生来就有的、固定的反射，是一种较低级的神经活动，如婴儿的吸吮反射等。条件反射是个体在生活过程中后天获得的，是在非条件反射基础上建立起来的高级神经活动，如望梅止渴等。条件反射具有极大的易变性，扩大了机体适应环境的能力。

神经调节具有迅速、准确的特点，并具有高度协调和整合的功能，是人体功能调节中最主要的调节方式。

（二）体液调节

体液调节是指能传递信息的化学物质，经过体液的运送，对人体功能进行的调节作用。主要是指内分泌腺分泌的激素，通过血液循环，对新陈代谢、生长、发育、生殖等生理功能的调节。

除激素外，某些组织细胞产生的化学物质或代谢产物，可以在局部组织液内扩散，改变附近的组织细胞的功能活动，称为局部体液调节。

在人体内，参与体液调节的多数内分泌腺直接或间接受中枢神经系统的控制。在这种情况下，体液调节成了神经调节传出途径中的一个环节，称为神经—体液调节。

体液调节的特点是缓慢、广泛和持久。

（三）自身调节

自身调节是指内外环境发生变化时，组织细胞不依赖于神经或体液调节而产生的适应性反应。例如，心肌收缩力量在一定范围内与收缩前心肌纤维的长度成正比，心肌纤维越长，收缩时产生的力量越大。

自身调节的特点是作用范围局限、幅度小、不够灵敏。

第二章　人体运动的物质与能量代谢

第一节　物质与能量概述

一、物质与能量代谢的概念

物质代谢是指人体与周围环境之间不断进行的物质交换，物质代谢包括同化作用和异化作用两个方面。人体在生命活动中，不断地从环境中摄取营养物质并经过改造将其转变为人体的组成成分，称为同化作用；同时，人体将自身的物质不断分解并把分解产物排出体外的过程，称为异化作用。人体的生长发育、组织的更新和修复以及完成各种生命活动所需的能量供应，均取决于物质代谢的正常进行。

物质代谢过程是由一系列相互联系的合成和分解的化学反应组成的。一般来说，由小分子物质合成大分子物质的反应称为合成代谢，而由大分子物质分解为小分子物质的反应称为分解代谢。但是，合成代谢并不等同于同化作用，分解代谢也不等同于异化作用。例如，机体将食物中的淀粉同化为肌糖原时，淀粉须先分解为葡萄糖，再被吸收到体内，在肌肉中合成糖原；而蛋白质被异化为含氮废物时，蛋白质的分解产物氨，大多数经过肝脏合成尿素后再排出体外。

物质代谢过程常伴有能量的合成、转移和利用，称为能量代谢。分解代谢常释放能量，合成代谢常吸收能量，而合成代谢所需的能量常由分解代谢来提供，即能量循环。体内物质的合成与分解同能量的变化是不可分割的。物质代谢与能量代谢合称新陈代谢，简称代谢。

二、物质代谢的三个阶段

物质代谢可分为消化吸收、中间代谢和排泄三个阶段。

（一）消化吸收

人体的一切生命活动不仅需要从外界获取氧气，还需要不断地摄取各种营养物质。营养物质来源于食物，包括蛋白质、糖、脂肪、水、维生素和无机盐等。这些物质都是结构复杂的大分子有机化合物，不能直接被身体利用，必须先在消化管内经过分解，变成结构简单的小分子物质，才能够被吸收进入血液，供人体利用。

食物在消化管内进行分解的过程称为消化。消化管对食物的消化包括两种方式：一种是通过消化管肌肉的活动，将食物磨碎，使食物与消化液充分混合，并将食物不断地向消化管下方推进，这种消化方式称为机械性消化；另外一种消化方式是通过消化腺分泌的各种消化液来完成的。消化液是由消化腺和消化管黏膜所分泌的液体，主要包括唾液、胃液、胰液、肠液和胆汁等，它们分别由唾液腺、胃腺、胰腺和肝脏所分泌。消化液的成分主要是水、无机盐和以多种消化酶为主的有机物。消化酶是由消化腺细胞产生的一类具有催化作用的特殊蛋白质，能使大分子的食物分解成小分子的物质，这种消化方式称为化学性消化。食物经过消化后，其中的蛋白质、糖和脂肪分别被分解成结构简单、溶于水的氨基酸、葡萄糖、脂肪酸和甘油等，被机体利用。

食物的消化产物与水、无机盐及维生素等物质通过消化管上皮细胞进入血液和淋巴液的过程称为吸收。消化管的不同部位吸收能力和吸收速度是不同的，这与该段消化管的组织结构、食物的消化程度和停留时间的长短有关。口腔和食管基本上没有吸收能力，胃只能吸收少量的水和酒精，大肠主要吸收水分和无机盐，而小肠是吸收的主要部位。

（二）中间代谢

吸收进入血液的各种营养物质，经血液循环运输到全身各个部位进行代谢。其中：一部分物质经过合成代谢，变成细胞的组成成分而存于体内；另外一部分则经过分解代谢，释放能量供机体利用，并将代谢的产物排出体外。此外，机体的各种组成成分也经常通过分解和合成代谢不断地进行自我更新。物质在细胞内进行的这一系列分解、合成、转变等化学过程称为中间代谢。

（三）排泄

排泄是物质代谢的最终阶段。广义地说，排泄是指机体内的各种物质从细胞外液运出体外的生理过程；狭义地说，排泄是指机体将其物质分解代谢的产物，尤其是终产物清除出体外的过程。人体的各种代谢产物在细胞内生成后，都先透过细胞膜进入细胞外液，主要是血浆。当血液流经各种排泄器官时，这些代谢产物便以不同的形式分别排出体外。排泄的途径有以下四种。

（1）由呼吸器官排出二氧化碳（CO_2）和少量的水分。

（2）由消化管排出主要是经肝脏代谢产生的胆色素，以及经大肠黏膜排出的一些无机盐等。至于粪便中的食物被消化后留下的残渣，在生理学上并不包括在排泄之列。

（3）由皮肤通过汗腺分泌汗液排出一部分水、少量的尿素和盐类。

（4）由肾以尿液的形式排泄。由于尿的排泄量大，排泄成分管繁多，而且肾还可以根据身体的情况调节尿的量和质，因此肾排尿是机体最重要的排泄途径。

三、生物催化剂——酶

（一）酶的概念

催化剂是指能够加速化学反应的速度而其自身在反应前后不发生改变的物质。酶是由细胞产生的一类具有生物催化活性的蛋白质，广泛分布在人体的各种组织和细胞中（1300多种），体内物质代谢所进行的一切生物化学反应都是在酶的催化下完成的。同样，受长期运动训练的影响，人体运动能力的提高也与酶对运动的适应有密切的关系。

酶的主要成分是蛋白质。其中，有些酶分子完全由蛋白质组成，分子中不含有其他成分，这类酶称为单纯蛋白酶，体内的大部分水解酶类（如唾液淀粉酶、胰蛋白酶和胰脂酶等）属于此类酶；有些酶分子由蛋白质和非蛋白质成分共同组成，称为结合蛋白酶，体内多数的氧化还原酶属于此类酶。其中，蛋白质成分称为酶蛋白，它决定着酶发挥催化作用的特异性；非蛋白质成分称为辅基或者辅酶，它们通常是金属离子或某种有机化合物，决定着催化反应的性质。

有些酶刚从细胞分泌出来时没有催化活性，必须经过某些物质的激活后才能转变为有催化活性的酶，这些无活性的酶的前体物质称为酶原。体内常见的酶原有胃蛋白酶原、胰蛋白酶原、凝血酶原和纤维蛋白溶解酶原等。体内酶原的存在和激活作用对于保护组织器官和应急反应具有重要的生理学意义。比如，消化系统中存在无活性的胃蛋白酶原和胰蛋白酶原，它们对组织蛋白没有水解作用；血液中的凝血酶原，在正常情况下不引起凝血反应，当创伤流血时，凝血酶原迅速转化为凝血酶，以促进血液的凝固，防止出血过多。

还有一些酶，它们可以催化相同的化学反应，但是酶蛋白的分子结构不同，它们可以存在于体内不同的组织中，也可以存在于同一组织中不同的亚细胞结构中，此类酶称为同工酶。目前已经发现的同工酶有数百种，而与运动训练有密切关系，也是研究最多的同工酶主要有乳酸脱氢酶（LDH）、肌酸激酶（CK）、己糖激酶（HK）和肌球蛋白 ATP 酶。

（二）酶的作用

与一般催化剂一样，酶的主要生理学作用是加快生物化学反应的速度，其本身在反应前后不发生质与量的改变。而与一般催化剂不一样，酶的作用还有以下特点。

（1）酶的主要成分是蛋白质，其分子结构和催化作用极容易受环境理化因素变化的影响，如对热和 pH 值的变化比较敏感，表现出一定的不稳定性。所以酶在体内发挥生物催化作用一般都要求在比较温和的条件下（如常温、常压和接近中性的酸碱度）进行。

（2）酶的催化效率高，一般是非生物催化剂的 10 万～100 万倍。

（3）酶的作用具有高度的特异性，即酶对所作用的物质（通常称为底物）有严格的选择性。通常一种酶只能作用于某一类或某一种特定的物质，生成相应的产物。酶催化作用的特异性是一种重要的生物学现象，具有重要的生物学意义，它可以保证体内各种物质代谢与能量转移过程能够有条不紊地按照一定顺序进行，从而维持生命活动的正常进行。

（4）酶的生物催化活性是受到调节和控制的，调控主要是通过对酶的催化活性和酶量的调节实现的。酶催化活性的可调控性对于酶适应运动训练而进行快速和缓慢的变化有着极其重要的生理学意义。

酶催化作用的原理比较复杂。通常情况下，在一个化学反应体系中，并不是所有的反应物分子都能参加反应。只有那些所含能量达到或者超过某一限度的分子才能参加反应，这些分子称为活化分子。活化分子比一般非活化分子所多含的能量称为活化能。活化分子含有的能够参加化学反应的最低限度的能量称为该化学反应的能阈或能障，只有那些所含能量大于能障的分子才能参加化学反应。增加活化分子的途径有两种：一种是加热或光照，使部分分子获得能量而活化；另一种是降低能阈，间接增加活化分子的数量。催化剂的作用就是能够降低能阈或者活化能，使反应能够在较低的能量水平上进行，从而加快反应速度。

四、运动与酶的适应

新陈代谢是生命活动的基本特征，人体受运动训练的影响，其身体机能或运动能力的提高首先就表现在代谢的改变和适应上，而代谢的改变和适应又取决于酶对运动训练的反应和适应。大量研究表明，运动对机体是一种特殊的刺激，它可通过神经激素的作用，激活细胞内的酶分子，使酶的活性增强，从而促进物质代谢适应急性运动的需要。此外，长期的运动训练还可以刺激或诱导酶合成量的增加，使体内有关的酶系产生与运动训练性质相适应的变化，从而提高人体的专项运动能力。

一个人体内如果缺酶会给健康带来系列性的影响。体内缺酶的表现为：

（1）皮肤晦暗，皮肤出现斑点、皮肤无光泽，严重者可出现老年斑；

（2）身体疲乏，经常感到身体疲劳乏力，精力不济，肌肉酸痛，睡眠不佳；

（3）心律不齐，经常感到心慌，全身不舒服，记忆力明显下降；

（4）免疫力低，不能有效抵抗病毒细菌入侵，经常感冒，体质虚弱。

人体内新陈代谢酶的活性与运动的项目强度，时间有关。如果很少运动或运动过度，都会使体内超氧化物歧化酶活性下降，就会造成体内自由基攻击细胞膜上的磷脂，促使细胞老化，使面部产生色素蓄积，形成老年斑，加速机体衰老。因此，适度的有氧运动有益于增加新陈代谢酶的活性和含量，使其增强人体新陈代谢功能，有益健康。

第二节 人体运动的能量供应

人体生命活动是一个消耗能量的过程，而运动又是消耗能量最多的一种活动。运动时，人体不能直接利用太阳能、电能等各种物理形式的能量，只能直接利用储存在高能化合物腺苷三磷酸中的能量，即 ATP 分子中蕴藏的化学能。糖、脂肪和蛋白质可通过各自的分解代谢，将储存在分子内部的化学能逐渐地释放出来，并使部分能量转移和储存到 ATP 分子之中，以保证 ATP 供能的持续性。因此，ATP 是机体一切生命活动的直接能源，是能量代谢的核心。

一、肌肉活动的直接能源——ATP

ATP 由一分子腺嘌呤、一分子核糖和三分子磷酸组成，其末端的两个磷酸酯键为高能键，通常情况下水解 1mol ATP 可以释放 30.5kJ 的能量。在体内条件下，ATP 可进一步与 Mg^{2+}形成 $MgATP^{2-}$复合物。后者是 ATP 在体内的活性形式，它可在 ATP 酶的催化下迅速分解为腺苷二磷酸（ADP）和无机磷（Pi），为机体的各种生命活动提供能量。

ATP 在肌组织中的含量为 5～7mmol/kg 湿重，以体重为 70kg 的人来计算，其肌肉质量约为 28kg，全身肌肉 ATP 的总贮量为 140～196mmol（或 88～123g）。若以 1mol ATP 水解释放能量 46kJ 计算，则体内 ATP 的总能贮为 6.44～9.02kJ。

ATP 在肌组织中的储量有限，但是因为 ATP 在消耗的同时又不断被再合成，故人体可利用的 ATP 的总量非常大。ATP 再合成基本上是其分解反应的逆过程，即：

$$ADP + Pi \longrightarrow ATP + H_2O \qquad (2\text{-}1)$$

肌细胞内可供 ATP 再合成的能量主要来自磷酸原供能系统、糖酵解供能系统和有氧氧化供能系统三个能量代谢系统。

二、磷酸原供能系统

运动生理学常将 ATP 和磷酸肌酸（CP）作为一类能源物质（取名为磷酸原），它们都是体内含能量较多的化合物，又称高能磷酸化合物。

CP 是贮存在肌组织中的另外一种高能化合物，它由一分子的磷酸和一分子的肌酸组成。CP 的分解虽不直接为肌肉供能，但可通过肌酸激酶反应将能量转移给 ADP 形成 ATP，以保持 ATP 浓度的相对恒定，从而起到“能量缓冲剂”的作用。

人体肌组织的 CP 含量为 15~20mmol/kg 湿重，约为 ATP 的 3 倍，若以肌肉总量 28kg 计算，CP 的总贮量为 420~560mmol，总能贮为 19.3~25.8kJ。

短时间剧烈运动时，肌肉 ATP、CP 消耗速度的变化模式略有不同，如图 2-1 所示。在持续时间为 14s 的剧烈运动中，最初的 8~10s 内，ATP 含量有所减少但尚可维持稳定，CP 含量快速下降；但至运动后期身体达耗竭状态时，ATP 和 CP 含量均可降至极低水平。

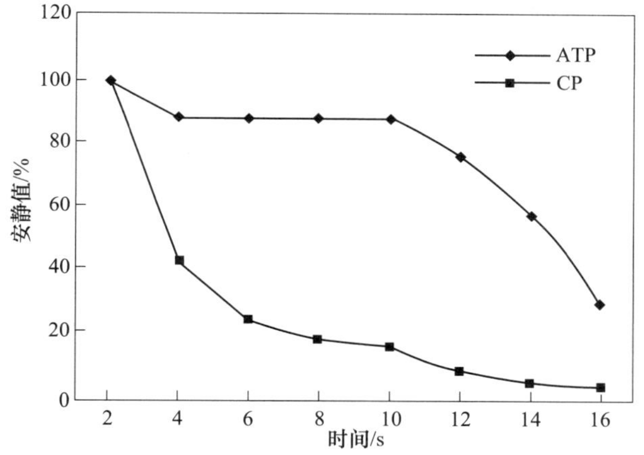

图 2-1　14s 最大运动时肌肉 ATP、CP 相对含量的变化

除此以外，肌肉 ATP 分解后形成 ADP 分子还可以进一步在腺苷酸激酶的催化下合成 ATP，即：

$$ADP + ADP \longrightarrow ATP + AMP \tag{2-2}$$

以上三个能够快速合成 ATP 的供能途径被认为是 ATP 再合成的即刻能源。

三、糖酵解供能系统

（一）糖酵解供能及其生理意义

糖酵解是指由葡萄糖或肌糖原经一系列代谢酶的催化，最后形成乳酸和释放能量的过程。该过程不需要氧气的存在，故又称为糖的无氧分解。

糖酵解是一系列的酶促化学反应过程，其中绝大部分酶分散地存在于细胞质中，只有个别松散地结合在质膜或线粒体膜上，故糖酵解的全部过程是在细胞质内进行的。糖酵解的全部反应过程如图 2-2 所示。

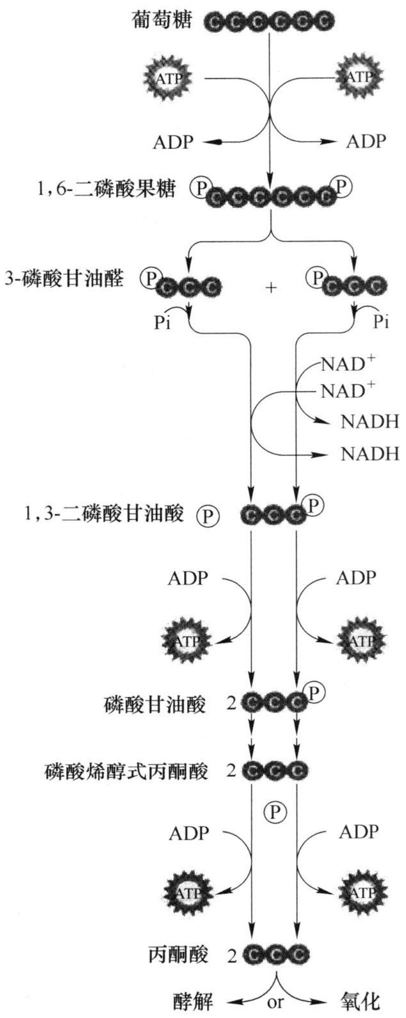

图 2-2　糖酵解基本反应过程

糖酵解是一个放能反应，1 个分子的葡萄糖生成 2 个分子的乳酸，可以净生成 2 个分子的 ATP；如果糖酵解从肌糖原的组成成分葡萄糖单位开始，则可净生成 3 个分子的 ATP。

在正常的情况下，机体的糖代谢主要是通过有氧氧化提供能量，糖酵解的供能意义不大。但糖酵解有其特殊的生理意义，它是机体在缺氧或无氧条件下获得能量的一种有效方式。例如在剧烈运动时，机体呼吸和循环系统的活动无法满足肌肉能量代谢对氧气的需要，此时肌肉处于相对缺氧的状态，这时肌肉可以通过加强糖酵解过程以保证运动所需的能量。运动生理学的研究表明，跑步 200～1500m、游泳 100～200m 及其他在 1～3min 内以最大速度完成的运动，都是主要依靠糖酵解系统提供能量的。此外，在摔跤、柔道、拳击和武术等一些非周期运动性项目中，糖酵解供能的能力同样是发挥良好竞技运动水平的必要条件。

（二）血乳酸与运动

乳酸是糖酵解的产物，而血乳酸顾名思义是指血液中的乳酸。血乳酸浓度的表示通常以毫摩尔/升血液（mmol/L）或者毫克的百分数（mg%）表示，它们之间的换算方法是：

$$1\text{mmol/L} \times 9 = 1\text{mg\%} \quad 或 \quad 1\text{mg\%} \div 9 = 1\text{mmol/L}$$

安静状态下，体内绝大部分组织细胞依靠有氧代谢提供能量，只有少数组织细胞通过糖酵解获取能量，它们主要包括红细胞、视网膜、肾上腺髓质、睾丸和骨骼肌等。这些组织细胞产生的乳酸能迅速扩散入血液，使血液中出现一定浓度的乳酸。而在运动时，血乳酸主要来源于运动肌的释放。据研究报道，安静状态下，静脉血的血乳酸浓度为0.34~0.78mmol/L，动脉血为1~2mmol/L；短时间剧烈运动时，血乳酸浓度最高可达25mmol/L以上，为安静时血乳酸浓度的15~20倍；而在长时间亚极量强度运动时，由于有氧供能代谢能够满足机体的能量需要，血乳酸浓度变化不大。

运动时血乳酸浓度的变化主要取决于运动的强度和持续时间并受肌糖原贮备等因素的影响。通过不同强度的跑步、踏车或蹬台阶运动负荷试验研究发现，血乳酸浓度的变化与运动强度呈指数相关。

血乳酸是运动员运动训练中的一项重要生理学指标，常被用于有氧运动能力和生理负荷强度的评价。血乳酸的浓度与机体的缺氧程度有关，因此受长期运动训练，尤其是耐力训练的影响。当机体供氧以及有氧氧化能力增强时，定量中等强度运动负荷条件下的血乳酸浓度将下降，表明机体有氧运动能力增强。此外，血乳酸浓度的变化与运动负荷的强度和糖酵解供能能力大小有关，故大强度剧烈运动负荷后血乳酸浓度增加，运动成绩提高，表明运动员的无氧代谢能力和机体耐酸能力，即无氧运动能力增强。最后，检测运动员完成练习后的血乳酸仍是教练员客观了解和有效控制运动训练负荷强度的常用方法。

四、有氧代谢供能系统

在氧气（O_2）的参与下，体内的能源物质氧化生成 CO_2 和 H_2O，同时释放能量使ADP再合成ATP的过程，称为有氧氧化。有氧氧化系统主要由糖、脂肪和蛋白质的有氧氧化组成。

（一）糖的有氧氧化

糖的有氧氧化是肌细胞内糖氧化供能的重要方式。在糖的有氧氧化过程中，糖原或者葡萄糖首先分解成丙酮酸，这一阶段的反应过程与糖酵解完全相同，也是在细胞质中进行的。之后，丙酮酸可在缺氧的条件下转变成乳酸；或者在氧气供应充足的条件下，在细胞的线粒体内氧化生成乙酰辅酶A，后者再经三羧酸循环氧化成 CO_2 和 H_2O。糖有氧氧化时产生的能量远远多于糖酵解，在扣除氧化过程中消耗的ATP后，一分子的葡萄糖彻底氧化成 CO_2 和 H_2O 时，可净生成36分子的ATP，是糖酵解的18倍。若氧化从糖原的组成成分葡萄糖单位开始，则可净生成37分子ATP。

（二）脂肪的氧化供能

脂肪的分解代谢是机体能量供应的重要途径。在脂肪分子中氢原子所占的比例比糖分子要高得多，而氧原子相对较少。所以，同样重量的脂肪和糖完全氧化生成 CO_2 和 H_2O 时，脂肪分子释放的能量也较多。

除了红细胞以外，体内各种组织几乎都有氧化脂肪及分解产物的能力。运动时体内参与供能代谢的脂肪共有三个来源，即储存在脂肪组织中的脂肪、血浆中的脂肪和肌细胞内的脂肪。肌肉可以利用储存在其细胞内的脂肪，但是由于正常条件下储存在肌细胞内的脂肪太少，故当肌肉的脂肪氧化利用增加时，便可通过血液从脂肪组织中获取脂肪。

一般情况下，脂肪组织中的脂肪在体内氧化时，首先是在脂肪酶的催化下水解成其组成部分甘油和脂肪酸并释放入血，然后随血液循环被运输到机体各处进行利用。其中，甘油主要是在肝、肾等组织氧化，而脂肪酸则可在线粒体内被彻底氧化成 CO_2 和 H_2O，同时释放能量。

脂肪在体内氧化所释放的能量是由两部分组成的：一部分是在肝、肾、小肠等处被氧化的甘油所释放，1 分子甘油彻底氧化成 CO_2 和 H_2O 可以净合成 19 分子的 ATP；另外一部分是由肌肉等组织氧化的脂肪酸所释放。构成人体脂肪分子的脂肪酸种类很多，以含 18 个碳原子的硬脂酸为例，可以净生成 147 分子 ATP。假设构成脂肪分子的 3 个脂肪酸都是硬脂酸，那么 1 分子的脂肪在体内彻底氧化便可生成：19ATP（甘油）+441ATP（硬脂酸 147×3）= 460ATP，其总量为糖分子的 12 倍之多。

脂肪酸在肌肉等组织中可以彻底氧化成 CO_2 和 H_2O。但在肝脏中，脂肪酸的氧化很不完全，因而体内会出现一些脂肪酸氧化的中间产物。这些中间产物有乙酰乙酸、丙酮等，总称为酮体。酮体是在肝脏生成的，但是肝脏本身缺乏利用酮体的酶类，它们可以通过肝细胞膜进入血液，然后再透过肌肉毛细血管壁或血脑屏障，进入肌肉和脑组织被继续氧化利用。由此可见，从能量代谢的角度而言，酮体的生成是肝脏输出能源，或者联系肝脏和肌肉等组织之间的一种特殊的能源运输形式。

（三）蛋白质的氧化供能

在体内，绝大多数氨基酸是以蛋白质的形式存在的，只有少量的氨基酸呈游离状态，存在于血液、组织液和组织细胞内，构成人体游离氨基酸的代谢池，其总质量约为 100g。其中，肌肉内的游离氨基酸最多，约占体内游离氨基酸总量的 80%，主要由谷氨酸、谷氨酰胺和丙氨酸等组成，此外还有一些支链氨基酸，如亮氨酸、异亮氨酸和缬氨酸；肝脏占 10%，肾脏占 4%，血浆只占 0.2%～6%。

体内氨基酸的代谢主要有三个基本途径：一部分的游离氨基酸是存在于组织细胞内的，它们可被重新用于合成组织蛋白；一部分氨基酸可进行分解代谢，这一过程可引起氨基酸失去碳架而形成 CO_2，或转变为糖原和脂肪，而氨则以尿素形式排出；还有一部分氨基酸用于合成新的含氮化合物。

在肌肉氨基酸代谢中，丙氨酸的代谢具有特别重要的意义。目前认为肌肉中的丙氨酸是由谷丙转氨酶催化丙酮酸与氨生成的。其中的丙氨酸主要来自糖分解代谢，少部分来自其他氨基酸的转变；而氨基则主要来自支链氨基酸和谷氨酸。生成的丙氨酸可从肌细胞释放入血。安静状态下，丙氨酸仅占肌肉游离氨基酸的 10%左右，占肌肉释放氨基酸的 30%以上；剧烈运动时，肌肉释放进入血液的丙氨酸速度明显增大，其增幅可达 50%～500%。丙氨酸释放入血后被肝脏摄入，在肝细胞内通过联合脱氨将其氨合成尿素，而其碳链被重新转变为葡萄糖释放入血，重新回到肌肉或作为糖的中间产物被利用。以上丙氨酸和葡萄糖反复地在肌肉和肝脏之间进行氨的转运，称为丙氨酸-葡萄糖循环。由于肌肉在合成丙氨酸过程中，氨基主要取自支链氨基酸，故有人将此循环称为丙氨酸-支链氨基酸-葡萄糖循环。通过这个循环，既能使肌肉中的氨以无毒的丙氨酸形式运输到肝脏，同时，肝脏又为肌肉提供了生成丙氨酸的葡萄糖。

正常情况下，人体物质代谢是一个完整而又统一的过程，各种物质代谢过程既相互联系又相互制约。在合成代谢方面，3 种能源物质之间可以在一定的条件下相互转变。其中，糖和脂质可以转变成蛋白质分子中的某些非必需氨基酸。相反，蛋白质的某些分解产物也可以转变成糖和脂质。糖和脂质之间也可以互变，来自饮食中的糖除了合成糖原外，经常有一部分转变成脂肪储存起来。反过来，脂肪的分解产物甘油也可以转变成糖。而在分解代谢方面，虽然 3 种能源物质的氧化分解都可以生成 CO_2 和 H_2O，但是它们各自的主要生理功能不同，因此在氧化供能上是以糖和脂肪为主的，其中糖的氧化供能更为重要。在长时间大运动量的训练过程中，由于体内糖的消耗较多，糖的储备量明显减少，此时脂肪代谢逐渐增加，以补偿糖储备不足对运动的影响。

五、运动时能量代谢的规律和特点

（一）能量储备及其供能能力

正常人体内储备有大量的能源物质，依其储备能量的多少依次是：脂肪 4×10^8J，蛋白质 1×10^8J，糖类（4~5）$\times10^6$J。其中，蛋白质的能量储备虽多，但不能大幅度使用，否则将危及正常的细胞结构和功能。因此，运动时脂肪和糖类是人体的主要供能物质。

1 分子的糖在体内酵解可以生成 2~3 分子的 ATP，彻底氧化成 CO_2 和 H_2O 生成 37 分子 ATP，而脂肪分子彻底氧化生成的 ATP 数量更多，可高达 450 分子 ATP 左右。但是，如果以单位时间内生成能量的数量，或者以单位质量肌肉在单位时间内生成 ATP 的数量计算，能源物质的各种分解代谢途径提供能量的速率则不同，见表 2-1。各供能代谢途径 ATP 最大合成速率的排列次序是磷酸原、糖酵解、糖有氧氧化、脂肪酸氧化，其递减速率接近 50%。当各个供能代谢系统在运动中分别以其最大供能速率向机体提供能量时，维持相应强度运动的持续时间分别是：磷酸原系统 6~8s，糖酵解系统 30~90s，糖有氧氧化 90min，而脂肪酸供能时间相对不限。蛋白质作为能源物质氧化供能在有氧代谢中所占的比例不大，最多不超过 18%，通常是在运动开始以后 30~60min 开始，直到运动结束。

表 2-1　各种能源物质分解代谢提供能量的速率

供能代谢系统	最大供能速率/kcal·min^{-1}	最大供能速率/mmol ATP
ATP+CP	36	2. 6
糖原酵解	16	1. 4
糖有氧氧化	10	0. 51~0. 68
脂肪酸氧化	—	0. 24

注：1kcal＝4. 18kJ。

（二）运动中三大供能系统活动的关系

不同供能代谢途径提供能量的能力和速率各不相同，运动中各个供能代谢系统的活动及其相互关系与运动负荷的强度和持续时间有关。在 1～3s 的全力运动中，基本上是由 ATP 提供能量的；在完成 10s 以内的全力运动时，磷酸原系统起主要供能作用；在 30～90s 最大运动时以糖酵解供能为主；在 2～3min 的运动中，糖有氧氧化提供能量的比例增大；而超过 3min 的运动基本上是有氧氧化供能，且随着运动时间的延长，供能物质由以糖有氧氧化为主逐渐过渡到以脂肪氧化为主。

（三）不同活动状态下的能量代谢特点

一般情况下，人体每天的能量消耗量大约是 11286kJ（男性）和 8360kJ（女性），它们主要由三个部分组成：一部分用于维持安静状态下的各种生命活动，该部分占人体总能量消耗的 60%～75%；另一部分用于消化和吸收食物中的各种营养物质，这部分能量约占 10%；最后一部分主要用于维持日常生活中的各种体力和脑力劳动以及从事体育运动，这部分能量消耗的变化比较大，通常情况下占 15%～30%。

不同运动项目的能量消耗很大，这些能量均由体内的三大供能代谢系统提供，但各个供能系统提供能量的比例及总能量消耗率和消耗量则取决于不同项目的运动强度和持续时间。了解这些知识对于完善科学训练，提高运动训练的效果具有重要的实际意义。

第三章　运动系统

运动系统由骨、关节和骨骼肌三部分组成。骨通过关节连接构成骨骼，成为人体的支架，有支持体重、维持体形和保护内脏等功能。骨骼肌附着于骨骼，收缩时能牵引骨骼产生各种运动。骨是运动的杠杆，关节为运动的枢纽，骨骼肌是运动的动力部分。

第一节　骨

一、骨的分类

骨是一种有生命的活的器官，主要由骨组织构成。骨坚硬而有弹性，有丰富的血管、淋巴管及神经分布，具有新陈代谢、生长发育、修复再生等特点。体育锻炼能促进骨的良好发育、健壮生长、延缓退化。骨是体内贮存 Ca、P 的器官，并参与 Ca、P 的代谢与平衡。骨髓有造血功能，同时在运动中起杠杆作用。

骨的分类如下。

（1）按部位分类，成人骨共 206 块，按其所在部位可分为中轴骨和附肢骨。中轴骨 80 块，包括颅骨 29 块，其中脑颅骨 8 块、面颅骨 15 块、听小骨 6 块；躯干骨 51 块，其中椎骨 26 块、肋骨 24 块、胸骨 1 块；附肢骨 126 块，包括上肢骨 64 块，其中上肢带骨 4 块、自由上肢骨 60 块；下肢骨 62 块，其中下肢带骨 2 块、自由下肢骨 60 块。

（2）按形态分类，人体不同部位的骨形态各异，不同形态的骨有着不同的功能，一般可分为长骨、短骨、扁骨和不规则骨等四类。长骨多呈管状，主要分布于四肢，在肌肉牵引下可产生大幅度运动。长骨分一体两端，体又称骨干，内部中空为骨髓腔，两端膨大称骺，骺的游离面为关节面。幼年时骨干与骺之间为骺软骨，它不断生长、骨化，使骨加长。短骨近似立方形，常群集位于承受压力较大而运动形式较复杂的部位，如腕骨、跗骨。扁骨呈板状，多位于人体中轴，主要构成颅腔、胸腔和盆腔的壁，对腔内器官起保护作用，同时也是肌肉宽大的附着面。不规则骨的形态极不规则，功能多样，如椎骨和某些颅骨。

除上述几种形状的骨以外，某些骨内部具有含气体的空腔称含气骨，如上颌骨。此外，在手、足和膝部肌腱内还有一种结节状小骨块称籽骨（如髌骨），它既可改变力的方向，又可减少对肌腱的摩擦。

二、骨的化学成分、结构与功能

（一）骨的化学成分

骨的物理性质主要表现为硬度和弹性，是由骨的化学成分所决定。骨的化学成分可分有机物和无机物两类，成人骨中有机物约占骨重的1/3，主要是骨胶原纤维和黏多糖蛋白；无机物约占骨重的2/3，主要是钙盐，如磷酸钙、碳酸钙等。有机物使骨富有弹性和韧性，无机物使骨具有较高的硬度。儿童少年骨内有机物较多而无机物较少，两者之比可达1∶1左右，故弹性大而硬度小，易被压缩而变形；老年人骨因有机物减少及骨质疏松而使脆性增大，容易发生骨折。

（二）骨的基本结构

活体的骨作为器官，由骨膜、骨质、骨髓及血管、神经等构成。

1. 骨膜

除关节面外，在骨的外表面紧包着骨外膜，在骨髓腔内表面衬有骨内膜，它们都属结缔组织。骨外膜又可分为内外两层，骨外膜的内层和骨内膜的细胞在幼年时能分化为成骨细胞和破骨细胞，直接参与骨的生成，使骨增粗，成年后处于静止状态。但在骨折时，这些细胞又恢复其造骨的能力。骨膜中的血管和神经经骨表面滋养孔进入骨质内对骨进行营养、再生、感觉等作用。

2. 骨质

骨质是骨的主要成分，分骨密质和骨松质两种。骨密质分布于骨的表面，结构致密坚硬，由数层规则排列的骨板构成，抗折、抗压、抗扭曲力强。骨松质位于骨骼内部，由许多针状、片状骨小梁交织成疏松的海绵状结构，具有较大的弹性。骨小梁的排列方向按力的传递方向组合，与压力方向一致称压力曲线，与张力方向一致称为张力曲线。骨小梁的排列会随着骨所受压力、张力的改变而产生适应性变化。骨松质的结构特点使骨具有省材料、轻便、坚硬的特点。

3. 骨髓

骨髓充满于长骨髓腔和短骨、扁骨等骨松质的腔隙内。胎儿和幼儿时期的骨髓含有大量发育程度不同的红细胞及其他血细胞，呈红色称红骨髓，具有造血功能。随着年龄增长（到6岁左右），骨髓腔内的红骨髓逐渐被脂肪组织代替，变为乳黄色（称黄骨髓），正常情况下缺乏造血能力。但在机体大量失血、贫血或为适应高原生活时能转化为红骨髓，恢复造血功能。成年后，长骨两端、短骨和扁骨的骨松质内仍充满红骨髓，终生保持造血功能。

（三）骨的功能

骨的功能可简要归纳如下：

（1）运动功能，当骨骼肌收缩时，可牵引骨杠杆绕关节运动轴转动而产生各种运动；

（2）支持功能，骨骼构成人体支架，可维持人体外形和体内各种软组织、脏器的特定位置及支持体重等；

（3）保护功能，骨构成各种腔壁，保护腔内器官；

（4）造血功能，红骨髓有造血功能，黄骨髓有潜在造血功能；

（5）体内钙、磷的储备库，体内99%以上的钙贮存在骨质中。

三、骨的生长及其影响因素

（一）骨的生长

骨的生长是破坏和重建两个过程对立统一的结果，包括骨的增粗和增长。

1. 骨的增粗

骨外膜内层的成骨细胞不断分泌骨质，使骨的横径不断增粗。同时，骨内膜中破骨细胞不断破坏和吸收骨质，使骨髓腔扩大。

2. 骨的增长

长骨中骺软骨不断增殖。骨化并向两端推移，使骨的长度不断增加。在 12~18 岁期间，骺软骨增殖速度快，四肢尤其明显。18 岁后，骺软骨增殖逐渐减弱至停止。人体约在 20~22 岁骺软骨全部骨化，留下一条骺线，骨干与骺愈合成一个整体，骨的长度不再增加，身高增长也就停止。

3. 儿童少年骨的特点

儿童少年骨的特点是有机物和水分较多，无机物相对较少，骨结构处在不断建造中，骨质柔软、骨骼短细，骨中软骨成分多，骨化过程尚未结束。因此，儿童少年骨的弹性和韧性较好，不易骨折，但坚硬性差，承受压力和肌肉牵拉力的能力不如成人，在持续高负荷力的作用下容易发生弯曲和变形。

4. 骨龄

骨龄是骨骼发育的年龄，指骨骺及小骨骨化中心出现的年龄和骺与骨干愈合的年龄。测定骨龄可为预测儿童少年的身高及运动员选材提供参数，常以拍摄手腕骨的 X 光片为测定依据。

（二）影响骨生长的因素

骨的生长受体内外诸多因素如遗传、激素、营养及体育锻炼等的影响。

1. 遗传

人类骨的一般形态结构及功能指标在一定程度上取决于遗传，如男女身高的遗传度分别为 79%~92%，坐高遗传度为 85%。由此可见，四肢骨及脊椎骨的生长受到家族遗传因子的制约。

2. 激素

在人体内有些激素控制、调节着骨的生长。比如，生长激素能促进骨组织蛋白的合成，使骺软骨细胞增生繁殖、长骨不断增长，分泌过多或过少可使儿童得巨人症或侏儒症；甲状腺素能促进骨骼新陈代谢，当分泌不足时骨生长出现障碍，骨增长停止；在性腺过早分泌性激素的情况下，会使骨干与骺提前愈合，影响身高增长。

3. 营养

营养物质对骨的生长起十分重要的作用。比如，蛋白质是构成骨胶原纤维的原料；无机离子 Ca、P、Mg 是骨组织中的主要成分，尤其是 Ca，它是骨正常生长的最不可缺少的营养物质，Zn 对骨骼正常骨化起作用；维生素 A 影响骨质生成及改建，维生素 D 通过促进肠道对 Ca、P 的吸收而促使骨组织钙化，维生素 C 与骨胶原生成有关。如果缺少相关营养物质将不同程度地影响骨的正常生长，甚至生病。

4. 体育锻炼

儿童少年时期骨的新陈代谢旺盛，经常进行合理的体育锻炼，给骨以一定的负荷刺激，对骨的生长发育有良好的作用，并能引起一系列适应性反应，使骨密质增厚，骨干增粗，骨小梁的排列更符合力的作用方向，使骨变得粗壮、坚固、抗折、抗压缩和抗扭转的性能提高。但儿童少年时期由于骨的可塑性大，特别是脊椎骨和骨盆及长骨中软骨成分多，在体育锻炼时应注意保持正确的姿势，及身体的全面发展，避免一侧肢体或局部用力过多造成脊柱弯曲、肢体畸形。同时要注意练习的负荷量，采用轻负荷、高频率的练习，避免大负荷量、超长时间的训练引起骨萎缩、骨化提前而影响身高。要保证运动后充分休息。

四、人体主要骨

（一）上肢骨

上肢骨可分为上肢带骨和自由上肢骨两部分。上肢带骨包括锁骨和肩胛骨。自由上肢骨包括上肢骨 1 块，为肱骨；前臂骨 2 块，为桡骨和尺骨；手骨包括腕骨、掌骨、指骨 3 部分。

1. 上肢带骨

上肢带骨包括锁骨和肩胛骨。

锁骨呈 S 形，横位于胸骨与肩胛骨之间，属长骨但无骨髓腔，内侧 2/3 凸向前，外侧 1/3 凸向后。

肩胛骨为三角形扁骨，位于胸廓后面外上方，2～7 肋之间，可分为前后两面，上、下、外侧 3 个角和上、内侧、外侧 3 个缘。前面微凹为肩胛下窝，后面有横行隆凸的肩胛冈及上方的冈上窝和下方的冈下窝。肩胛冈外端为肩峰，肩胛骨外侧角肥厚有浅窝为关节盂，盂的内上方有一指状突起为喙突。

2. 自由上肢骨

自由上肢骨包括肱骨、桡骨、尺骨和手骨。

肱骨是典型的长骨，分为两端一体。上端有半球形的肱骨头，头的外方有大结节，头的前方为小结节，大小结节向下延伸的纵嵴分别为大结节嵴和小结节嵴，大小结节之间的纵沟为结节间沟。肱骨体中部外侧面有三角肌粗隆，体后方有斜行的桡神经沟。下端宽扁，两侧有内上髁和外上髁，末端内侧有肱骨滑车，外侧有肱骨小头，两关节面上方有冠突窝和桡窝，后面的深窝为鹰嘴窝。

在解剖位置时桡尺骨平行排列，桡骨在外侧，上端细下端粗；尺骨在内侧，上端粗下端细。两骨均为长骨，可分为两端一体。

桡骨上端细小，头上面有关节凹，头周缘有环状关节面，头下方较细为桡骨颈，颈下后内侧有桡骨粗隆。桡骨体呈三棱柱形，内侧缘称骨间缘；下端粗大，有腕关节面、尺切迹和桡骨茎突。尺骨上端粗大，有呈半月形的滑车切迹；滑车切迹前上方突起为鹰嘴，前下方突起为冠突；冠突前下方有尺骨粗隆，冠突外侧有桡切迹；尺骨体呈三棱柱形，外侧缘称骨间缘；尺骨下端细小为尺骨头、内下方有尺骨茎突。

手骨由腕骨、掌骨和指骨组成。腕骨有 8 块短骨、排成两列，每列 4 块。自桡侧向尺侧，近侧列分别为手舟骨、月骨、三角骨与豌豆骨；远侧列分别为大多角骨、小多角骨、头状骨与钩骨。掌骨有 5 块小型长骨，从桡侧向尺侧分别为第 1～5 掌骨，每块掌骨分为底、体、头。指骨有 14 块小型长骨，除拇指为 2 节外，其余 4 指均有近、中、远 3 节指骨，每节指骨可分为底、体、滑车，但远节指骨末端为远节指骨粗隆。

（二）下肢骨

下肢骨包括下肢带骨和自由下肢骨两部分。下肢带骨为左右侧髋骨，自由下肢骨包括大腿骨 1 块，为股骨；大小腿之间为髌骨；小腿骨 2 块，为胫骨和腓骨；足骨包括跗骨、跖骨和趾骨 3 部分。

1. 下肢带骨

髋骨属于不规则骨。幼年时由髂骨、坐骨和耻骨通过软骨连接而成。16 岁前软骨在髋臼处骨化融合而形成髋骨。下肢带骨包括髂骨、坐骨和耻骨。

髂骨构成髋骨后上部，可分为髂骨体和髂骨翼。体构成髋臼的上部，翼的上缘称髂嵴，嵴的前端有髂前上下棘，后端有髂后上下棘，翼的内面微凹为髂窝，窝下骨嵴称弓状线，窝后下方有耳状面，耳状面上方有髂粗隆。

坐骨构成髋骨后下部，可分为坐骨体和坐骨支。体构成髋臼的后下部，由体弯曲向前移行为支，体支曲折处是坐骨结节。

耻骨构成髋骨前下部，可分为耻骨体、耻骨上支和耻骨下支。体构成髋臼前下部，体向前移行成上支，上支向后下折转成下支，在上下支移行处有耻骨联合面和耻骨结节。

2. 自由下肢骨

自由下肢骨包括股骨、髌骨、胫骨、腓骨和足骨。

股骨为人体中最长和最结实的长骨，约占身高的 1/4，分为两端一体。上端为朝向内上前方的股骨头，头中心处有股骨头凹，头外下方为股骨颈，颈体相连处有外上方的大转子和内下方的小转子。股骨体微向前凸，后面上方有臀肌粗隆，后面下方有股骨粗线。下端膨大，两侧分别有内上髁和外上髁，向后突出的为内侧髁和外侧髁，内外侧髁之间有髁间窝，下端前面有髌面。

髌骨是人体内最大的籽骨，为三角形扁骨，位于股四头肌腱内。前面粗糙，后面光滑为关节面。髌骨可加大股四头肌力臂。

胫骨位于小腿内侧，为小腿主要负重的骨，可分两端一体。上端膨大，分别有内侧髁和外侧髁。两髁上方有微凹的关节面，两髁之间有髁间隆起，上端前面有胫骨粗隆，外侧髁后下有腓关节面。胫骨体粗大呈三棱柱形，外侧缘为骨间嵴，体内侧面无肌肉附着，直接位于皮下。下端呈方形膨大，下面为下关节面，内侧有内踝及内踝关节面，外侧有腓切迹。

腓骨位于小腿外侧，细长骨。上端为腓骨头及关节面，体内侧缘为骨间嵴；下端为外踝及关节面。

足骨由跗骨、跖骨和趾骨构成。跗骨有 7 块短骨，分为不规则的后、中、前三列。后列为距骨和跟骨，中列为足舟骨，前列为三块楔骨和骰骨；跟骨为最大的跗骨，其后端膨大称跟结节。跖骨有 5 块小型长骨，从内向外分别为 1～5 跖骨，每块骨可分为底、体、头。趾骨有 14 块短小长骨，形状与排列相当于指骨。

（三）中轴骨

中轴骨包括躯干骨和颅骨。

1. *躯干骨*

躯干骨由 26 块椎骨、12 对肋、1 块胸骨 3 部分组成，它们分别参与脊柱、骨性胸廓和骨盆的构成。

成人的椎骨有 26 块，包括颈椎 7 块、胸椎 12 块、腰椎 5 块、骶骨 1 块、尾骨 1 块。椎骨的一般特征为不规则骨，不同部位的椎骨有不同特点，但构造基本相似。每块椎骨都有 1 个椎体、1 个椎弓、1 个椎孔和 7 个突起（2 个横突、2 个上关节突、2 个下关节突和 1 个棘突）。

肋由肋骨和肋软骨构成。肋骨为扁骨，共 12 对。上 7 对肋的前端都与胸骨相连，称真肋，下 5 对称假肋，其中 8~10 对为弓肋，11~12 对为浮肋。每块肋骨可分为前端、后端和肋体。前端与肋软骨相连，后端膨大为肋头与椎体相连。

胸骨为长扁骨，可分胸骨柄、胸骨体和剑突三部分。胸骨柄上缘中部有颈静脉切迹、上缘两侧有锁切迹，柄体两侧有 7 对肋切迹。剑突扁薄，形状变化较大，下端游离。

2. *颅骨*

颅骨由 29 块形状、大小各异的扁骨和不规则骨组成，可分为脑颅骨、面颅骨和听小骨三部分。

脑颅骨有 8 块，分别是 1 块额骨、2 块顶骨、2 块颞骨、1 块枕骨、1 块蝶骨和 1 块筛骨。这些骨共同围成颅腔，容纳脑。

面颅骨有 15 块，分别是成对的上颌骨、腭骨、鼻骨、颧骨、泪骨、下鼻甲骨及不成对的犁骨、下颌骨和舌骨。这些骨形成面部轮廓，是眼眶、鼻腔和口腔的骨性支架。

听小骨位于中耳的鼓室内，共 6 块，每侧 3 块，分别为锤骨、砧骨和镫骨。听小骨的功能是传导声波。

第二节　关　　节

一、关节及其分类

（一）关节概述

骨与骨之间借一定的组织以一定的形式相连结，称骨连结或关节。骨连结可分为直接连结和间接连结。直接连结多位于颅骨、椎骨之间，保护脑和脊髓及支持体重。间接连结则主要位于四肢骨之间，在支持、保护的功能基础上发展为运动功能，以适应机体复杂多样的运动形式，尤其是上肢的关节更要达到高度分化的程度。关节在运动中起枢纽（支点）作用。

（二）骨连结分类

骨连结包括直接连结和间接连结。

直接连结是指骨与骨之间借韧带、软骨或骨直接相连，中间没有空隙，运动幅度极小或完全不能活动。其中有的借致密结缔组织相连（称纤维连结），如前臂骨间的骨间膜连结；有的借软骨相连，称软骨连结，如椎体间的椎间盘连结等；有的借骨组织相连称骨性连结，一般由纤维、软骨连结骨化而成，如颅骨间的骨缝等。

间接连结是骨与骨之间由膜性结缔组织囊相连结，中间有空隙，运动幅度大，又称关节。

二、关节构造

（一）关节的基本结构

关节的基本结构有关节面、关节囊、关节腔，也称关节三要素。

关节面是构成关节的骨面，相关节的两个骨面通常是一个隆凸，一个凹陷。凸的称为关节头，凹的称为关节窝。关节面的表面覆盖有薄层的关节软骨，关节面软骨光滑、富有弹性，它的作用是减少两关节面间的摩擦，缓冲震荡。

关节囊为结缔组织的膜性囊，附着在关节面周缘及附近的骨面上，可分为内外两层。外层纤维层、内层滑膜层，两层在附着处互相移行且连续。纤维层具有连结、加固和维持关节完整性等功能，滑膜层能分泌滑液，对关节腔内结构有营养、润滑等作用。

关节腔为滑膜层和关节软骨之间所围成的密闭腔隙。腔内有少量滑液，并呈负压，这对维持关节的稳固性有一定的作用。

（二）关节的辅助结构

关节的辅助结构是指某些关节为适应特殊功能的需要而分化出来的结构，其结构如下。

（1）关节韧带。关节韧带由致密结缔组织构成。位于关节周围的关节韧带称为囊外韧带，位于关节腔内的关节韧带称为囊内韧带，它们对关节有加固作用。

（2）关节内软骨。关节内软骨位于关节腔内，填充在两关节面之间，由纤维软骨构成。其作用是补充关节面，使关节面互相适应。

（3）关节唇。关节唇附着在关节窝周缘的纤维软骨环，有加深关节窝、增大关节面的作用。

（4）滑膜囊。滑膜囊是指滑膜层从纤维层的薄弱部位向外突出形成的囊状结构，位于肌腱与骨面之间，可减少肌腱与骨面之间的摩擦。

（5）滑膜襞。滑膜襞是指滑膜层突向关节腔内的皱襞，它可填充关节腔内空隙，使关节面相适应，增加关节稳固性。

三、关节运动及其影响因素

（一）关节的运动

1. 人体的基本面和基本轴

A 人体3个基本面

按解剖学规定，可将人体做3个互相垂直的切面，即3个基本面，其包括冠状面、矢状面和水平面。冠状面沿左右方向，垂直将人体分为前后两部分的切面，也称额状面。矢状面沿前后方向，垂直将人体分为左右两部分的切面。水平面横切直立人体与地面平行的切面，也称横断面。

B 人体3个基本轴

人体3个基本轴互相垂直，其包括冠状轴、矢状轴和垂直轴。冠状轴是指左右方向垂直通过矢状面的轴。矢状轴是指前后方向垂直通过冠状面的轴。垂直轴是指上下方向垂直通过水平面的轴。

2. 关节的运动

关节的运动是指运动环节或骨绕着关节运动轴进行转动的过程。人体的运动是以关节运动为基础完成的。关节的运动形式与关节面的形状有密切关系，各关节面形状不同，导致关节的运动形式也各不相同。

(1) 屈伸。屈伸是运动环节在矢状面内绕冠状轴所做的运动。向前为屈，向后为伸，但膝、踝关节相反。

(2) 外展内收。外展内收是运动环节在冠状面内绕矢状轴所做的运动。环节末端远离身体正中面为外展，靠近正中面为内收。

(3) 旋转。旋转是运动环节在水平面内绕垂直轴所做的运动。环节前面转向内侧为旋内，转向外侧为旋外。

(4) 环转。环转是运动环节的近侧端以关节为支点，远侧端做圆周运动，运动轨迹为一圆锥体，环转运动是绕冠状轴、矢状轴上的连续运动。

(5) 水平屈伸。水平屈伸是上臂或大腿在肩、髋关节处先外展90°，再在水平面内绕垂直轴运动，向前运动为水平屈，向后运动为水平伸。

(二) 影响关节运动的因素

1. 关节运动的幅度

关节运动幅度是指运动环节绕某一运动轴，动作开始至结束进行转动的最大活动范围，一般用角度(°)表示。运动幅度作为柔韧素质的评定指标之一，影响着各运动环节完成动作的质量。

2. 影响关节运动幅度的因素

(1) 关节头与关节窝之间的面积差。面积差越大，关节运动幅度越大；面积差越小，关节运动幅度越小。

(2) 关节囊的厚薄与松紧度。关节囊薄而松弛，关节运动幅度较大；关节囊厚而紧张，运动幅度较小。

(3) 韧带的多少与强弱。关节韧带长、弱、少，运动幅度大；韧带短、强、多，运动幅度小。

(4) 关节周围的骨结构。骨突起小，运动幅度大；骨突起大，运动幅度小。

(5) 关节周围肌肉。肌肉体积小、力量大，弹性好，伸展性好，运动幅度大；肌肉体积大，力量小、弹性差，伸展性差，运动幅度小。

上述因素中(2)、(3)、(5)为可训练因素，通过训练将发生适应性改变，增加运动幅度。此外，影响运动幅度的因素还有年龄、性别、训练水平、训练项目、运动时的气温等。年龄小、女性、训练水平高、温热环境，则运动幅度大，反之则小。

（三）儿童少年关节特点

儿童少年关节面积差比成人大，关节面软骨相对较厚、关节囊、韧带伸展性大，关节周围肌肉细长。这些特点使关节的活动范围、灵活性、柔韧性比成人好，但牢固性相对较差，在外力作用下容易脱位。

1. 骨骼

儿童少年软骨成分较多，水分和有机物质（骨胶原）多，无机盐（磷酸钙、碳酸钙）少，骨密质较差，骨富于弹性而坚固不足，不易完全骨折而易于发生弯曲和变形。

2. 关节

儿童关节面软骨相对较厚，关节囊及韧带的伸展性大，关节周围的肌肉细长，关节活动范围大于成人，牢固性相对较差，在外力作用下较易脱位。

（四）体育锻炼对关节的影响

体育锻炼对关节有如下影响。

（1）体育锻炼可增加关节的稳固性。各种负荷力的刺激使关节面骨密质增厚，可承受更大的负荷，使关节面软骨增厚，缓冲能力提高。关节囊、韧带增厚，肌肉力量增加，使关节稳固性增大。如肩关节，通过负重屈、伸、内收、外展等运动，可发展关节周围的肌肉力量，增大关节的稳固。动物实验证明，长期运动可使关节软骨增厚，从而加大了关节的稳固性关节的灵活性是柔韧性素质的标志。体育锻炼主要是使关节周围的肌肉、肌腱和韧带的伸展性得以提高，同时也可使参与关节运动原肌的力量增强。如髋关节在冠状轴上后伸运动幅度比肩关节差，通过后踢腿，纵劈叉、弓剪步等练习，可以达到提高运动幅度的目的。

（2）体育锻炼可增加关节的灵活性。各种拉伸练习可使关节周围肌腱、韧带和关节囊的伸展性提高，增大关节的灵活性，提高关节运动幅度。

（3）体育锻炼可减少关节损伤。系统的柔韧性练习，能提高动作协调性，减少伤害事故，预防关节损伤。

（4）体育锻炼中应注意的问题关节的稳固性和灵活性是一对矛盾，在进行力量性练习时要配合进行伸展性练习，使关节的稳固性和灵活性同时发展。儿童少年关节容易脱位，要重视发展关节坚固性，避免参加对抗性强的运动。

四、人体主要关节

（一）肩关节

肩关节由肩胛骨的关节盂与肱骨头组成，是典型的球窝关节。肱骨头大，关节盂浅小，两关节面差值大。关节囊薄而松，关节囊上、前、后壁有许多韧带和肌腱加固，囊的前下部无肌腱和韧带加固，是肱骨头频繁脱位的部位。

肩关节是人体中最灵活的关节，运动幅度大，但稳固性较差。肩关节能绕 3 个运动轴做屈伸、收展、旋内旋外及环转运动。

（二）肘关节

肘关节由肱骨下端和尺、桡骨上端组成，是一个复关节。一个关节囊内包有 3 个关节，分别为肱尺关节、肱桡关节和桡尺近侧关节。肱尺关节是由肱骨滑车与尺骨滑车切迹构成屈戌关节；肱桡关节是由肱骨小头与桡骨头关节凹构成球窝关节；桡尺近侧关节是由桡骨头环状关节面与尺骨桡切迹构成车轴关节。肘关节囊前后薄弱松弛，两侧紧张，右侧副韧带加强。

肘关节是人体中最复杂的关节之一。肘关节的运动，整体上可绕两个运动轴做屈伸及旋内旋外运动。

（三）桡腕关节

桡腕关节由桡骨下端腕关节面与尺骨头下方关节盘构成窝，手舟骨、月骨、三角骨的上关节面构成关节头。关节囊松弛，关节腔宽大，关节四周均有韧带加强。

桡腕关节为典型的椭圆关节，可绕两个运动轴做屈伸、收展运动。

（四）髋关节

髋关节由髋骨的髋臼和股骨头构成。两关节面十分适应，灵活性小、稳固性好。关节囊厚而紧张，关节周围有较多韧带加固。这些韧带有限制髋关节运动幅度的作用，这对维持人体直立姿势，避免关节损伤有利，但给运动带来不便。要注意发展该关节周围软组织的柔韧性及肌肉收缩速度，以提高该关节的灵活性和运动幅度。

髋关节属球窝关节，也称杵臼关节，能绕 3 个运动轴做屈伸、收展、旋内旋外等运动。

（五）膝关节

膝关节由股骨下端、胫骨上端及髌骨后面组成股胫关节和股髌关节，共同包在一个囊内。股胫关节是由股骨内外侧髁与胫骨内外侧髁构成椭圆关节；股髌关节是由股骨髌面滑车与髌骨后面滑车构成屈戌（滑车）关节。关节囊广阔而松弛，胫股关节体积大，两关节面不相适应，有许多辅助结构加固、完善膝关节，包括关节内的半月板、交叉韧带，关节囊外的髌韧带和侧副韧带等。

膝关节为人体中体积最大、结构最复杂的关节，也是人体下肢活动最频繁的部位。容易在运动中发生损伤的结构有半月板、交叉韧带、髌骨、髌韧带及侧副韧带。

膝关节属椭圆滑车状关节，在伸膝时可绕冠状轴做屈伸，在屈膝时可绕垂直轴做微小的旋内旋外运动。

（六）踝关节

踝关节由胫骨下关节面、内踝和外踝关节面与距骨上面滑车构成屈戌（滑车）关节。关节囊前后壁松弛薄弱，两侧有韧带加固，内侧韧带强大坚韧，外侧韧带细弱。

踝关节可绕冠状轴作屈（跖屈）伸（背屈）运动，但由于距骨上面滑车前宽后窄，当足跖屈时可作轻微的收展运动，易引起踝关节内翻扭伤而损伤踝关节外侧韧带。

第三节　肌　　肉

运动系统中叙述的肌肉是指附着于躯干骨和四肢骨的骨骼肌。全身骨骼肌 400～600 块，占体重的 40%左右。每块肌肉都有一定的形态结构，并有血管和神经分布，可看作是一个器官。肌肉的基本功能特征为收缩与舒张，机体任何运动均是肌肉收缩的结果，骨骼肌是人体运动的动力来源。

一、肌肉的构造

（一）肌肉的大体构造

1. 肌肉的基本结构

由于功能的需要，全身不同部位肌肉的形态多样，但每块肌肉的基本结构是相同的，都由肌腹和肌腱两部分组成。

肌腹一般位于中间，把整块肌肉在肌腹处作横切面，用肉眼观察可看到以下结构：每条肌纤维（肌细胞）被肌内膜（含血管的结缔组织薄膜）包被，一定数量的肌纤维被肌束膜包被形成肌束，所有肌束被肌外膜包被形成肌腹。肌腹中的各种膜均属疏松结缔组织，对肌纤维、肌束有支持保护等作用。肌腹是肌肉完成收缩、舒张的结构部分。

肌腱由排列紧密的胶原纤维互相交织成辫子状成束平行排列，外包结缔组织膜。肌腱无收缩功能，但相当强韧，具有很大的抗拉伸能力。

肌肉内含有丰富的毛细血管，供给肌肉以营养，肌肉中约有 3000 条/mm^2 毛细血管。肌肉中的神经主要为分布在肌腹中的感觉和运动神经末梢及分布在肌腱中的感觉神经末梢。

2. 肌肉的辅助结构

肌肉的辅助结构包括腱鞘、筋膜、滑膜囊和籽骨。

腱鞘为套在肌腱表面的双层鞘管，可分为内外两层。外层纤维鞘，内层滑膜鞘（又可分为脏层和壁层，两层间有少量滑液）。腱鞘分布于细长肌腱多的部位，如手部、足部。腱鞘具有约束肌腱，减少肌腱与骨面之间摩擦的功能。

筋膜是包被在肌肉表面及分膈肌群的结缔组织膜，可分为浅筋膜（又称皮下筋膜）和深筋膜两种。筋膜对肌肉有保护、支持等功能。

滑膜囊位于骨面与肌腱之间的结缔组织囊，作用是减少肌腱与骨面之间的摩擦。

（二）肌肉的微细构造

肌细胞（肌纤维）的肌浆（细胞质）内含有上千条平行排列的更细的纤维，称为肌原纤维。每条肌原纤维沿长轴呈现规律的明暗相间节段，称明带（I 带）和暗带（A 带）。每条肌纤维中所有肌原纤维的明带和暗带长度相等，而且横向位置相对固定，使整个肌细胞呈现明暗交替的横纹。在暗带的中央有一段亮区称 H 带，H 带的中央有一条 M 线，明带的中央有一条 Z 线。两条 Z 线之间的区域称肌节，每个肌节由 1/2I 带+A 带+1/2I 带组成，肌节长 2～2.5μm。每条肌纤维纵长由无数个肌节组成。肌节是肌肉收缩和舒张的基本功能单位。

（三）肌管系统

肌管系统是指由单位膜构成的囊管结构，包绕在每条肌原纤维的周围，分为两种：一种是走行方向与肌原纤维垂直的横管（T 管）；另一种是走行方向与肌原纤维平行的纵管（L 管）。T 管是肌膜在肌节明暗交界处向内凹陷形成的管道，细胞外液通过 T 管流入细胞之间，是细胞膜上的电位变化传入细胞膜内的通道。L 管位于 T 管之间，纵向包绕每条肌原纤维，在接近 T 管附近每条 L 管末端膨大形成终池，两侧的终池和中间的 T 管形成三联体结构。终池是 Ca^{2+} 的贮存库，在肌肉兴奋-收缩耦联过程中起重要作用。

二、肌肉收缩

（一）肌肉的特性

肌肉的特性包括肌肉的物理特性和生理特性。物理特性是指伸展性、弹性和黏滞性，生理特性是指兴奋性和收缩性。

1. 肌肉的物理特性

肌肉包括以下两种物理特性。

（1）伸展性与弹性。肌肉在外力作用下可被拉长的特性称为伸展性，当外力解除后被拉长的肌肉又能恢复原状的特性称为弹性。肌肉的伸展性与弹性同柔韧性密切相关，训练中有意识地发展伸展性与弹性可加大运动幅度，增加肌肉力量，预防拉伤。

（2）黏滞性。肌肉收缩或被拉长过程中，由肌与肌之间及肌肉内部结构分子间相互摩擦而产生的一种力的外在表现称为黏滞性。黏滞性给肌肉工作带来阻力，并额外消耗能量，任何锻炼前充分的准备活动可减少肌肉的黏滞性、防止运动损伤。

2. 肌肉的生理特性

肌肉的生理特性包括兴奋性和收缩性。肌肉在刺激作用下能产生兴奋（能产生动作电位）的能力称为兴奋性。肌肉兴奋时能产生缩短反应的特性称为收缩性。肌肉的兴奋性与收缩性是两种不同的生理过程，肌肉兴奋在前而收缩在后。如果一块肌肉不能对刺激做出反应，也就是不能产生动作电位，则这块肌肉就不能缩短或拉长。

（二）肌肉收缩的肌丝滑行理论

目前公认的最能解释肌肉收缩过程的理论是经过半个世纪大量的生物化学和细胞生物学实验验证，且大部分被证实的肌丝滑行理论。这个理论是 Huxeley（赫胥黎）在 1954 年提出的，其主要论点是：横纹肌（骨骼肌）的肌原纤维是由粗、细两组与肌原纤维长轴平行的蛋白微丝构成的，肌肉外形上能看到的缩短或伸长均是粗、细肌丝在肌节内相互滑行的结果，肌丝本身长度和结构不变。这一理论最直接的证据是肌肉收缩时暗带长度不变（但两种肌丝在暗带内的重叠率增加），只有明带发生缩短，同时 H 带变窄甚至几近消失，各相邻 Z 线互相接近，肌节长度变短，此时整块肌肉用肉眼观察变短或膨隆。当肌肉舒张时，插入暗带的细肌丝从暗带向明带方向滑动，肌节长度回位，H 带复原，肌肉外形恢复安静态。

三、肌肉收缩形式与肌肉工作分析

（一）肌肉收缩形式

依据肌肉收缩时所产生的长度或张力变化特点，肌肉收缩可分为缩短收缩、拉长收缩和等长收缩三种形式。

1. 缩短收缩

缩短收缩是指肌肉收缩所产生的张力大于外力时，肌肉长度缩短，并牵拉骨杠杆做向心运动的一种收缩形式。缩短收缩时，肌肉起止点互相接近。

等张收缩在整个收缩过程中因为给定的负荷是恒定的，而肌肉产生的张力会因关节角度不同而发生变化，在某些关节角度肌肉产生的力量远小于100%。

等动收缩需通过专门的等动练习器来实现这种收缩。收缩时在整个关节运动范围内，以恒定的速度（等动）进行最大收缩。肌肉产生的张力始终与负荷相等。在做最大等动收缩时，肌肉产生的张力在整个关节内都是其能力的100%。因此，用此法训练肌肉可使肌肉得到全方位的最大锻炼。

2. 拉长收缩

拉长收缩又称离心收缩。当肌肉收缩产生的张力小于外力时，肌肉虽在积极收缩，但仍然被拉长，这种收缩称拉长收缩。拉长收缩在人体运动中起到制动、减速、克服重力等作用。比如，从高处下跳时膝关节的屈曲是股四头肌、臀大肌拉长收缩完成的。

3. 等长收缩

当肌肉收缩产生的张力等于外力时，肌肉虽积极收缩，但长度并不变化，这种收缩称，为等长收缩。等长收缩可使张力达到最大，但肢体没有发生位移，而且消耗很多能量。体育运动中的支撑、悬垂等均是肌肉做等长收缩完成的。

（二）肌肉工作分析

1. 肌肉收缩的张力-速度关系

肌肉收缩的张力与速度关系是指负荷对肌肉收缩速度的影响。实验中发现，肌肉的收缩速度是随着肌肉收缩时所对抗的负荷量（称后负荷）的变化而改变的。把不同负荷时肌肉的张力-速度变化描绘在坐标上得到的曲线称张力-速度曲线。该曲线说明，在一定的范围内，肌肉收缩产生的张力和速度呈反变关系。当后负荷增加到某个值时，张力达到最大（P_0），但收缩速度为零，肌肉只能作等长收缩；当后负荷为零时，张力在理论上为零，肌肉收缩速度达到最大（V_{max}）。该曲线提示，要获得较大的速度，必须相应减少负荷；要产生较大张力，收缩速度会相应减慢。

训练可改变肌肉的张力-速度曲线（见图3-1），系统训练的运动员的曲线向右上方偏移，表明在相同力量下，可表现出最大的速度，或在相同的速度下，可表现出最大的力量。

2. 肌肉收缩的长度-张力关系

肌肉收缩的长度-张力关系是指肌肉收缩前的初长度对肌肉张力的影响。在肌肉收缩前给予肌肉一定的负荷（称前负荷），将影响肌肉收缩前的长度（初长度），因此改变前

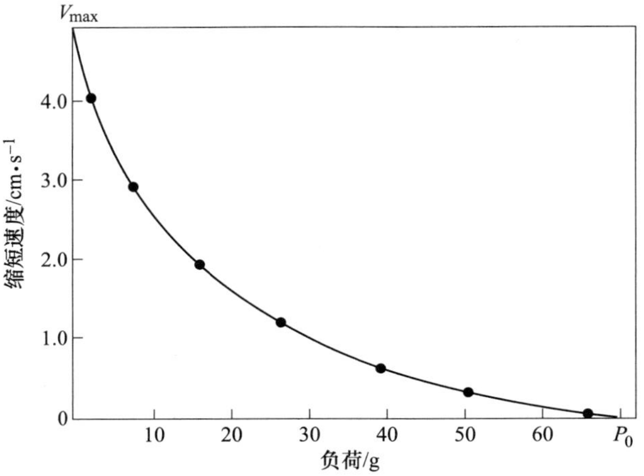

图 3-1　肌肉收缩的张力-速度曲线

负荷实际上是改变肌肉的初长度。实验证明，在一定范围内肌肉初长度与肌张力呈正变关系，超过这个范围初长度与肌张力呈反变关系。通常把能引起肌肉产生最大张力的初长度称为最适初长度。将肌肉在不同前负荷作用下长度与张力的变化绘制在坐标上得到的曲线称长度-张力曲线。该曲线的顶点显示产生最大张力时的最适初长度。人体肌肉的最适初长度稍长于肌肉的静息长度。

四、肌纤维类型

（一）肌纤维的形态及功能特征

1. 肌纤维类型的划分

骨骼肌纤维类型按肌纤维收缩速度可分为快肌（FT）和慢肌（ST）；按肌纤维收缩和代谢特征可分为快缩强氧化酵解型（FOC）、快缩强酵解型（FOG）和慢缩强氧化型（SO）三种。另外，还可以依据肌细胞内 ATP 酶含量而分为Ⅰ型、Ⅱ型等类型。

2. 人体骨骼肌纤维类型的分布

不同类型纤维在肌肉中所占的百分比，称为该肌肉肌纤维类型的百分构成。它与遗传、年龄等因素有关，且有一定的个体差异。

人类骨骼肌中的纤维均是由慢肌（Ⅰ型）和快肌（Ⅱ型）纤维混合组成的。在以完成各种身体姿势为主要功能的肌肉中，Ⅰ型肌纤维比率高，而在以动力性工作为主的骨骼肌中，Ⅱ型肌纤维比率高。肌纤维类型的百分构成与年龄因素有关。研究发现，随着年龄的增加，Ⅰ型肌纤维百分比增加而Ⅱ型肌纤维百分比相应减少。从单卵双生子的研究中发现，他们的肌纤维分配极其一致，这证明了人类肌纤维的百分组成或分布是由遗传决定的。

3. 不同类型骨骼肌纤维的形态、代谢和生理特征

A　形态特征

Ⅰ型肌纤维直径较小，而Ⅱ型肌纤维直径较大。Ⅱ型肌纤维中肌浆网发达，使Ⅱ型肌纤维摄 Ca^{2+} 能力大，反应速度快；Ⅰ型肌纤维中线粒体数量多、直径大，毛细血管分布

多，收缩力量大。Ⅰ型肌纤维受小 a（见图 3-2）运动神经元支配，为小运动单位；Ⅱ型肌纤维受大 a 运动神经元支配，为大运动单位。肌纤维的面积因年龄、训练程度和肌纤维类型的不同而随年龄增长呈线性递增。

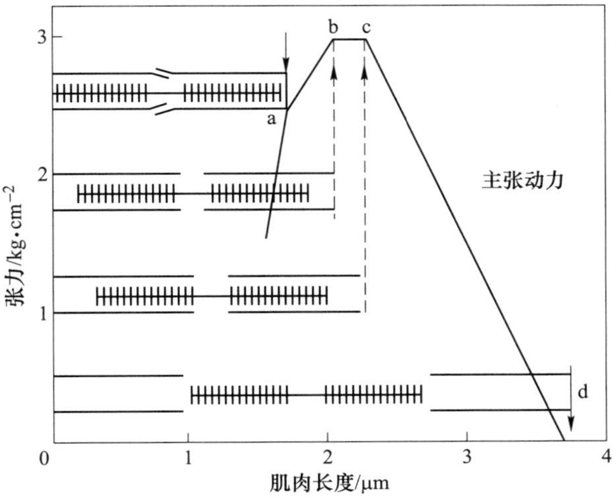

图 3-2 肌肉的长度-张力关系

B 代谢特征

研究表明，人类骨骼肌中 ST（慢肌纤维）的 ATP 和 CP 含量略高于 FT（陕肌纤维）。FT 中参与无氧氧化过程的酶活性比 ST 高，ST 中参与有氧氧化过程的酶活性比 FT 高。上述代谢特征表明，FT 的无氧氧化能力比 ST 高，而 ST 的有氧氧化能力大大高于 FT。

C 生理特征

不同类型的肌纤维存在着收缩速度、张力、抗疲劳等方面的能力差异，这些生理差异是它们在形态和代谢上存在差异的结果。研究发现，FT 百分比高的肌肉收缩速度快、力量大，但是容易疲劳；而 ST 具有较好的抗疲劳能力。

（二）肌纤维类型与运动能力

1. 运动员肌纤维类型

以世界优秀运动员肌纤维百分构成研究为依据，发现短跑、拳击等项目的运动员肌肉中以 FT 占明显优势；长跑、马拉松等项目的运动员肌肉中以 ST 占优势；而中跑运动员肌肉中，两类肌纤维的百分比非常接近。然而，运动员的成绩并不与肌纤维类型百分比呈绝对相关，肌纤维类型只是决定运动成绩的因素之一。

2. 运动训练对肌纤维的影响

对肌纤维百分构成的影响众多学者对此问题进行了研究，形成了许多不同的理论。近些年来的研究表明，肌纤维类型的百分构成是可以通过后天因素加以改造的。主要的观点是专门的训练可使 ST 转变为 FT，或使 FT 转变为 ST，这种转变的中介是快 C 纤维。

对肌纤维面积和数量的影响研究发现，不同形式的运动训练可引起肌肉内肌纤维的选择性肥大。而不能引起肌纤维增生、数量增加。

训练对肌纤维代谢特征的影响耐力训练不仅可提高慢肌的有氧运动代谢能力，而且可激发快肌的有氧运动潜力。人体的无氧运动（代谢）能力与运动专项、训练形式等有明显的依从关系。肌纤维对训练产生的适应性变化有明显的专一性，专一性包括运动专项、训练方式、训练部位、活动程度等诸多因素。

五、躯干肌与四肢肌简介

（一）躯干肌

躯干肌按其部位可分为颈肌、背肌、胸肌和腹肌，大部分为体积较大的扁阔肌。躯干肌是完成脊柱运动的主要肌肉，但一部分躯干肌因起点或止点在上肢骨或骨盆，所以其主要功能是参与完成上肢或骨盆的运动。下面将按肌肉完成工作的部位分别叙述。

1. 运动脊柱的主要作用肌

运动脊柱的主要作用肌如下。

（1）胸锁乳突肌。胸锁乳突肌位于颈两侧皮下，为长肌。下固定时，一侧收缩使头颈向同侧屈、头面部转向对侧，两侧同时收缩使头、颈同时屈或伸。上固定时，提肋助吸气。

（2）斜角肌。斜角肌位于颈椎两侧，每侧分为前、中、后 3 块。下固定时，两侧收缩使颈屈，一侧收缩使颈侧屈。上固定时，提肋助吸气。

（3）腹直肌。腹直肌位于腹前壁正中线两侧，被腹直肌鞘包裹，为扁长带状肌，肌纤维被 3~4 条横行的腱划分开。腱划与鞘前壁相连，可防止肌肉收缩时移位。上固定时，两侧收缩使骨盆后倾。下固定时，一侧收缩使脊柱侧屈、两侧同时收缩使脊柱前屈，下拉胸廓助呼气。仰卧举腿和屈腿仰卧起坐等练习可发展腹直肌力量。体操桥等练习可发展肌群的伸展性。

（4）腹外斜肌。腹外斜肌位于腹前壁浅层，为扁阔肌。上固定时，两侧同时收缩使骨盆后倾。下固定时，一侧收缩使脊柱向同侧屈，并向对侧回旋。两侧收缩使脊柱前屈，下拉胸廓助呼气。

（5）腹内斜肌。腹内斜肌位于腹外斜肌深层，为扁阔肌。上固定时，两侧同时收缩使骨盆后倾。下固定时，一侧收缩使脊柱向同侧屈和同侧回旋，两侧收缩使脊柱前屈。负重体侧屈、负重转体等练习可发展腹外斜肌和腹内斜肌力量。体侧屈可发展两肌的伸展性。

（6）竖脊肌。竖脊肌位于躯干背部脊柱两侧深层，充填于棘突和横突之间的凹沟内，呈长索状，由棘肌、最长肌、髂肋肌三部分组成，为脊柱的强大伸肌。下固定时，一侧收缩使脊柱同侧屈，两侧收缩使头和脊柱伸，并能协助呼气。纵跳摸高、提拉杠铃、向后抛铅球等练习可发展竖脊肌力量，坐位体前屈可发展其伸展性。

2. 运动胸廓的主要作用肌

运动胸廓的主要作用肌如下。

（1）膈。膈位于胸腹腔之间，为穹隆形的扁肌构成胸腔的底、腹腔的顶。膈是主要的呼吸肌，膈收缩时穹隆下降使胸腔容积增大，引起吸气；膈舒张时，穹隆回位，胸腔容积减小，引起呼气。

（2）肋间肌。肋间肌位于肋间隙内，包括 11 对肋间外肌和 11 对肋间内肌。肋间外肌在浅层，收缩时可提肋助吸气。肋间内肌在深层，收缩时降肋助呼气。

3. 运动上肢的躯干肌

运动上肢的躯干肌如下。

（1）斜方肌。斜方肌位于颈部和背上部皮下，为三角形阔肌，两侧相合为斜方肌。斜方肌纤维分为上、中、下 3 部。近固定时，整块肌肉收缩使肩胛骨后缩、上回旋，三束纤维分别收缩使肩胛骨上提、下降、上回旋、后缩。远固定时，一侧收缩使颈同侧屈，头转向对侧，两侧收缩使头向后仰及伸脊柱。儿童少年时期发展斜方肌力量可防止和矫正驼背。俯卧飞鸟展翅、负重扩胸、提拉杠铃耸肩等练习可发展斜方肌的力量。

（2）背阔肌。背阔肌位于腰背部皮下，呈扇形，为全身最大的阔肌。近固定收缩使上臂在肩关节处伸、内收和旋内。远固定收缩时，拉引躯干向上臂靠拢。单杠引体向上、爬绳、爬杆等练习可发展背阔肌的力量，双人压肩、扶墙压肩可发展背阔肌的伸展性。

（3）胸大肌。胸大肌位于胸廓前上部、浅层皮下，为扇形扁肌。近固定收缩使上臂在肩关节处屈、内收和旋内等。远固定收缩时，拉躯干向上臂靠拢、提肋助吸气。仰卧推举练习可发展胸大肌的力量和伸展性。

（4）前锯肌。前锯肌位于胸廓外侧面，为 8~9 个肌齿的扁阔肌。近固定收缩时，使肩胛骨前伸、下降、上回旋。俯卧撑练习可发展前锯肌力量。双手背握上提可发展前锯肌伸展性。

（二）上肢肌

上肢肌肉特点是长肌较多，具有长肌腱且常跨过两个以上关节。上肢的运动是通过上肢带关节、肩关节、肘关节和手关节的运动来实现的。

1. 运动肩、肘关节的主要作用肌

运动肩、肘关节的主要作用肌如下。

（1）三角肌。三角肌位于肩部皮下，从前、外、后 3 面包裹肩关节，形成肩部膨隆。近固定收缩时，前部纤维可使上臂在肩关节处屈、旋内和水平屈，中部纤维使上臂外展，后部纤维使上臂伸、旋外、整块使上臂外展。负重直臂侧平举、推手倒立练习可发展三角肌的力量。

（2）肱二头肌。肱二头肌位于上臂前面浅层，为梭形肌、有长、短两个头。近固定收缩时，使上臂在肩关节处屈，使前臂在肘关节处屈，使前臂旋外。远固定收缩时，使肘关节屈（前臂向上臂靠拢）。负重弯举、反握杠铃、引体向上等练习可发展肱二头肌的力量。

（3）肱肌。肱肌位于肱二头肌深层肱骨前面下部，为单关节肌，是屈肘的主要作用肌。力量训练方法同肱二头肌。

（4）肱三头肌。肱三头肌位于上臂后面，有 3 个头。近固定时，使上臂和前臂伸。远固定时，使肘关节伸。负重上举练习可发展肱三头肌的力量。

2. 运动手关节的主要作用肌

手关节的运动由前臂肌完成。前臂肌位于尺、桡骨周围，分为前后两群，每群又分为浅、深两层。前群肌位于前臂前面及内侧，主要有屈腕、屈指和使前臂旋内的功能。后群肌位于前臂后面及外侧，主要有伸腕、伸指和使前臂旋外的功能。

（1）前群浅层肌：自桡侧向尺侧依次为肱桡肌、旋前圆肌、桡侧腕屈肌、掌长肌、指浅屈肌、尺侧腕屈肌。

（2）前群深层肌：自前臂上外向内下依次为拇长屈肌、指深屈肌和旋前方肌。

（3）后群浅屈肌：自桡侧向尺侧依次为桡侧腕长伸肌、桡侧腕短伸肌、指伸肌、小指伸肌和尺侧腕伸肌。

（4）后群深层肌：自上外向内下依次为旋后肌、拇长展肌、拇短伸肌、拇长伸肌和示指伸肌。

3. 手肌

手肌位于手的掌、背侧，都是短小的肌，主要作用为运动手指，可分为外侧群、中间群和内侧群。外侧群在拇指侧形成鱼际，可使拇指作屈、内收、外展和对掌等运动。中间群在手中部构成掌心，可使掌、指关节活动，使手指屈伸等。内侧群在小指侧形成小鱼际，可使小指外展、屈伸和对掌。

（三）下肢肌

下肢肌对维持人体直立姿势、承受体重、移动身体、产生下肢运动起着十分重要的作用。与上肢肌相比，下肢肌粗壮、强大。下肢的运动是通过骨盆、髋关节、膝关节和足关节的活动来实现的。

1. 运动髋关节的主要作用肌

（1）髂腰肌。髂腰肌位于腰椎两侧及骨盆内，由腰大肌和髂肌组成。近固定收缩时，使大腿屈和旋外。远固定时使骨盆前倾、使脊柱向同侧屈和旋转。正踢腿、负重高抬腿跑、悬垂举腿等练习可发展髂腰肌的力量。

（2）缝匠肌。缝匠肌位于大腿前内侧浅层、股四头肌前面，是人体中最长的肌肉。近固定收缩时，使大腿屈和旋外、并使小腿屈和旋内；远固定使骨盆前倾。

（3）臀大肌。臀大肌位于骨盆后外侧臀部皮下，为四方形强厚扁肌。近固定收缩时，使大腿伸和旋外及外展、内收，远固定时使骨盆后倾。一般认为臀大肌是维持人体直立姿势的肌肉，俯卧背腿、后蹬跑、蹬台阶、跑斜坡等练习可发展臀大肌的力量。

（4）股二头肌。股二头肌位于大腿后外侧浅层，为梭形肌，有长、短两个头。近固定收缩时，使大腿在髋关节处伸，小腿在膝关节处屈，旋外；远固定时，使大腿在膝关节处屈、伸膝时使骨盆后倾。

（5）半腱肌和半膜肌。半腱肌和半膜肌位于大腿后内侧，半膜肌在半腱肌深层。近固定收缩时，使大腿在髋关节处伸、使小腿在膝关节处屈，旋内。远固定功能同股二头肌。

（6）大收肌。大收肌位于大腿内侧最深层，为最大的内收肌，呈扁阔三角形。近固定收缩时，使大腿内收、伸；远固定时使骨盆后倾。

股二头肌、半腱肌和半膜肌合称股后肌群，它们都是多关节肌。发展股后肌群的力量和伸展性可克服多关节肌的功能不足现象，在下肢运动中意义重大。后踢腿、立定跳远、俯卧背腿、多级跨跳、纵跳摸高等练习可发展它们的力量。正踢腿、纵劈腿、正压腿、侧踢腿等练习可发展它们的伸展性。

多关节肌是指跨过两个或两个以上关节的肌肉。多关节肌由于跨过多个关节，在同时作用于这些关节时会引起力量分散或伸展性不够而表现出“主动不足”或“被动不足”

的工作特点。主动不足是指多关节肌作为原动肌收缩发力时，其肌力已对其中一个关节发挥作用后，就不能再充分作用于其他关节而产生力量不足的现象，也称“力量性主动不足”，如伸膝以后屈髋，股直肌出现主动不足。被动不足是指多关节肌作为对抗肌，在一个关节被拉长后，在其他关节不能再充分拉长而产生伸展性不足的现象，也称“伸展性被动不足”，如伸髋后屈膝，股直肌出现被动不足。

2. 运动膝关节的主要作用肌

运动膝关节的主要作用肌如下。

（1）股四头肌。股四头肌位于大腿前面，是人体中最大的肌肉，分为股直肌、股中肌、股外侧肌和股内侧肌，四个肌头分别起点而共同止点。近固定收缩时，整块肌肉使小腿在膝关节处伸，股直肌可使大腿在髋关节处屈。远固定时可使大腿在髋关节处伸。股四头肌被认为是维持人体直立姿势的肌肉。立定跳远、多级跨跳、纵跳摸高，负重深蹲起等练习可发展股四头肌的力量。

（2）小腿三头肌。小腿三头肌位于小腿后面，包括浅层的腓肠肌和深层的比目鱼肌。近固定收缩时，整块肌肉使足跖屈、腓肠肌使小腿在膝关节处屈。远固定时使大腿在膝关节处伸，实现站立和提踵，有维持人体直立姿势的功能。徒手或负重后蹬跑、上坡跑、跳绳等练习可发展小腿三头肌的力量。

3. 运动足关节的主要作用肌

足关节的运动由小腿肌完成，小腿肌分别位于胫、腓骨的前、后、外侧及足跖部和足背部，可分为前群、后群和外侧群。小腿前群由 3 块肌肉组成。胫骨前肌使足伸（背屈）、内翻。拇长伸肌使足伸、趾伸。趾长伸肌使足伸、伸趾。除浅层的小腿三头肌外，小腿后群由深层 3 块肌肉组成，即胫骨后肌、拇长屈肌、趾长屈肌，3 块肌肉都经过内踝到足底，使足跖屈、内翻。小腿外侧群由 3 块肌肉组成。腓骨长肌和腓骨短肌，两块肌肉都经过外踝到足底，使足跖屈、外翻，第 3 腓骨肌使足背屈、外翻。

（四）儿童少年肌肉特点及体育锻炼中应注意的问题

儿童少年时期的肌肉成分中水分多、蛋白质等含量少，肌肉细软、肌肉力量和耐力较差，易疲劳。随着年龄的增长，肌肉内蛋白质等成分逐渐增多、水分减少，到 16~18 岁时肌肉重量及肌力明显增强。儿童少年时期各部位肌肉发育不平衡，表现为躯干肌先于四肢肌、屈肌先于伸肌、上肢肌先于下肢肌。儿童少年时期肌力的发展与身高增长有相关性：身高生长加速期，肌力发展慢；身高生长缓慢期，肌力发展快。体育锻炼时应注意避免大强度、长时间训练及偏肢体、超负荷接受局部力刺激；应多采用柔韧性、弹跳力和负荷轻而速度快的练习，同时要注意发展小肌肉群和伸肌群的力量，以使肌肉之间协调能力提高；要注意发展身体全面素质而不搞单一技术训练。

第四章 神经和内分泌系统

第一节 神经系统及其整合功能

一、神经系统的组成

神经系统由脑和脊髓及与它们相连的周围神经组成。神经系统在人体各器官系统中居于主导地位，它调节和控制着各个器官、系统的机能活动，使人体成为一个统一的有机整体，适应瞬息万变的外环境。例如，运动员从事体育运动时，一方面骨骼肌积极有力地收缩，牵动骨骼围绕关节旋转完成各种动作；另一方面心血管系统和呼吸系统也必须加强工作以供给肌肉运动所需的氧等。

（一）神经元、神经纤维和突触

1. 神经元

神经元又称神经细胞，是神经组织结构和功能的基本单位，具有感受刺激并传导神经冲动的功能。神经元由胞体和胞突两部分组成。

胞体由细胞膜、细胞质和细胞核组成，其形态多样，有球形、锥体形、梨形、星形等。胞体大小差别很大，是神经元功能活动的中心。

胞突是指胞体向外突出的部分，根据胞突的形状和功能分为树突和轴突两种。树突数量为一至数个，主干一般较短，反复分支呈树枝状，具有接受刺激并将神经冲动传入胞体的功能。轴突一般只有一个，细长形，常有侧支。轴突末端分支较多，称轴突末梢，其主要的功能是将胞体传来的神经冲动，经轴突传至其他神经元或效应器，以支配其生理活动。

2. 神经纤维

神经纤维由神经元的轴突（或长树突）和包在外面的神经胶质细胞组成。根据神经胶质细胞是否形成髓鞘，将神经纤维分为有髓神经纤维和无髓神经纤维两种。

神经元较长的突起常被起绝缘作用的髓鞘和神经膜所包裹，构成有髓神经纤维。无髓神经纤维指的是神经元较长的突起常被起绝缘作用的髓鞘和神经膜所包裹，构成有髓神经纤维，若只被神经膜所包裹则称无髓神经纤维。

3. 突触

突触是神经元与神经元之间或神经元与非神经细胞（如肌细胞、腺细胞）之间互相接触并传递信息的部位。通过突触，一个神经元的功能活动能影响另一个与其相接触的细胞的功能活动。根据细胞间互相接触的部位不同，把突触分为轴突-胞体突触、轴突-树突突触、轴突-轴突突触。

电镜下，突触由突触前膜、突触后膜和突触间隙组成。突触前、后膜分别为突触前、后神经元相接触的部分增厚的细胞膜。在突触前膜附近的轴浆内有许多含有神经递质的突触小泡，后膜上有神经递质的受体，前、后膜之间有 15~30nm 的间隙。突触前神经元通过释放神经递质入突触间隙，递质与后膜受体结合，将信息传给突触后神经元。这种通过释放神经递质进行冲动传递的突触，称化学性突触。

（二）中枢与周围神经系统

神经系统由中枢神经系统和周围神经系统两部分组成。中枢神经系统包括脑和脊髓；周围神经系统是脑和脊髓以外的神经成分，包括脑神经、脊神经及内脏神经。

1. 中枢神经系统

中枢神经系统由脊髓和脑组成。

脊髓位于椎管内，上端平枕骨大孔处与延髓相连，下端成人平第 1 腰椎的下缘，它发出脊神经与四肢、躯干相联系。脊髓内部由灰质和白质构成，灰质由大量大小、形态不同的神经元组成，白质主要由神经纤维组成。这些神经纤维形成神经传导束，通过脊髓内的上行传导束将内外环境的各种兴奋传向脑。通过下行传导束，将脑发出的各种兴奋传至有关的效应器。当脊髓受损时，相应各高级中枢与末梢器官的联系则中断。正常生理状况下，脊髓的功能活动是在脑的控制下完成的。

脑位于颅腔内，由大脑、小脑、间脑、中脑、脑桥和延髓六个部分组成，脑内有腔隙，称为脑室。脑是神经系统中最复杂的部分，人类的脑最发达。大脑由左右两个半球组成，两个半球之间为大脑纵裂，纵裂的底部有连接两半球的横行纤维束，称胼胝体。大脑半球表面是一层灰质，称为大脑皮层，是神经元细胞体集中的部位。皮层表面凹凸不平，有许多沟与回。大脑皮层以内是由神经纤维组成的白质，这些神经纤维使大脑皮层能保持与神经系统其他各部分的联系。

脑干在大脑的下方，自上而下由中脑、脑桥和延髓三部分组成。上面的中脑接间脑，下面的延髓是脊髓的延续。脑干中有重要的上行和下行传导束，是大脑、小脑和脊髓之间相互联系的重要通路。同时脑干中有调节心血管、呼吸等基本生命活动的神经中枢。小脑位于脑干的背侧、大脑的后下方。小脑的两侧膨大，称小脑半球。

2. 周围神经系统

周围神经系统由脑神经、脊神经和自主神经组成。

脑神经是指与脑相连的周围神经，共 12 对，按其出入脑的头尾侧顺序排列，其名称分别是嗅神经、视神经、动眼神经、滑车神经、三叉神经、外展神经、面神经、前庭蜗（位听）神经、舌咽神经、迷走神经、副神经和舌下神经。

脊神经是指与脊髓相连的周围神经，共 31 对，借前根和后根与脊髓相连。脊神经的前根属运动性，内含躯体运动和自主神经纤维；后根属感觉性。31 对脊神经自上而下分别为 8 对颈神经、12 对胸神经、5 对腰神经、5 对骶神经和 1 对尾神经。

自主神经是指分布在内脏、心血管和腺体等的运动神经，又称内脏运动神经。根据其结构和功能特点，内脏运动神经可分为交感神经和副交感神经两种。

二、神经系统活动的基本方式

反射是神经系统活动的基本方式，是指在中枢神经系统的参与下，机体对内外环境刺激所做出的应答性反应。早在 17 世纪，人们就注意到机体对环境中的一些刺激可做出有规律性的反应，比如用棉絮轻触角膜引起眨眼，手指触及火焰立即缩回，食物刺激口、舌黏膜引起唾液分泌增多等。笛卡尔最早提出反射概念，用以说明刺激与机体反应之间的因果关系。20 世纪上叶，巴甫洛夫发展了反射概念，提出了完整的反射理论，创立了高级神经活动学说。

实现反射的结构基础是反射弧。它包括感受器、传入神经、神经中枢、传出神经和效应器五个部分。反射弧中的神经中枢部分，在反射活动的实现过程中起着关键性作用。一些简单的反射活动其中枢分布范围较窄，如角膜反射中枢只局限在脑桥。而许多复杂的反射活动其中枢分布范围较广，往往遍布于中枢神经从大脑到脊髓的各个部位，但其中必然有一个部位是其基本中枢的所在。

三、神经系统的感觉分析功能

（一）感觉传入

当机体的各种感受器受到适宜刺激时，会产生兴奋并沿一定的传导途径到达中枢神经系统。经过多次的更换神经元，最后到达大脑皮质的一定区域产生相应的感觉。

脊髓是最重要的感觉传导路径，来自躯干、四肢和一些内脏器官的感觉神经的兴奋都经过脊髓上传。丘脑为感觉传导换元接替站，各感受器传入的神经冲动都要经过脊髓和脑干，上行传入丘脑更换神经元，再经丘脑投射到大脑皮层。由丘脑向大脑皮质的感觉投射系统可分为特异投射系统与非特异投射系统。丘脑向大脑皮层的投射具有点对点的投射关系，投射至大脑皮层的特定区域，这样的透射系统称为特异投射系统，其主要功能是产生特定的感觉，并激发大脑皮层发出神经冲动。丘脑发出的纤维弥散地投射到大脑皮层的广泛区域，不具有点对点的投射关系，不产生特定的感觉，这样的透射系统称为非特异投射系统，其主要功能是维持和改变大脑皮层的兴奋状态，对保持机体觉醒具有重要作用。

（二）大脑皮层的感觉分析

各种感觉传入冲动在大脑皮质进行分析和综合，产生相应的感觉。大脑皮质的不同区域在功能上具有不同的作用，称为大脑皮质的功能定位。

（1）体表感觉区：全身体表感觉的投射区域位于中央后回区，称为第一体表感觉区。其特点为：

1）投射纤维左右交叉，但头面部的感觉投射是双侧性的；

2）投射区的空间安排是倒置的，但头面部的内部安排是正立的；

3）投射区域的大小与不同体表感觉部位的感觉敏感度呈正相关。

（2）本体感觉区：位置觉与肌肉关节的运动觉为本体感觉，其投射区主要在中央前回。

（3）内脏感觉区：内脏感觉的投射区位于第一和第二体表感觉区。

（4）视觉区和听觉区：视觉投射区在枕叶距状裂的上、下缘；听觉投射区在双侧皮层颞叶的颞横回和颞上回。

四、神经系统对躯体运动的调节

各种形式的躯体运动，都是通过骨骼肌的收缩及舒张，牵拉着骨骼和关节发生位移，完成特定的动作来实现的。动作的完成离不开各肌群间的协调及配合，这种互相协调和配合是在神经系统的调节下进行的。

（一）牵张反射

脊髓是最基本的躯体运动反射中枢，脊髓对躯体运动调节的主要形式是牵张反射。当外力牵拉骨骼肌使其伸长时，能反射性地引起该肌肉收缩，这称为牵张反射。牵张反射分为肌紧张和腱反射两种类型。

肌紧张是指缓慢持续牵拉肌肉时发生的牵张反射，其表现为被牵拉的肌肉发生微弱而持久的收缩，以阻止被拉长。肌紧张是维持躯体姿势最基本的反射活动，是姿势反射的基础。例如，人体直立时，由于重力的影响，支持体重的关节趋向屈曲，这必然使相应的伸肌受到牵拉，从而产生肌紧张，以对抗关节的屈曲，维持直立姿势。

腱反射是指快速牵拉肌腱时发生的牵张反射。例如，叩击膝部髌骨下方的股四头肌肌腱，使其受到牵拉时，则股四头肌即发生反射性收缩，使膝关节伸直，称为膝反射。通过腱反射的检查可以了解神经系统的功能状态。

（二）脑干和小脑对躯体运动的调节

1. 脑干网状结构对肌紧张的调节

在脑干中轴部位有一个由许多形状和大小各异的神经元组成的脑区，其间穿行着各类走向不同的神经纤维，呈网状，故称为脑干网状结构。在脑干网状结构中有加强肌紧张的易化区，也有抑制肌紧张的抑制区，它们通过下行系统控制肌紧张的加强或减弱。

正常情况下，脑干网状结构下行的易化作用和下行抑制作用保持着协调平衡，从而维持正常的肌紧张。在动物实验中发现，如在中脑上、下丘之间切断脑干，动物会出现四肢伸直、头尾昂起、脊柱挺硬等伸肌过度紧张的现象，称为去大脑僵直。其发生是因为大脑皮层、纹状体等部位与脑干网状结构抑制区的联系被破坏，使抑制区活动减弱而易化区活动增强，肌肉紧张亢进，造成了僵直现象。

2. 小脑对躯体运动的调节

小脑在躯体运动的调节中具有以下作用。

（1）维持身体平衡。小脑与身体平衡有关，小脑受损的患者可能会出现平衡失调的征象，如身体倾斜、站立困难等。

（2）调节肌紧张。小脑对肌紧张的调节具有易化和抑制双重作用，这可能是通过脑干网状结构的易化区和抑制区而实现的。在进化过程中，小脑对肌紧张的抑制作用逐渐减弱，而易化作用则逐渐加强。故在人类小脑损伤后，主要表现的征象为肌紧张减弱、动作无力等。

（3）协调随意运动。小脑半球的主要功能是协调随意运动，使各种精巧运动能准确、熟练地进行。小脑半球受损者表现为四肢乏力，行走摇晃不稳、步态蹒跚，称为小脑性共济失调。

（三）大脑对躯体运动的调节

1. 大脑皮层的主要运动区

人类躯体运动的最高调节中枢位于大脑皮层，主要分布于中央前回。中央前回运动区有以下特点：

（1）交叉性支配，即一侧皮层运动区支配对侧躯体的骨骼肌，但对头面部肌肉的支配多数是双侧的；

（2）功能定位精细，呈倒置安排，但头面部运动区的安排仍是正立的；

（3）运动代表区的大小与运动的精细复杂程度呈正相关。

除中央前回外，在皮层内侧面还有运动辅助区，中央前回对躯体运动的支配是双侧性的。

2. 锥体系和锥体外系的功能

大脑皮层对躯体运动的调节功能，是通过锥体系和锥体外系下传而实现的。锥体系是指由大脑皮层发出经延髓锥体到达脊髓运动神经元的皮层脊髓束和由皮层发出到达脑神经运动核的皮层脑干束。锥体系的主要功能是传达大脑皮层运动区的指令，分别管理头面部、躯干和四肢的随意运动。锥体外系是指由大脑皮层发出，经皮层下核团部位多次换元，再到达脊髓运动神经元的传导束。锥体外系的主要功能是调节肌紧张和肌群的协调性运动。

五、神经系统对内脏活动的调节

人体内脏器官的活动，主要受自主神经系统的调节。自主神经系统主要是通过对心脏、平滑肌和腺体的作用，调节内脏器官的活动。人体大多数器官都受交感和副交感神经的双重支配（见表4-1），它们两者的作用是对立统一的。例如，从事剧烈运动、体力劳动或剧痛、恐惧等，交感神经兴奋占优势，主要表现为心率加快、加强，动脉压升高，骨骼肌的血管舒张，肌肉血流加快，肝糖原分解增加，血糖升高和胃肠活动受到抑制等；休息或睡眠时，副交感神经兴奋占优势，主要表现为心率减慢、减弱，消化管功能加强，促进营养物质的吸收和能量补充等。

表4-1　自主神经的主要功能

器官	交感神经	副交感神经
循环器官	心跳加快、皮肤及腹腔血管收缩加强	心跳减慢、减弱
呼吸器官	支气管平滑肌舒张	支气管平滑肌收缩
消化器官	胃肠运动减弱	胃肠蠕动加强，胃液、胰液分泌增多
泌尿器官	膀胱平滑肌舒张	膀胱平滑肌收缩
男性生殖器	血管收缩	血管舒张
女性生殖器	血管收缩	子宫收缩弛缓
内分泌腺	促进肾上腺分泌	促进胰岛分泌
瞳孔	扩大	缩小
皮肤	汗腺分泌，竖毛肌收缩	
代谢	促进糖原分解，血糖升高	血糖降低

第二节　脑的高级功能与运动技能学习

一、人类的高级神经活动

人脑不仅是产生感觉、调节躯体运动和内脏活动的高级部位，而且还有语言、思维、学习、记忆、睡眠和觉醒等更为复杂的高级功能。

（一）两个信号系统

巴甫洛夫认为，条件反射是一种信号活动，引起条件反射的刺激是信号刺激。光、声速、味等具体刺激能作为信号形成条件反射，称第一信号。对第一信号发生反应的大脑皮层功能系统称为第一信号系统，为人类和动物所共有。语言、文字（即词的含义）这类抽象信号也能发挥刺激作用，被称为第二信号。对第二信号发生反应的大脑皮层功能系统称为第二信号系统，为人类所特有。

第二信号系统是人类区别于动物的主要特征。随着生产的发展和社会的进步，人类的第二信号系统活动不断发展完善，其作用也越来越重要。人们借助语言文字沟通思想，表达情感，认识世界，进行学习和抽象思维。

（二）大脑皮层的语言功能

人类大脑皮层一定区域的损伤，会引起听、说、读、写不同语言功能的障碍，由此确定了大脑皮层中有关语言活动的各个区域。

言语活动是大脑皮质各个部位共同活动的结果，但皮质的不同部位又有相对的机能分工。语言区是人类大脑皮质所特有，多在左侧。临床实践证明，右利者（惯用右手的人），其语言区在左侧半球；大部分左利者，其语言中枢也在左侧，只少数位于右侧半球。语言区所在的半球称为优势半球。儿童时期如在大脑优势半球尚未建立时，左侧大脑半球受损伤，有可能在右侧大脑半球皮质区再建立其优势，而使语言机能得到恢复。

（三）优势半球

语言活动的中枢通常集中在一侧大脑半球，称为语言中枢的优势半球。惯用右手的人，其优势半球在左侧，这主要是在后天生活实践中逐渐形成。在 12 岁之前左侧半球优势还未完全建立牢固，如此时左半球受损，在右半球上还可能再建立语言中枢。成年之后，左侧半球优势已完全形成，如这时左半球受损，右半球就很难再建立语言中枢。在运用左手劳动为主的人中，左右两侧半球都有可能成为语言活动的中枢。语言活动功能虽以左侧大脑半球占优势，但非语词性认识功能，例如，对空间的辨认、音乐的欣赏和分辨等，却是右侧大脑半球占优势。但这种优势是相对的，左半球有一定的非语词性认识功能，同样右半球也有简单的语词活动功能。

二、条件反射学说

（一）条件反射的建立

经典的条件反射实验，是俄国生理学家巴甫洛夫创立的。给狗吃食物，会引起其唾液分泌，这是非条件反射，所给食物为非条件刺激；而单独给铃声，则不会引起唾液分泌，此时铃声为无关刺激。但对狗进行训练，将无关刺激与非条件刺激多次结合（即给狗听铃声后吃食物），这种结合过程称为强化。经多次强化后，单独的无关刺激（铃声）也能引起反射活动（唾液分泌），这时的无关刺激已变成了进食的信号，称为条件刺激。由条件刺激引起的反射活动，称为条件反射。相应地由非条件刺激引起的反射活动称为非条件反射。因此，任何无关刺激只要与非条件刺激在时间上多次结合，使某一无关刺激成为某一非条件反射的信号，就可以建立起条件反射。

条件反射建立的机制是在条件刺激的皮层兴奋灶与非条件刺激的皮层兴奋灶之间，由于多次结合建立了暂时联系。这种暂时联系不是简单地发生在大脑皮层两个中枢之间，而是与脑内各级中枢的活动都有关系。

（二）条件反射的分化

当条件反射建立后，如果反复应用条件刺激而不给予强化，条件反射就会逐渐减弱，最后完全不出现，称为消退抑制。消退抑制在体育教学与训练中具有重要的意义，例如在教学中，对已经掌握的动作，如果不再进行练习（相当于不强化），该动作会出现生疏以至不能完成。

在条件反射形成的初期，除条件刺激本身外，那些与该条件刺激相近似的刺激也或多或少地具有条件刺激的效应，这就是条件反射的泛化。如果只对条件刺激给予强化，与条件刺激相近的刺激不予以强化，那么随着条件反射的巩固，泛化的范围会越来越小，最终只对条件刺激才产生反应，称之为条件反射的分化。在学习运动动作时，通过对正确动作的强化（肯定）和对错误动作不强化（否定），可加速正确动作的掌握。

（三）大脑皮层的动力定型

大脑皮层对外界的一系列固定形式的刺激，形成一整套固定形式的反应，称为大脑皮层的动力定型。动力定型建立后，运动员在运动技能上将表现出习惯地、熟练地完成一套动作的特点。

大脑皮层对刺激的定型系统所形成的反应定型系统称为动力定型（简称定型），即只要一个条件刺激出现，引起一个条件反射，此后的条件反射会一个接着一个地出现。巴普洛夫认为，动力定型是人习惯的生理基础。因为有了各种习惯，人常常不用花费多少精力就可以把很多活动维持下去，如早晨起床洗脸刷牙等。这样就可以把更多的精力用在接受和学习新知识上或创造新事物上。

三、运动技能形成

运动技能是人体在运动过程中通过学习而获得的技能。它是在大脑皮层参与下实现的随意运动。

（一）运动技能的条件反射本质

运动技能的生理学本质是建立在条件反射的基础上的。学习和掌握运动技能，就是建立运动条件反射的过程。

例如，学习体操中的跳马近端水平腾跃，该动作是由助跑、踏跳、撑马、腾越、落地等一系列单个动作组合而成。学习这套动作时，学生首先要做模仿练习。在练习时，许多感官的传入冲动参与运动技能的形成，如视觉判断助跑距离和马的高度、位觉感知踏跳后身体的空间方位、触觉感觉地面硬度和推马力量、本体感觉感知肌肉用力大小和空间的姿势等。这些传入冲动按一定的时间、顺序传到大脑皮层相应代表区，并经过反复强化，使各有关感觉中枢与运动区的神经细胞发生暂时联系，即形成了运动技能。由此可见，运动技能不同于简单的运动条件反射，它是复杂的、连锁的、本体感受性的运动条件反射。

（二）运动技能形成过程及其影响因素

1. 运动技能形成的过程

运动技能形成的过程是一个连续的、渐进的过程，在这一过程的不同阶段有着不同的特点。通常将运动技能形成过程分为泛化相、分化相、巩固相和自动化相。

泛化相是学习一个新动作的开始阶段，其表现为动作僵硬、不协调、有多余动作、动作不连贯、能量消耗多等。这是因为大脑皮层内有关中枢的神经元强烈兴奋，同时大脑皮层内抑制尚未建立起来，导致泛化现象出现。在此阶段，教师应通过正确的示范和形象的讲解使学生建立正确的动作概念，要注意突出重点，强调掌握动作的主要环节，不宜过多要求动作的技术细节。

分化相是指经过不断练习，能比较顺利、连贯地完成完整动作的阶段。但这时易受新异或强烈刺激的干扰，如旁人的议论或在观摩课上做动作时，动作不协调、多余动作等现象又会重现。分化相时大脑皮层的兴奋和抑制过程逐渐集中，分化抑制得到发展。所以，运动技能学习在进入分化相时，要特别注意错误动作的纠正，强调对动作细节的要求，加强对动作的分析和思考，以促进分化抑制的进一步完善。

巩固相的特点是通过反复练习，不仅动作准确、协调，动作的细节也准确无误。在这一阶段，当环境条件改变和其他干扰刺激出现时，动作也不易受到破坏。此时大脑皮层的兴奋和抑制过程在时间和空间上更加集中和精确，形成运动动力定型。运动技能进入巩固相后，如停止或减少练习，巩固了的运动技能会消退，技术越复杂、难度越大的运动技能消退速度越快。因此，一定要强调练习的经常化和精细化。

自动化相的现象是随着运动技能的巩固和发展，动作会更加熟练自如，可在“低意识控制”下完成运动技能（即出现自动化），如篮球运动员的运球动作等。在达到动作自动化后，如果环境变化使自动化过程受到阻碍，动作将重新在意识的指导下进行。篮球运动员如运球时遇到对方的堵截，自动化动作立刻变成有意识动作，以应对突然的变化。动作自动化后，工作效率提高，出现“能量节省化”，但动作自动化是在“低意识控制”情况下完成的。如果动作发生少许变动和误差，往往不被觉察，重复多次，不规范的动作就会被巩固下来。因此，在动作自动化后仍应坚持练习，不断检查动作质量，以使动作精益求精。

2. 影响运动技能形成的因素

影响运动技能的因素很多，如动作的难易程度、学生的身体素质和技术水平、教师的教学技巧等，这些都会影响到运动技能的形成和发展。

（1）利用直观、形象的教学。在开始学习动作时，要充分利用直观、形象的教学，加强示范和模仿动作练习。体操、舞蹈等教学可采用对镜练习。尽可能把幻灯、录像、多媒体等教学手段运用于教学中，让学生由粗及细地了解一个动作应该怎样做、不应该怎样做。注意运用语言反馈，以促进学生对动作的理解和掌握。

（2）强调身脑并用。在形成运动技能的过程中，只有通过不断的身体练习，才能使运动条件反射得到强化。但除了身体练习之外，一定要强调多思考，自我分析和检查动作的正确与错误，还可以通过想象和回忆练习提高教学效果。想象练习虽然只是在头脑中进行，但同样可以使这一运动技能的暂时联系再接通一次，即等于接受了一次强化，因此可促进运动技能的发展。

（3）消除防御性反射。在教学训练中，初学者，特别是一些胆怯的学生，对一些难度较大的运动技能，经常会有害怕心理和产生防御性反射。初学时可适当降低动作难度或高度，消除学生的害怕心理。通过逐步过渡，在学生对动作有了初步体验后再进入动作要求的练习。有些具有一定难度的动作练习要加强保护措施，消除学生害怕心理，增强完成动作的信心。

（4）注意学习动作的顺序。安排在运动技能的学习中，要充分利用运动技能间的相互良好影响，而尽力消除不良影响，加速运动技能的形成。运动技能之间的相互良好影响，表现为前一动作的学习有利于后一动作的掌握；相反，运动技能之间的不良影响，表现为前一动作的学习将妨碍后一动作的掌握。例如，学习单杠前上技术，对双杠屈伸上技术的顺利掌握就有良好作用；新学蛙泳时，原来所掌握的自由泳双腿打水技术就会妨碍蛙泳蹬水动作的掌握。

第三节 内分泌系统

激素是内分泌细胞产生的高效活性物质，这些物质随血液循环到达一定的组织或细胞（激素作用的组织或细胞称为靶组织或靶细胞），发挥特有的生理效应。

内分泌细胞有的比较集中，形成腺体如甲状腺、肾上腺等，人体主要的内分泌腺有垂体、甲状腺、甲状旁腺、胰岛、肾上腺和性腺等；也有一些内分泌细胞比较分散，如消化管黏膜中存在不少的内分泌细胞，分泌胃泌素等胃肠激素；另外还有些细胞是兼有内分泌作用的细胞，如下丘脑的某些神经细胞可分泌肽类激素。因此，内分泌系统是包括内分泌腺与分散存在于机体各处的内分泌细胞的一个大系统。

一、激素及其作用原理和激素分泌的调节

人体激素的种类很多，按其化学性质可归纳为含氮激素和类固醇激素两大类。含氮激素包括胺类、肽类和蛋白质类，如肾上腺素、胰岛素等；类固醇激素主要有肾上腺皮质激素和性腺分泌的性激素等。

（一）含氮类激素

含氮激素为水溶性激素，不能透过细胞膜进入细胞内。它首先与细胞膜上的专一性受体结合，从而激活膜上的腺苷酸环化酶系统，使 ATP 转变为 cAMP。cAMP 使无活性的蛋白激酶活化，从而激活磷酸化酶，引起靶细胞的各种生物效应。

从上述信息传递过程可以看出，激素作为第一信使，把调节信息从内分泌细胞传递到靶细胞膜；cAMP 为第二信使，把信息传递到细胞内，引起生理效应。现在认为，cAMP 并不是唯一的第二信使，cGMP、Ca^{2+}、前列腺素、细胞内磷酸肌酐也可能是第二信使。

（二）类固醇激素

类固醇激素为脂溶性激素，故可透过细胞膜而进入靶细胞。激素进入细胞后先与胞浆内的受体结合，形成激素-胞浆受体复合物，然后该复合物透过核膜与核内受体结合转变为激素-核受体复合物，进而启动或抑制 DNA 的转录过程，从而促进或抑制 mQNA 的形成，并诱导或减少某些蛋白质（主要是酶）的合成，实现其生物效应。

（三）激素分泌的调节

1. 神经系统调节

当机体内外环境发生变化时，中枢神经系统可接收各种信息，并通过下丘脑影响腺垂体及其靶腺的活动，使机体对环境的适应更趋完善。例如在剧烈运动时，经下丘脑-垂体-肾上腺皮质轴使肾上腺皮质激素分泌增加，使其在机体运动应激中发挥重要的生理作用。

体内一些内分泌腺直接或间接地接受神经系统的支配。如肾上腺髓质接受自主神经系统中交感神经节前纤维支配；也有一些内分泌腺接受交感神经和副交感神经节后纤维的支配，如胰岛素、胰高血糖素、促胃液素的分泌就受交感神经和迷走神经兴奋的影响。

2. 激素分泌的反馈调节

当一个信号引起某一激素分泌时，产生激素的内分泌细胞同时也将收到靶细胞及血中该激素浓度的信号而调节其分泌量。例如，血中甲状腺浓度过高，反过来将减少甲状腺细胞对甲状腺素的分泌。

二、人体主要激素的作用

（一）生长激素

生长激素（GH）由腺垂体分泌，其主要生物学作用表现为以下几方面。

（1）对生长的作用。生长激素有促生长作用，主要促进骨骼和肌肉的生长，但对脑的生长发育无影响。人在幼年时期缺乏生长激素，可因生长迟缓、身材矮小而患侏儒症；如果分泌过多，则身材过于高大导致巨人症。成年后生长激素分泌过多，产生肢端肥大症，出现肢端骨、面部骨增生，同时内脏器官也增大。

（2）对代谢的作用。生长激素可促进蛋白质合成，减少蛋白质分解，促进脂肪动员和分解利用。生理水平的生长激素加强人体对葡萄糖的利用；过量的生长激素则抑制糖的利用，使血糖升高。

（二）甲状腺激素

甲状腺激素由甲状腺腺泡上皮细胞合成和分泌，包括甲状腺素（四碘甲腺原氨酸）和三碘甲腺原氨酸。其主要作用表现为以下几方面。

（1）甲状腺激素对代谢的作用。增加组织耗氧量和产热量，使基础代谢率增高。甲状腺激素对3大营养物质的作用主要是促进肝糖原分解和组织对糖的利用，对脂肪代谢主要表现为加速脂肪动员分解。蛋白质的代谢也与甲状腺激素的剂量有关，适量的甲状腺激素可促进蛋白质合成，但当甲状腺激素分泌过多时则促进蛋白质分解。

（2）维持机体正常生长发育。甲状腺激素是维持机体正常生长发育必不可少的激素，其主要是促进脑和长骨的生长发育。婴幼儿甲状腺机能减退，会出现智力迟钝、长骨生长停滞等为主要症状的呆小病。

（3）对神经系统的作用。甲状腺激素能提高中枢神经系统的兴奋性。

（三）肾上腺激素

肾上腺由皮质和髓质两部分组成。肾上腺皮质是腺垂体的靶腺，主要分泌糖皮质激素、盐皮质激素和少量性激素。肾上腺髓质受交感神经节前纤维直接支配，当交感神经兴奋时，肾上腺髓质激素分泌增加。肾上腺髓质合成和分泌的激素包括肾上腺素和去甲肾上腺素，它们统称为儿茶酚胺。

1. 糖皮质激素

人体内的糖皮质激素主要是皮质醇。它的生物学作用非常广泛而复杂，对物质代谢、循环系统、神经系统、血细胞、肌肉等都有影响，还能够抗炎症及参与机体的应激反应。

A　对物质代谢的作用

糖皮质激素对物质代谢的作用如下。

（1）糖皮质激素能使糖异生增强，减少机体组织对糖的利用，使血糖升高。

（2）糖皮质激素能促进蛋白质分解，抑制蛋白质合成。

（3）糖皮质激素对不同部位的脂肪作用不同，使四肢脂肪分解加强，面部和躯干合成增加。

B　在应激反应中的作用

糖皮质激素在应激反应中的作用如下。

人体在某些情况下，如创伤、手术、冷冻、饥饿、疼痛、感染、惊恐和剧烈运动等，下丘脑-腺垂体-肾上腺皮质轴的活动加强，糖皮质激素分泌增多，这一反应称为应激反应。引起应激反应的刺激称应激刺激或应激原。剧烈运动对人体来说就是一种应激刺激，运动引起的应激称为运动应激。应激时，糖皮质激素的分泌增加，增强了机体对有害刺激的抵抗能力，对维持生存起重要作用。

2. 儿茶酚胺激素

A　对代谢的作用

儿茶酚胺激素对代谢的作用如下。

（1）儿茶酚胺调节大多数组织中的糖、脂肪、蛋白质代谢，其中最重要的是调节肝、脂肪组织和骨骼肌分解代谢。

（2）儿茶酚胺促进肝糖原分解变成葡萄糖，使血糖升高；促进肌糖原分解，为肌肉活动提供更多的能量；促进脂肪分解。

B　对各器官的作用

儿茶酚胺激素对各器官的作用如下。

（1）儿茶酚胺可提高中枢神经系统兴奋性，使机体警觉性提高，反应变灵敏。

（2）儿茶酚胺作用于心脏，使心率加快，心收缩力增强，心输出量增多，血压升高；可使支气管、消化管的平滑肌舒张。

C　在应急反应中的作用

当机体受到应激刺激时，不仅产生应激反应，而且此时，交感-肾上腺髓质系统的活动也增强，肾上腺髓质释放大量儿茶酚胺入血，并作用于各器官，产生一系列生理效应。机体在应对环境突变时，通过交感-肾上腺髓质系统发生的反应称为应急反应。两种反应相辅相成，共同提高机体对环境的适应能力。

（四）胰岛激素

胰腺的内分泌部分称为胰岛。胰岛内的 A 细胞分泌胰高血糖素，B 细胞分泌胰岛素。

1. 胰岛素

胰岛素是促进合成代谢、贮存营养物质的激素。它对代谢的调节主要是促进全身组织对葡萄糖的利用，从而使血糖水平下降。如果胰岛素分泌不足，血糖浓度升高，将引起糖尿病。胰岛素促进脂肪和蛋白质的合成。对于机体生长来说，胰岛素和生长素同等重要，缺一不可。

2. 胰高血糖素

胰高血糖素是促进分解代谢，动员营养物质的激素，它对糖、脂肪和蛋白质的作用与胰岛素的作用相反。胰高血糖素能促进糖原分解和糖异生作用，使血糖明显升高，也可使蛋白质分解增加及合成减少。胰高血糖素还能促进脂肪分解，抑制脂肪酸的合成。

（五）睾酮

1. 睾酮的生物学作用

睾酮是睾丸的间质细胞分泌的雄激素，它的主要作用是刺激雄性附性器官的发育并维持其功能，刺激雄性副性征的出现并维持它们的正常状态，促进精子的成熟。此外，它们还有以下作用。

（1）对代谢的作用。促进蛋白质合成，尤其是促进骨和肌肉蛋白质合成；促进骨生长和钙磷沉积，还能刺激红细胞的生成。

（2）对神经系统的作用。睾酮作用于大脑和下丘脑，引起性行为和雌二醇分泌的改变，使机体对应激的抵抗力增强和更富于“攻击性”。

2. 滥用雄/合成类固醇对人体的危害

睾酮及其衍生物合称雄/合成类固醇，是国际奥委会禁止使用的“兴奋剂”。它能增强肌肉的力量，增加血液的载氧能力，提高耐力等，因而在竞赛中，一些运动员试图采用雄/

合成类固醇来达到提高运动成绩的目的。但是，长期滥用雄/合成类固醇，对肝、心血管系统、生殖系统、水盐代谢以及心理状态等都会产生明显的不良影响，如出现肝功能异常、情绪波动，女性还表现出男性化性征增强、月经紊乱等。

三、人体运动时的激素变化

运动中许多激素的水平均发生变化，其变化程度与运动强度和运动持续时间有关。将运动时血浆中各种激素含量变化的快慢分为以下三类。

（1）快反应类激素。在运动开始后的即刻，血浆中该类激素即明显升高，并在短时间内达到峰值，如肾上腺素、去甲肾上腺素、皮质醇等。

（2）中间反应类激素。运动开始后，血浆中该类激素缓慢、平稳地升高，在几分钟内达到峰值，如甲状腺素、醛固酮等。

（3）慢反应类激素。运动开始后，血浆中该类激素并不立即出现变化，当运动至30~40min时才缓慢增加，在更晚的时间内才达到峰值，如胰岛素、胰高血糖素、生长激素等。

运动中许多激素浓度的变化随运动强度的增加发生相应的改变。一般认为，中等强度运动时，血浆儿茶酚胺浓度无明显变化。当运动强度不小于60% $\dot{V}_{O_2max}$时，血浆儿茶酚胺浓度随着运动强度的增大而增大。此外，糖皮质激素、生长激素、胰高血糖素等也随运动强度的增加而增加。然而，在进行递增负荷运动时，当运动强度超过50% $\dot{V}_{O_2max}$时，随运动强度的增大和运动持续时间的延长，胰岛素浓度却逐渐下降。有关睾酮对运动的反应报道不一，一般认为，短时间高强度运动后血浆睾酮浓度升高，长时间运动后睾酮生成则又受到抑制。

第五章　氧运输系统

第一节　血　　液

一、血量与血液成分

（一）血量

血液是指流动于心血管系统中的液体，而血量是指血液的总量，包括循环血量和贮存血量。女性血量约占体重的7%，男性约占体重的8%。例如，体重60kg的人，血液总量约有4200mL（或4800mL）。体内总血量较为稳定，但循环血量和贮存血量之间的比例经常会随生理状况的变化而变化，如运动时贮存血进入循环使循环血量增加，以满足运动时代谢增加的需要。人体内肝、脾、肺动脉、腹腔静脉等部位是贮存血液的血库，贮存血量约占总血量的10%~30%。

（二）血液的组成与功能

1. 血液的组成

血液由血细胞和血浆组成。

血细胞包括红细胞、白细胞和血小板，其中红细胞占99%。红细胞占血液容积的百分比为40%~50%，称为红细胞比容。

血液除血细胞外的部分称为血浆。血浆中含有90%~92%的水分，8%~10%为溶质。溶质中以血浆蛋白为主，占溶质的6.2%~7.9%。溶质中其余为小分子的物质，如葡萄糖、无机盐等。

2. 血液的功能

血液的功能如下。

（1）运输功能。在全身各组织器官之间循环的血液运输着O_2、CO_2、各种营养物质、代谢产物和内分泌激素等。

（2）维持内环境稳定。血液有维持机体的酸碱度、体温、渗透压、离子浓度、H_2O、O_2、CO_2和葡萄糖等营养物质相对稳定的功能。

（3）防御功能。血液中的白细胞和血浆中的抗体等免疫物质能消灭侵入人体的细菌、病毒等外来微生物，防止人发生感染性疾病，这是人体最主要的免疫功能。血小板和血浆中的凝血因子能防止出血和加速凝血。

二、血细胞

（一）红细胞

正常红细胞没有细胞核和细胞器，呈双凹圆盘状，中间薄边缘厚，表面积大，有利于气体交换和变形后通过狭窄的毛细血管。成年男性红细胞在血液中含有 $4\times10^6\sim5\times10^6$ 个/mm^3 全血，成年女性含有 $3.5\times10^6\sim4.6\times10^6$ 个/mm^3全血。儿童时期红细胞数量较低，到青春期接近成人的水平。

红细胞中主要的成分是血红蛋白，血液中血红蛋白的浓度与红细胞的数量有关。正常成年男性血液中血红蛋白浓度 0.12~0.16g/mL，成年女性 0.11~0.15g/mL，儿童血红蛋白浓度较低。血红蛋白是血液运输氧和二氧化碳的重要载体。

（二）白细胞

白细胞体积比红细胞大。正常情况下血液中白细胞的数量为 $4\times10^3\sim1\times10^4$ 个/mm^3全血。白细胞数量有时会发生变化，如运动后、细菌感染时，白细胞数量可增加到 1×10^4 个/mm^3以上。

白细胞主要包括中性粒细胞和淋巴细胞。中性粒细胞能吞噬进入人体的细菌和异物；淋巴细胞能产生抗体，以杀灭进入人体的病毒、细菌和毒素等。白细胞的这种功能称为免疫功能。

（三）血小板

血小板没有完整的细胞结构，体积最小、无色、形态不规则。正常人血液中血小板的数量为 $1\times10^5\sim3\times10^5$ 个/mm^3全血。其数量会随身体功能情况变化而变化，如运动时、餐后及组织损伤出血后血小板数量会增加。

血小板的主要功能是止血。血管受损出血时，血小板能黏附、聚集在血管破损处阻塞伤口，同时释放出一些化学物质使血管收缩，起到阻止出血的作用。

血小板的另一重要功能是吸附血浆中凝血因子，促进凝血。

三、血液的理化特性

血液的理化特性如下。

（1）颜色与密度。由于红细胞内含血红蛋白而使血液呈红色。动脉血因含有较多的氧气而呈鲜红色，静脉血呈暗红色。血液中的细胞相对较重，所以血液的密度主要与红细胞的数量有关，血液的密度在 1.050~1.060g/cm^3。

（2）黏滞性。全血的黏滞性主要取决于红细胞数量和血浆蛋白质的量，全血的黏滞性为水的 4~5 倍，血浆的黏滞性为水的 1.6~2.4 倍。血液黏滞性增加时会引起血流速度下降或使血压升高。

（3）渗透压。渗透压是指水分子在通过半透膜时，从浓度较低的溶液向浓度较高的溶液移动时所产生的压力，也就是渗透吸水力。渗透压的大小与单位溶液中溶质的颗粒数多少成正比。血浆渗透压主要由血浆中的无机盐和蛋白质形成。由无机盐形成的渗透压称晶体渗透压，占总渗透压的 99.5%以上，它对于维持细胞内外的水平衡起决定作用。由蛋白质形成的渗透压称胶体渗透压，它对于维持血管内外的水平衡起决定作用。0.9%的 NaCl 溶液和 5%的葡萄糖溶液的渗透压与血浆渗透压相等，称为等渗溶液。

（4）酸碱度。血浆正常的 pH 值为 7.35~7.45，低于 7.35 为酸中毒，高于 7.45 为碱中毒。正常人体血浆酸碱度能维持相对恒定，是因为血液中存在抗酸、抗碱物质，即缓冲对。血液中最主要的缓冲对是碳酸（H_2CO_3）和碳酸氢钠（$NaHCO_2$），H_2CO_3 为弱酸，

$NaHCO_3$ 为弱碱，两者的比例为 1∶20，这是由于体内的酸性代谢物相对较多，如运动时体内乳酸、CO_2 等酸性代谢物明显增加。当体内酸性或碱性物质增加时，通过缓冲对的作用使其降低，血液的 pH 值维持相对稳定，这是人体维持内环境稳定重要方面。

第二节　呼　　吸

一、呼吸系统的组成

呼吸系统由呼吸道和肺组成，是人体和外环境之间进行气体交换的器官。呼吸活动使人体不断获得维持生命活动所需要的 O_2，同时从机体排出 CO_2。

（一）呼吸道

呼吸道自上而下由鼻、咽、喉、气管和支气管组成，是肺和外界环境气体交换的通道。

1. 鼻

鼻是呼吸道的起始部分，也是嗅觉器官，它由外鼻、鼻腔、鼻旁窦三部分组成。鼻腔被鼻中隔分成左右两腔。鼻腔有鼻前孔和外界相通，鼻腔黏膜有丰富的血管和黏液腺，对空气有湿润和加温作用，还有黏附灰尘的作用。

鼻旁窦是在鼻腔周围骨壁内含气的腔。有小孔与鼻腔相通。鼻旁窦有额窦、上颌窦、蝶窦、筛窦。鼻旁窦参与湿润和加温吸入的空气，并对发音起共鸣作用。

2. 咽

咽是一个前后略扁的漏斗型肌性管道，由黏膜和咽肌组成。咽的前上部与鼻腔相通，称鼻咽部；前中部与口腔相通，下部与喉咽部及食管相通。

3. 喉

喉是呼吸气体的通道，又是发音器官。喉上方与咽相连，下方与气管相连。喉结构复杂，由软骨、韧带、喉肌和黏膜组成。喉软骨是喉的支架，它包括甲状软骨、环状软骨、会厌软骨和成对的环状软骨等。甲状软骨上端向前突出处为喉结。环状软骨位于甲状软骨下方，起支持呼吸道的作用。会厌软骨位于甲状软骨后上方，上端较宽并游离于喉口上方。当吞咽时会厌会关闭喉口，防止食物和唾液进入喉和气管。喉腔表面黏膜在侧壁形成两对皱襞，下方一对为声襞，又称声带，有气流通过时，振动声带可发出声音。

4. 气管和支气管

气管位于食管前方，上与喉相连，向下进入胸腔，至第 4、5 胸椎交界分为左右支气管。气管由 14~16 个半环状气管软骨及韧带构成，半环状气管软骨缺口朝向后面，缺口处有弹性纤维膜和平滑肌封闭。支气管的构造基本与气管相似，左右支气管在肺门处先分出肺叶支气管，经肺门进入肺。气管和支气管的黏膜层有纤毛上皮细胞，纤毛可向咽喉方向摆动，将尘粒、细菌等与分泌物一起运送到咽，经咳嗽反射排出。

（二）肺

肺位于胸腔内两侧，左右各一。肺由支气管树和肺泡组成。肺组织呈海绵状，富有弹性。左右肺均近似圆锥形，上端为肺尖，下端为肺底。左肺分上下两叶，右肺分上中下三叶。纵膈面中间有肺门，是支气管、肺血管、神经等出入肺处。

支气管经肺门进入肺后，反复分支，管腔由粗到细呈树状，称支气管树，最后连于肺泡。在细支气管处，平滑肌较多，这些平滑肌受交感神经和副交感神经的双重支配。交感神经兴奋时平滑肌舒张，管腔扩大，气流阻力下降。副交感神经兴奋时作用相反。所以，细支气管具有调节进出肺泡气流量的作用。

肺泡是半球形的囊泡，成人肺泡有 3 亿~4 亿个，面积约 $100m^2$。肺泡壁表面分布有丰富的毛细血管网，肺泡的结构非常有利于肺泡内和血液中的氧和二氧化碳的交换。

（三）胸膜腔和纵膈

胸膜是紧贴于肺表面和胸廓内面的浆膜。贴于肺表面的称为脏层，贴于胸廓内面、膈上面和纵膈外侧面的称为壁层。脏层和壁层之间密闭的空隙为胸膜腔，内有浆液，可减少呼吸时肺与其他组织的摩擦。左右两肺之间的结构为纵膈，其中有心脏、气管、食管、大血管、神经等。

二、呼吸的概念

人体为了维持生命活动，需要营养物质在体内氧化代谢获得所必需的能量。机体细胞在进行氧化代谢时需不断地摄取需要的氧，同时排出细胞产生的 CO_2。这种代谢过程必须依靠呼吸系统从外界环境的空气中吸入氧、从机体排出 CO_2，这一气体交换过程称为呼吸。

完整的呼吸过程包括以下三个相互衔接的环节。

（1）外呼吸，是指外界的空气通过呼吸道和肺与肺部的血液进行的气体交换，它包括了肺通气和肺换气两过程。

（2）气体在血液中的运输，是指氧由肺经血液循环运输至组织，同时 CO_2 由组织运输至肺。

（3）内呼吸，又称组织呼吸，是指血液与组织细胞之间的气体交换。

通过以上三个环节，氧被运输至组织细胞，组织细胞产生的 CO_2 被排出体外。

三、肺通气、肺换气与气体运输

（一）肺通气

肺与外界空气的气体交换称肺通气。它是通过呼吸肌的活动，带动胸廓、肺扩张和缩小而引起的。肺通气量多少与人体的代谢水平相适应。

1. 肺通气量

肺通气量是指单位时间内吸入或呼出肺的气量。一般以每分钟为单位计算，也称每分通气量。每分通气量等于每次呼或吸的气量乘以呼吸频率。每次呼吸的气量称为潮气量，安静时在 400~600mL，平均为 500mL，运动员比较高。成人安静时呼吸频率为 12~16 次/min，运动员较低。安静时人体通气量为 5~7L/min。但肺通气量随机体代谢而不断变化，运动时通过潮气量和呼吸频率的增加使肺通气量增加。最大通气量是评价个体最大通气潜力的重要指标，最大通气量一般男性可达120~180L/min，运动员可达更大值。

2. 肺活量

肺活量是一次通气的最大值，即在最大吸气后，竭尽全力呼出的气体量。正常男性为3.5~4L，女性为2.5~3.5L。肺活量也是评价肺通气功能的指标，被广泛应用在评价青少年呼吸系统发育状况上。

3. 肺泡通气量

每次吸入的气体中有一部分停留在细支气管以前的气道内，这部分气体不能参与肺泡与血液的气体交换，这部分气道腔称无效腔，容积约150mL。每次真正进入肺泡进行气体交换的气量约为350mL，每分钟真正进入肺泡进行气体交换的气量称肺泡通气量，其计算公式为：

$$肺泡通气量=(潮气量-无效腔气量)\times 呼吸频率 \tag{5-1}$$

从式(5-1)可以看出，在每分钟通气量不变的情况下，深而慢的呼吸比浅而快的呼吸肺泡通气量要高，即通气效率高，机体能获得更多的氧，是在运动中常采用的呼吸方式。

（二）肺换气与组织换气

人体呼吸气体的交换包括肺换气和组织换气。肺换气是指肺泡与肺泡毛细血管血液之间的气体交换；组织换气是组织毛细血管血液与组织细胞之间的气体交换。两者的原理相同。

1. 气体交换原理

各种气体分子不断从分压高处向分压低处扩散，使各处气体分压趋于相等，促使气体分子扩散的动力是各处气体分压差。

大气压为101kPa(760mmHg)，是空气中各种气体分压的总和。每一气体的分压（P）可由101kPa(760mmHg)总压力乘以该气体所占空气容积的百分比得出。例如，氧和二氧化碳分别占空气的21%和0.04%，在空气中的分压分别为21kPa(159mmHg)和40Pa(0.3mmHg)，人体各部的氧分压（P_{O_2}）和二氧化碳分压（P_{CO_2}）的差是实现气体交换的动力，见表5-1。

表5-1　人体各部的氧分压（P_{O_2}）和二氧化碳分压（P_{CO_2}）

分压	肺泡气	静脉血	动脉血	组织
P_{O_2}	102	40	100	30
P_{CO_2}	40	46	40	50

2. 气体交换过程

由表5-1得知，在肺泡气体中氧分压高于静脉血，而二氧化碳分压低于静脉血，所以静脉血流经肺泡毛细血管时，肺泡气中的氧会扩散至静脉血中，静脉血中的二氧化碳会扩散至肺泡中，静脉血经过气体交换后成为富含氧气的动脉血。动脉血的氧分压高于组织，二氧化碳分压低于组织，动脉血在流经组织毛细血管时氧扩散至组织细胞，组织中的二氧化碳扩散至血液中，组织细胞获得了代谢所需的氧，也带走了二氧化碳。动脉血在经过组织气体交换后成为含氧低、含二氧化碳高的静脉血。运动时肌肉组织氧分压更低、二氧化碳分压更高，气体交换速度加快。

（三）气体在血液中的运输

经过肺换气和组织换气后，氧和二氧化碳由血液运输。运输形式有两种，一种是物理溶解，另一种是化学结合。物理溶解量很小，但很重要，因为气体进入血液后首先溶解于血浆，然后再进行化学结合。

1. 氧的运输

在氧的运输中物理溶解只占总量的 1.5%，氧绝大多数进入红细胞与血红蛋白（Hb）结合成氧合血红蛋白（HbO_2）的形式运输。这种结合是疏松的氧合，很容易离解。

氧与血红蛋白的结合、离解主要受氧分压高低的影响。在氧分压高的肺部，血红蛋白与氧结合；在氧分压低的组织部位，氧合血红蛋白离解出氧，供组织细胞氧化利用。1g 血红蛋白可结合氧 1.34~1.36mL，所以血红蛋白值越高，所能携带的氧就越多。

2. 二氧化碳的运输

物理溶解的二氧化碳约占总量的 5%，化学结合的二氧化碳主要是碳酸氢盐形式和氨基甲酸血红蛋白形式。当组织中二氧化碳分压增高时，二氧化碳扩散进入血液，在红细胞中碳酸酐酶的作用下与水形成碳酸。碳酸又离解为氢离子和碳酸氢根，碳酸氢根透出红细胞与血浆中钠离子结合成碳酸氢钠。二氧化碳就以碳酸氢钠的形式在血液中运输。在肺部，反应的方向相反，碳酸氢钠又变为二氧化碳扩散至肺泡中，这种运输形式占 85%以上。有 5%~10%的二氧化碳进入红细胞与血红蛋白结合，形成氨基甲酸血红蛋白，随静脉血至肺泡排出。

四、呼吸运动的调节

呼吸运动既是一种自主节律性活动，又随人体代谢和人为控制而发生改变，呼吸运动的变化都是在神经和体液的调节下完成的。

（一）呼吸中枢

中枢神经系统内与产生和调节呼吸运动有关的神经细胞核团称为呼吸中枢。位于延髓的呼吸中枢是最基本的呼吸中枢，延髓以上直至大脑呼吸中枢都要通过延髓呼吸中枢才能发挥其调节作用。延髓呼吸中枢又可分为吸气中枢和呼气中枢。延髓呼吸中枢的神经元与脊髓中支配呼吸肌的神经元形成联系，以调节呼吸运动，从而调节肺通气过程。延髓呼吸中枢神经元有自动节律地发放兴奋的特性。基本正常的节律性呼吸，有赖于延髓和脑桥呼吸中枢的相互作用。

人可以有意识地控制呼吸深度和频率，表明大脑皮层对呼吸有重要的调节作用。

（二）呼吸肌本体感受性反射

呼吸肌本体感受性反射是指呼吸肌本体感受器传入冲动所引起的发射性呼吸变化。本体感受器是呼吸肌的肌梭，当它受牵拉刺激时可反射性地使呼吸加强加快。例如，呼吸道阻力增加时，呼吸运动加强；吸气阻力增加时，吸气肌收缩加强；呼气阻力增加时，呼气肌收缩加强。

肌梭和腱器官是骨骼肌的本体感受器，它们所引起的反射为本体感受性反射。如肌梭受到牵张刺激时，可以反射性地引起受刺激肌梭所在肌的收缩，为牵张反射，属本体感受性反射。呼吸肌也有牵张反射的主要依据是：在麻醉猫，切断双侧迷走神经，颈 7 横断脊髓，牵拉膈肌，膈肌肌电活动等；切断动物的胸脊神经背根，呼吸运动减弱；人类为治病需要曾做类似手术，术后相应呼吸肌的活动发生可恢复的或可部分恢复的减弱。这说明呼吸肌本体感受性反射参与正常呼吸运动的调节，在呼吸肌负荷改变时将发挥更大的作用，但是这些依据不是无懈可击的。因为背根切断术不仅切断了本体感受器的传入纤维，也切断了所有经背根传入的其他感受器的传入纤维。近来的研究表明，来自呼吸肌其它感受器的传入冲动也可反射性地影响呼吸。因此，对呼吸肌本体感受性反射应做更深更深入细致的研究，如研究分别兴奋不同感受器或传入纤维时对呼吸的效应。

（三）二氧化碳、氢离子和缺氧对呼吸的影响

血液中二氧化碳、氢离子增加和氧减少，都能引起呼吸加深加快，使肺通气量增加，排出二氧化碳，增加体内的氧。血液中二氧化碳的存在是刺激呼吸活动的经常性因素，当血液中二氧化碳浓度下降到很低时会抑制呼吸，如人为地过度通气后会产生呼吸抑制。血液中氧分压下降时呼吸活动会加强，如在高原地区会因为缺氧而引起呼吸运动加强。剧烈运动时由于乳酸的产生增加，导致血液中氢离子增加，会引起呼吸加强，是运动时肺通气增加的重要原因。

以上原因引起的肺通气增加可改善缺氧、降低血液中二氧化碳和氢离子，维持内环境的稳定。

第三节 血液循环

一、概述

（一）血液循环的意义

血液在心脏和血管系统中按一定方向周而复始地流动，称为血液循环。血液循环的主要功能是根据身体代谢水平的需要，完成体内氧、二氧化碳和其他物质的运输。心脏是血液循环的动力器官，血管是血液循环的管道，瓣膜是使血液向一个方向流动的特有结构。

血液循环的主要任务是运输物质出入组织，保证机体新陈代谢的进行。由于血液循环活动的顺利进行，血液的全部功能，如维护内环境的恒定、体温调节、白细胞和各种防御物质及激素的运送等才能得以实现，并随时调整分配血量，以适应活动着的器官、组织的需要。血液循环一旦发生障碍，生命活动就不能正常进行，严重时可导致死亡。

（二）体循环与肺循环

人体内血液借助于心脏节律性搏动，经动脉、毛细血管、静脉，最后返回心脏的循环过程，称总血液循环。根据路径不同，总血液循环又可分为肺循环和体循环。

1. 肺循环

全身返回心脏的、含二氧化碳较多的静脉血，由右心室搏出，经肺动脉及其分支流到肺泡毛细血管，并在此进行气体交换。暗红的静脉血变成为含氧较多的、鲜红的动脉血，再经肺静脉流回左心房。血液沿上述路径循环称肺循环。

2. 体循环

动脉血由左心房流入左心室，从左心室泵出，经主动脉及其分支流到全身毛细血管（肺泡毛细血管除外）进行物质交换和气体交换，使动脉血变成静脉血。静脉血再汇入各级静脉，最后经上腔静脉、下腔静脉及冠状窦流回右心房。血液沿上述路径循环称体循环。

二、心血管系统的组成

（一）心脏

1. 心脏的位置、形态与结构

心脏被心包包裹，位于胸腔内，膈肌上方，两肺之间，在胸主动脉和食管之间。心尖向左前下方，其大小类似本人拳头。

心脏为一中空的肌性器官，由中膈分为不相通的左、右两半。后上部为左心房和右心房，两者间以房中膈分开；前下部为左心室和右心室，两室间以室中膈分开。正常情况下，心脏左、右两半不直接交通，但心房可经房室口通向心室。房室口的边缘附有瓣膜，左房室之间为左房室瓣，右房室之间为右房室瓣。右心房有上下腔静脉口及冠状窦口，右心室发出肺动脉。左心房有 4 个静脉口与肺静脉相连。左心室发出主动脉。在肺动脉和主动脉起始部的内面，都有 3 个袋状瓣膜，分别称为肺动脉瓣和主动脉瓣（半月瓣）。心脏内的瓣膜只能朝单方向打开，起到了防止血液倒流的作用。

2. 心脏的传导系统

心脏能自动而有节律地搏动，是因为心脏中一种特殊的心肌纤维构成的心脏传导系统，它包括了窦房结、结间束、房室结、房室束和浦肯野纤维。心脏传导系统能产生兴奋、传导兴奋、控制着心脏有节律地跳动。

窦房结位于上腔静脉根部，是心脏的正常起搏点，由此产生的兴奋向下传导引起心房、心室依次兴奋和收缩。在窦房结和房室结之间有结间束相连。房室结位于心房和心室之间，它会影响传入心室的兴奋。房室束起于房室结，下行至室中隔，再分左右两束支，分别进入左右心室与浦肯野纤维相连，浦肯野纤维细胞最后与心室肌相连。传导系统产生的兴奋通过这些组织控制着心肌活动。异常情况下，窦房结以外的传导系统也可发生额外的兴奋，引起心脏提早兴奋，称为“早搏”。

3. 心脏的血管和神经

营养心脏的血液来自主动脉根部发出的左、右冠状动脉。它们位于冠状沟内，在沟内反复分支进入心壁形成毛细血管网，经静脉汇合于冠状窦，进入右心房，这个独立的循环称为冠状循环。心肌梗死就是指冠状动脉或其分支的血流阻塞。

支配心脏的神经有交感神经和副交感神经。交感神经兴奋时心率加快，收缩力加强，冠状动脉扩张。副交感神经兴奋时心率减慢，心肌收缩力减弱，冠状动脉收缩。

（二）血管

血管是一系列复杂分支的管道。人体除角膜、毛发、指（趾）甲、牙质及上皮等处外，血管遍及全身。各种类型的血管在构造上各有特点，借此来发挥它们的特殊生理功能。根据血管内血流方向及其管壁结构特点，可分为动脉、毛细血管和静脉三种。

血管分布的主要规律如下。

（1）身体血管分布通常具有左右对称性。

（2）血管分布与机能相适应，如新陈代谢旺盛的甲状腺，血管特别丰富；肾脏具有泌尿功能，其血管口径较一般脏器粗大。

（3）血管走向多与长轴并行，常与神经一起被结缔组织包裹成血管神经束。血管神经束一般位于关节屈侧。

（4）在容易受到牵引或受压的地方（如关节周围），以及经常变换形状的器官（胃、肠），血管大多吻合成网或弓。

1. 动脉及其分布

动脉是血液由心脏射出后流往全身各器官时所经过的血管，可分为大、中、小、微血管四种。动脉管壁分为内膜、中膜和外膜。内膜的内表面为单层扁平上皮，称内皮，其表面光滑；中膜由弹性纤维和平滑肌组成；外膜主要由结缔组织组成，内含营养管壁的血管。大动脉的中层厚，弹性纤维多，弹性大，其作用是运输及产生血压。中、小动脉管壁弹性纤维较少，平滑肌相对增多，富有收缩性。中、小动脉在神经和体液的调节下，能改变口径大小，起到调节血压和各器官血流的作用。

起于左心室的动脉称为主动脉，主动脉全长分为升主动脉、主动脉弓和降主动脉三段。升主动脉很短，起始处有左右冠状动脉分支；主动脉弓呈现弓形弯向左后方，在其上端有左锁骨下动脉、左颈总动脉和无名动脉；无名动脉又分为右颈总动脉和右锁骨下动脉。左右颈总动脉上行分为颈内、颈外动脉以供应头部血液；左右锁骨下动脉主要是供应上肢血液。主动脉弓下行称为降主动脉，它分为胸主动脉和腹主动脉。胸主动脉分支有肋动脉、食管动脉和支气管动脉；腹主动脉分支有腹腔动脉、肠系膜上下动脉和左右肾动脉等，供应胸腔、腹腔内器官血液。腹主动脉再下行，分为左右髂总动脉，髂总动脉又分为髂内动脉和髂外动脉。髂内动脉分支到盆腔内脏器官、臀部等；髂外动脉下行为股动脉，供给下肢血液。

2. 静脉及其分布

静脉是血液由全身各器官流回心脏时所经过的血管。毛细血管汇合成微静脉和小静脉，在管壁逐渐又出现平滑肌。静脉管壁的构造与动脉相似，管壁较薄，弹性纤维和平滑肌也较少，结缔组织较多，易变形扩张，血容量大。较大的静脉具有由内膜向内折叠而形成的瓣膜，可抗地心引力，防止血液倒流。静脉的主要作用是调节血管系统容量，收集血液返回心房。静脉有浅、深之分，浅静脉互相连通，深静脉通常与同名动脉伴行。

体循环静脉可分为三大系统，即上腔静脉系、下腔静脉系和心静脉系。上腔静脉系是收集头部、上肢和胸背部等处静脉血回到心脏的管道；下腔静脉是收集腹部、盆部、下肢静脉血回心的一系列管道；心静脉系是收集心脏静脉血的管道。门静脉系主要是收集腹腔内消化管道、胰和脾的静脉血进入肝的静脉管道。门静脉进入肝，在肝内又分成毛细血管网（与肝动脉血一起进入肝血窦），然后由肝静脉经下腔静脉流回心脏。

3. 毛细血管及其分布

毛细血管是体内分布最广、口径最小的血管。管壁由一层内皮细胞组成，管壁外侧有一薄层基膜，具有极大通透性，是血管内血液与血管外组织液进行物质交换的场所。

三、心动周期和心输出量

（一）心动周期与心率

心房和心室每收缩与舒张一次构成一个机械活动周期，称为心动周期。每一个心动周期历时的长短取决于心率，如以成年健康人的心率 75 次/min 计算，则每个心动周期历时 0.8s。当心率加快时，每一个心动周期的历时缩短，尤以舒张期的缩短更为显著，见表 5-2。由此可见，当心率过分增加时，由于舒张期的显著缩短而使心室充盈不足，从而使心室的泵血量减少。

表 5-2　不同心率时心动周期中心室收缩时间与舒张时间

心率/次 · min^{-1}	收缩期/s	舒张期/s
75	0.35	0.45
90	0.32	0.34
120	0.26	0.22
150	0.23	0.17

健康成人安静时心率在 60～100 次/min，平均为 75 次/min。成年人安静时心率在 60 次/min 以下称为心动过缓，在 100 次/min 以上称为心动过速。安静时心率还随年龄、性别、体能水平和训练水平等情况而有所不同。新生儿安静时心率可达 130 次/min 以上，以后随着年龄的增加而趋减缓，到十五六岁时，心率已接近成年人水平。安静时，成年女性的心率较男性快 3～5 次/min。即使是同年龄、同性别的个体，其安静时心率的差别也很大。个体间心率差异除可能与遗传因素有关外，主要与个体的体能水平和训练水平有关。例如，有良好训练的耐力运动员，安静时心率可低于 50 次/min。此外，体位、体温、进食、情绪等都对安静时的心率有影响。直立位时、进食后、体温升高时、情绪激动时都可使安静心率增加，睡眠时则心率减慢。人在运动时，心率增加是一种运动适应。在亚极量运动时，心率增加的幅度不仅与运动强度和运动持续时间有关，而且与其体能水平和训练水平有关。因此，心率是运动生理学中最常用的生理指标。

（二）心输出量及其影响因素

1. 心输出量

心脏的功能主要是根据全身的代谢水平泵出相应的血液量，即单位时间内心脏的泵血量是衡量心泵功能强弱的基本指标。通常把每分钟一侧心室所泵出的血量称为每分输出量，简称心输出量。其计算公式为：

$$\text{心输出量} = \text{每搏输出量} \times \text{心率} \tag{5-2}$$

健康成年男性（无训练者）静息状态下，心率约为 75 次/min，每搏输出量约为 70mL/min（60~80mL/min），故其心输出量为 5000mL/min（4500~6000mL/min）。女性比同体重男性的心输出量约低 10%。无训练的健康人在剧烈运动时，心输出量的峰值可达 15~20L/min；而有良好训练的耐力运动员在剧烈运动时，心输出量的峰值可达 20~35L/min。

2. 影响心输出量的因素

影响心输出量的因素主要是心率和每搏输出量。当心率加快时心输出量增加，但当心率增加至 170~180 次/min 时，由于心室舒张期太短，心室充盈血液严重不足，从而引起心输出量下降。经过良好训练的人，心肌发达，收缩力较强，每搏输出量较大，运动时心率的增加较少。而达到常人的心率时，心输出量较大，心脏也不易疲劳，所以能胜任更剧烈的运动或持续更长时间的运动。运动中心率及每搏输出量的增加是由交感神经兴奋、肾上腺髓质激素的分泌增加等所引起的。

另外，心脏的回心血量增加、心室容积扩大，可使心肌收缩前的初长度增加，心肌收缩力也随之增加，每搏输出量和心输出量就增加。比如人处于卧位时，由于回心血量增加，心输出量也会明显增加，增加范围可达 15%~40%。

四、心泵功能的评价

（一）最大心输出量

最大心输出量是人体在进行较长时间力竭运动时，心脏泵血功能达到最高值时的每分心输出量。由于安静心输出量高低与心功能无关，故最大心输出量成为评价心功能的重要指标。常人最大心输出量是安静时的 3~4 倍，经良好训练的运动员约为安静时的 5~7 倍，甚至更高，这保证了在有氧耐力运动中肌肉能获得更多的血液供应。心输出量从安静时增加到最大值之间的差异，就是心泵功能贮备。它既表示了心功能潜力的大小，也是有氧耐力高低的最重要的决定因素。

（二）心泵功能贮备

心泵功能贮备是指心输出量随机体代谢而增加的能力，即在体力活动中，心输出量所能达到的最大值。运动员所能达到的最大心输出量较高，心泵贮备功能好，它包括以下三个方面：

（1）心率贮备是心泵贮备最重要的方面，运动员安静心率低，达到最大心率时增加的幅度就大；

（2）收缩期贮备，靠心肌收缩力增加提高心输出量；

（3）舒张期贮备，对心输出量增加贡献较小。

（三）最大吸氧量

最大吸氧量（$\dot{V}_{O_2max}$）是指人体在从事有大量肌群参与的力竭性运动时，氧的运输系统功能和肌肉利用氧的能力都达到本人最高水平时，单位时间的吸氧量。最大吸氧量是反映和评价氧运输系统功能潜力的指标。特别能反映心脏泵血能力。我国青年男性每千克体重为 50~55mL/min，女性低 10%左右，我国耐力运动员为 70~75mL/min，也说明该指标与耐力水平有关。最大吸氧量的大小受年龄、性别和遗传等因素的影响。同时，长期运动训练也可以对其造成明显的影响。

（1）年龄和性别差异。发育过程中，$\dot{V}_{O_2max}$的绝对值随年龄增长而增加。男性约在 16 岁时达到顶峰，女性约在 14 岁时达到顶峰。14 岁时，男女 $\dot{V}_{O_2max}$绝对值的差异约为 25%，16 岁时高达 50%。但如以相对值表示，男性在 6~16 岁期间 $\dot{V}_{O_2max}$稳定在 53mL/(kg · min) 水平，而女性则从 52. 0mL/(kg · min) 逐渐下降到 40. 5mL/(kg · min)。25 岁以后，$\dot{V}_{O_2max}$以约每年 1%的速度递减，55 岁时 $\dot{V}_{O_2max}$较 20 岁时平均减少约 27%。

（2）遗传与运动训练。有人通过对单卵双胎和双卵双胎受试者 $\dot{V}_{O_2max}$的研究发现，单卵双胎受试者间的 $\dot{V}_{O_2max}$差异较小，而双卵双胎受试者间的差异较大，这证明遗传因素对 $\dot{V}_{O_2max}$有较大的决定作用。此外，还有人研究发现，在影响 $\dot{V}_{O_2max}$的各种因素中，遗传因素的影响度也是最大的，25%~50%在长期耐力训练的影响下，机体的 $\dot{V}_{O_2max}$也产生相应变化，但个体差异较大（0%~50%）。目前认为造成这一现象的原因也与遗传因素有关。

（3）运动员的 $\dot{V}_{O_2max}$。不同项目运动员的 $\dot{V}_{O_2max}$也不同，短距离、爆发力项目运动员 $\dot{V}_{O_2max}$较低，而长距离、耐力性项目运动员的 $\dot{V}_{O_2max}$较高。目前研究发现的 $\dot{V}_{O_2max}$最高的人为一名越野滑雪运动员，其绝对值为 7. 4L/min，相对值为 94mL/(kg · min)。

（4）台阶试验。台阶试验是人完成一定运动量的跨台阶运动后，根据运动后恢复期心率快慢来评价心功能的方法。心率恢复越快，台阶指数越高，评价等级就高，心功能也就越好。台阶测试就是左右腿轮换在台阶上踏跳以测试心肺功能适应水平，它的优越性在于：可以在室内进行，能适合不同程度身体条件的人，且不需要昂贵的设施，并可以在很短的时间内完成。研究表明，心肺适应能力强的人比心肺适应能力弱的人在运动后 3min 恢复期内心跳频率低。

五、血管与血压

（一）血管的功能分类

动脉、静脉、毛细血管各有其特点，在血液循环中发挥着不同的作用。从功能上看，血管可分为以下几类。

（1）弹性贮存血管。弹性贮存血管是指主动脉及其大分支。这些血管的管壁富含弹性纤维，具有明显的可扩张性和弹性，它不但起运输血液的作用，而且可在左心室射血时贮存部分血液，缓冲动脉血压的巨大波动，使间断性的心室射血变为连续的血流。

（2）阻力血管。阻力血管是指小动脉的末梢和微动脉，管壁富含平滑肌，受神经和体液调节而产生明显的舒缩活动，是造成血流阻力的主要部分。它对调节各器官的血流量和动脉血压起着重要作用。

（3）交换血管。交换血管主要是指毛细血管，其管壁仅由单层内皮细胞构成，通透性很大，故气体和小分子物质可通过管壁，成为血管内外物质交换的场所。

（4）容量血管。容量血管指的是静脉。静脉数量较多、口径较粗、管壁薄，故容量大，且可扩张性大。在安静时60%~70%的循环血量容纳在静脉中，故静脉起了血液贮存库的作用。静脉口径的改变对血液贮存量及回心血量调节具有重要影响。

（二）动脉血压

1. 动脉血压的形成

血压一般是指动脉血压，是血液对动脉管壁的侧压。动脉血压的形成除要有足够的充盈血量作前提外，心室射血和外周阻力是两个主要因素。

2. 动脉血压的正常值及其生理变动

在一个心动周期中，动脉血压随着心脏的舒缩而发生规律性的波动。心室收缩时动脉血压升高，升到最高值时，称为收缩压。心室舒张时动脉血压降低，在降至最低值时，称为舒张压。收缩压与舒张压之差称为脉搏压，简称脉压。

我国青年安静状态下收缩压为13.33~16kPa（100~120mmHg），舒张压为8~11kPa（60~80mmHg）。如果舒张大于12kPa（90mmHg），应注意高血压病。当大失血、严重脱水或休克时血压可降低，长时间血压过低会危及生命。

动脉血压存在个体差异，并随性别、年龄和生理情况而变化。随着年龄的增加，舒张压、收缩压均有升高。当人由卧位转为站立位时，由于回心血量减少，可引起血压暂时下降，吸气使血压略降，呼气使血压略升。深呼吸时，在吸气的大部分时间内血压升高，呼气的大部分时间内血压下降。另外，情绪激动、紧张、运动时血压升高，而安静、睡眠时血压下降。

3. 动脉脉搏

在每一心动周期中，随着动脉血压的周期性波动，在浅表的动脉管壁上可以摸到搏动，称为动脉脉搏。动脉脉搏是大动脉内压力和容积变化引起的，脉搏起始于主动脉根部，沿着血管壁向外周传播。运动实践中，常用测定桡动脉、颈动脉和颞动脉脉搏来代替测心率，因为正常情况下每分钟动脉脉搏次数与心率是一致的。

（三）毛细血管的功能

毛细血管是微循环的主要部分。在微循环中毛细血管很多，迂回曲折，交织成网，管壁通透性很大，血流缓慢，是血液和组织液之间物质交换的场所。因此，毛细血管组成的通路也称营养通路。

毛细血管是微循环的主要部分。在微循环中毛细血管很多，迂回曲折，交织成网，管壁通透性很大，血流缓慢，是血液和组织液之间物质交换的场所，故毛细血管组成的通路也称为营养通路。毛细血管是极细微的血管，管径平均为6~9μm，连于动静脉之间，互相连接成网状。毛细血管数量很大，除软骨、角膜、毛发上皮和牙釉质外，遍布全身。毛细血管壁薄，管径较小，血流很慢，通透性大。其功能是利于血液与组织之间进行物质交换。

毛细血管是体内分布最广、管壁最薄、口径最小的血管，一般仅能容纳1~2个红细胞通过。其管壁主要由一层内皮细胞构成，在内皮外面有一薄层结缔组织；另外，还常可见到一种扁而有突起的细胞贴在毛细血管的管壁外面，称为周细胞。这种细胞的性质还不清楚，有人推测周细胞具有收缩作用，可控制毛细血管管径，但尚未证实。有实验表明，内皮细胞受某些化学物质或机械性刺激时，它本身就可收缩而改变管径的大小。毛细血管的内径平均约为 8μm，长 0.2～4mm，它们互相联系成网状，布满全身，毛细血管总横断面积大于主动脉数百倍。平时一般仅有小部分毛细血管轮流开放。毛细血管壁薄、有较高通透性，使血液中的氧气和营养物质能通过管壁进入组织，组织中的二氧化碳和代谢产物也能通过管壁进入血液，从而完成血液与组织间的气体交换和物质交换。据电镜观察，肾等器官内的毛细血管内皮有许多小孔，更有利于物质的通透。

毛细血管是管径最细、分布最广的血管，它们分支并互相吻合成网。各器官和组织内毛细血管网的疏密程度差别很大，代谢旺盛的组织和器官如骨骼肌、心肌、肺、肾和许多腺体，毛细血管网很密；代谢较低的组织如骨、肌腱和韧带等，毛细血管网则较稀疏。

（四）静脉血流

静脉是容量血管，其主要功能主要有两方面：一方面是输送从毛细血管网流来的血液返回心脏；另一方面是容纳较多的血量。通常情况下，循环系统中有 60%～70%的血液存于静脉中。静脉回心血量与下列因素有关。

（1）射血能力。心脏射血能力强，舒张时抽吸心房，大静脉血液回流加快。

（2）呼吸运动。吸气时胸腔内压降低（或胸内负压增加），使胸腔内大静脉和心房被动扩张，从而使中心静脉压下降，静脉回流加快，静脉回心血量增加，深吸气时更为明显。

（3）体位改变。当身体由平卧转为直立时，血液的重力作用将使身体的下垂部分静脉扩张，容量增加，回心血量减少。

（4）肌肉的挤压作用。肌肉活动，特别是下肢和腹部肌肉的节律运动，可促进静脉血液回流。骨骼肌的收缩与舒张，犹如对静脉内血液起着泵的作用，故称为静脉泵或肌肉泵。在跑步时，通过两下肢的肌肉舒缩每分钟挤出的血液可达数升，故肌肉的泵作用促进了静脉血回流，加速了全身血液循环，对心脏的泵血起着辅助作用。

（5）静脉的收缩。剧烈运动时，交感缩血管神经兴奋，引起静脉收缩。静脉容量减少，有效循环血量增加，增加了静脉回心血量。

六、心血管活动的调节

当人体内外环境发生变化时，心脏和血管的活动会发生相应的变化，使心输出量和各器官的血流量能适应代谢的需要。心血管活动的变化主要是通过神经和体液调节作用实现的。

（一）神经调节

血管系统由交感神经和副交感神经支配，它们可随机体代谢等发生变化而对心血管活动产生调节作用。

1. 减压反射

减压反射也称颈动脉窦与主动脉弓压力感受性反射。这两个部分的压力感受器能感受血压变化的刺激，引起血压反射性地降低或升高。这种反射的生理意义在于保持血压相对恒定和维持正常的心率，这是循环系统中十分重要的一种自我调节。例如，运动后血压很高，由于有减压反射，使主动脉弓和颈动脉窦血管壁中的压力感受器受刺激，产生兴奋，冲动沿传入神经传到延髓，使心迷走中枢兴奋，并抑制心交感中枢和血管运动中枢。结果，使心跳变慢，血管舒张，因而血压逐渐恢复到原来水平（血压降低时，也可使血压升高）。

2. 加压反射

加压反射也称腔静脉反射。运动时心血管系统的机能也随之发生变化，如心率加快和血压升高等。这是因为运动时血液循环加快，静脉回心血量增加，刺激了腔静脉及右心房处的压力感受器，使心交感中枢和血管运动中枢兴奋，引起心跳加快和加强，血管收缩，因而血压升高，以适应运动时的需要。

3. 化学感受性反射

在颈动脉体和主动脉体的化学感受器感受到血液中缺氧或二氧化碳过多时，就会引起兴奋。兴奋经传入神经传到延髓，一方面兴奋了呼吸中枢，另一方面兴奋了心交感中枢和血管运动中枢，反射性地引起呼吸加深和加快、血压上升和心跳加速。其生理意义在于调节血液内的二氧化碳和氧的浓度。

4. 本体感受性反射

骨骼肌、肌腱、关节囊中有本体感受器，这些感受器在肌肉活动时受到刺激，可以反射地引起心跳加快、血压上升，保证肌肉活动时的血液供给。因此，在进行运动前充分做好准备活动，可以预先调整心血管活动的机能，使之与运动相适应。

（二）体液调节

心血管活动的体液调节，是指血液和组织液中的某些生物活性物质对心肌和血管平滑肌活动的调节。心血管的体液调节可按其作用范围分为全身性体液调节与局部性体液调节。前者有肾上腺髓质激素、血管紧张素等，后者主要有组织代谢产物。

1. 肾上腺素和去甲肾上腺素

肾上腺素髓质受交感神经控制，其释放的激素中，肾上腺素占80%，去甲肾上腺素占20%。当交感神经兴奋时可引起肾上腺素和去甲肾上腺素释放。肾上腺素可使心率增快，心肌收缩力量加强，心输出量增加；皮肤、肾、肠胃血管收缩，骨骼肌和肝脏中的血管及冠状血管舒张，因而血压升高以收缩压为主。这对保证运动时肌肉获更多的血液以满足代谢需要十分重要。去甲肾上腺素对心脏的作用较弱，但对血管作用较强，它可引起除冠状血管外体内大多数血管收缩，导致外周阻力增加，血压升高尤以舒张压升高明显。

2. 血管紧张素

血管紧张素具有强烈的缩血管作用，尤其是内脏和皮肤，故使血压升高。另外，血管紧张素尚能直接加强心肌收缩力，并增加交感神经对心脏和血管的作用。

3. 组织代谢产物

代谢产物如二氧化碳、腺苷等具有舒张微循环小血管的作用，对于调节微循环血流、带走代谢产物起了重要作用。

第四节　运动对氧运输系统的影响

一、运动对呼吸系统的影响

（一）运动中呼吸的变化

运动时，机体代谢增强，氧耗量和二氧化碳产生量都随运动强度加大而增多，呼吸机能也将发生相应变化以适应运动时机体代谢增强的需要。其表现为呼吸加深加快，肺通气量增加。潮气量可从安静时的500mL/min增加到2000mL/min以上，呼吸频率由12~18次/min增加到50次/min左右，肺通气量可从安静时6~8L/min增加到100~150L/min，较安静时约增大20倍。运动时引起通气增加是通过神经和体液性调节而实现的，其中神经调节机制起主要作用。

（二）运动训练对呼吸的影响

长期运动训练可使呼吸肌耐力和力量增加，肺容积增加，使潮气量增加而频率降低，即呼吸变得“深慢”，通气效率较高。肺通气贮备量增加即最大通气量增加，肺泡膜气体交换能力增强。

（三）运动时合理的呼吸方法

（1）减少呼吸道阻力。在剧烈运动时，为减少呼吸道阻力，人们常需采取口鼻并用的呼吸方法，其目的是：

1）减少肺通气阻力，增加气体流量；

2）减少呼吸肌为克服阻力而增加的额外负担，推迟疲劳出现；

3）暴露布满血管的口腔潮湿面，增加散热途径。在严寒季节里进行运动，张口不宜过大，尽可能使吸入的空气经由口腔加温再通过咽喉而入肺泡。

（2）提高通气效率。运动中采用适宜的呼吸频率和较大的呼吸深度有利于提高肺泡通气量，使氧和二氧化碳的交换增加。

（3）周期性运动的合理呼吸。跑和走这一类周期性运动，宜采用适合动作节奏的、混合型的呼吸。例如，长跑采取2~4个单步一吸，2~4个单步一呼的方法。400m以内的中短跑，常采用“憋气”与断续性急骤呼吸相结合的方法，即每憋气跑2~12个单步（或更多）后，做一次1s以内完成的急骤深呼吸。

（4）非周期性运动的合理呼吸。非周期性运动练习的呼吸，在完成两臂前屈、外展、外旋、扩胸、提肩或展体时，采取吸气比较有利。完成与上述运动方向相反的练习时，采取呼气比较恰当。从事投掷、体操、技巧、武术、跳水、花样滑冰等专项的运动，应善于因势变换呼吸时相、形式和节奏，以保证完成动作的质量。

（5）合理运用憋气。在或深或浅地吸气之后，紧闭声门，尽力作呼气动作，称为憋气。憋气有以下良好作用：

1）可反射性地引起肌张力加强；

2）可为有关的运动环节创造最有效的收缩条件，如短跑中憋气，可为提高步频、步幅提供更强劲的牵引力。

憋气也有以下不良影响：

1）压迫胸腔，使胸膜腔内压上升，血压升高；

2）造成静脉血液回心困难，输出量下降，血压下降，脑细胞缺血，并产生头晕、恶心、耳鸣及眼花等症状；

3）憋气结束，出现反射性深吸气，胸膜腔内压骤减，胸腔血流立刻又超过正常值19%，使心肌过度伸展，血压猛增，对缺乏心力贮备者，特别是儿童少年和中老年人的心血管功能十分不利，还易出现危险。

二、运动对血液的影响

（一）运动时血量的变化

运动时，由于储存血液被动进入循环，使循环血量增加，一般人可增加10%左右。运动员，特别是耐力运动员可增加25%~30%。但长时间运动，大量出汗后血容量可降低。

（二）运动时血细胞的变化

运动时红细胞的数量增加，血液浓缩，这主要是释放入循环中的储存血液较浓缩，另外，出汗减少了体内水分。

运动后白细胞总数立即增加，增加的程度与运动量有关，运动量越大，增加越明显。运动后恢复5~30min，白细胞下降至运动前水平。大运动量负荷白细胞可能下降，1~2天后上升到正常值。这1~2天中容易感冒，称为“开窗期”。运动时血小板的数量和活性增加，血液凝固系统和纤溶系统活性加强。

三、运动对心血管系统的影响

（一）运动中心血管功能变化

1. 心输出量的变化

运动时由于交感-肾上腺系统兴奋及心迷走神经抑制，引起心率加快、心肌收缩力量加强，因而心输出量增加。

在一定范围内，心输出量与运动强度和机体耗氧量成正比。在有氧耐力运动中心输出量增加的能力，即心泵的贮备功能好坏对运动能力起着关键作用。

2. 运动时血流量的重新分配

肌肉运动时增加的心输出量并不是平均地分配给身体各个器官的，而是通过神经、体液和自身调节机制，使各器官血流量发生重新分配，各个器官血流量占总心输出量的百分比发生重大变化。其中，心脏和参与运动的肌肉血流量将明显增加，内脏器官血流量下降。

运动时血液重新分配的意义包括两个方面：一方面是通过减少相对不参与活动的器官

血流，保证有较多血流分配给运动肌肉，因为仅靠心输出量的增加，肌肉无法得到如此多的血流，不参与运动的器官血流量下降，省出血液供给肌肉；另一方面是血液重新分配对维持一定的动脉压具有重要意义，使人在运动时不致发生血压过低而引起器官血流不足。

3. 运动时动脉血压的变化

运动时动脉血压的变化取决于心输出量和外周阻力二者变化之间的关系，并与运动的方式有关。动力性运动时，由于心输出量增加，外周总阻力变化不大，故血压升高，但以收缩压升高为主。

静力性运动时心输出量增加幅度较小，但肌肉持续收缩压迫血管和腹腔内脏血管收缩，使外周总阻力升高，故血压升高时，以舒张压为明显。

4. 运动各阶段循环功能的改变

不同运动阶段，循环功能的变化有以下特点。

（1）准备阶段。在运动还没有正式开始的准备阶段，即已出现心率加快、心输出量增加，动脉血压升高等反应，但都是轻度增加。这些反应与大脑皮层活动有关，属条件反射。其生理意义是缩短运动时循环功能进入工作状态所需的时间。

（2）开始阶段。运动一旦开始，循环功能在几秒到十几秒时间内出现快速加强。在这之后 3~5min 时间内，循环功能出现较缓慢加强直到最高值。

（3）稳定阶段。在有氧的亚极量强度运动时，经过一段时间后，心血管活动可达到较高的稳定状态，这时肌肉的供氧和耗氧达到平衡。而在有氧的极量及近极量强度运动中，心血管功能可达最高水平而不再变化，但机体供氧量不能满足需氧量。

（4）持续运动阶段。长时间持续运动时体温会逐步升高，可引起血液在各器官重新分配的变化，即皮肤血流量在心输出量中所占比重增加，以利散热。随运动时间的延长，心率进一步加快，每搏输出量逐渐减少，心输出量变化不大。而动脉血压因外周阻力下降出现下降。

（二）心血管功能对运动训练的适应

经常的体育锻炼和运动训练，可引起心血管系统的形态、功能和调节能力产生较持久的适应，从而提高人体运动能力，特别是有氧耐力。其适应主要有以下几方面。

（1）心率缓慢。长时间的耐力训练可使安静时心率较常人缓慢，耐力运动员安静时心率常在 50 次/min 以下，有些甚至在 40 次/min 以下，这是由于耐力训练使安静时心搏出量增加所致。耐力训练对最高心率影响不大，安静时心率徐缓使得耐力运动员在进行剧烈运动时可提高的心率范围增加，即心率贮备增加。

（2）运动性心脏增大。长期体育锻炼或运动训练引起的以心腔扩大与心壁增厚为主要的心脏增大称为运动性心脏增大。这种增大伴有心脏射血功能的提高，也称为运动员心脏，这是心脏对运动训练生理适应的结果。

运动性心脏增大有其专项素质的特异性。耐力运动员心室腔扩大明显，伴有心室壁轻度增厚。力量和速度型运动员主要是心室壁增厚，心室腔扩大较少。

耐力运动员（如长跑、游泳、自行车、越野滑雪运动员），在运动中需要很高的心输出量，心室腔扩大有利于增加每搏输出量，最大心输出量也随之提高。力量速度运动员（如投掷、举重、摔跤、短跑运动员），在运动中由于肌肉持续强烈收缩或屏气使血管外周阻力增加，心壁增厚使心肌收缩力增强。收缩时可产生较大压力以克服外周阻力，从而维持有效的射血量。

（3）心泵贮备功能提高。在安静状态下，常人与运动员心输出量无多大区别。但在进行极量运动时，运动员（特别是耐力运动员）的心输出量要明显高于常人，即运动员随机体代谢增加而可增加的心输出量值较高，表现出较好的有氧能力。

安静时运动员心率较低，故心率贮备较大。另外，运动员由于心室容积增加和心肌收缩力量增加而使每搏输出量可增加的幅度明显提高，它们的综合结果成为最大心输出量较高的主要原因。

在运动强度相同的亚极量运动中，运动员心输出量增加的程度较常人低，表现出运动员的能量节省化特征，反映出运动员在运动的各环节中能量利用较为经济。

第六章　体育运动中的营养学问题

第一节　平衡膳食

一、平衡膳食概述

（一）平衡膳食的概念

平衡膳食又称合理膳食（或健康膳食），是指能够提供适宜人体热能和各种营养素需要的膳食。通过平衡膳食能够满足人体生长发育和各种生理需要，以及劳动强度及生活环境的需要，并且在各种营养素间建立起营养生理上的平衡关系，所提供的能量和全部营养素的数量，称为合理营养。

膳食中主要食物种类和数量的组成，称为膳食结构或膳食模式（或食物组成）。膳食结构是评价膳食质量与营养水平的基本要素，也是衡量一个国家和地区农业水平和国民经济发展程度的重要标志之一。

（二）平衡膳食的基本要求

平衡膳食的基本要求如下：

（1）保证人体能量平衡；

（2）供给种类全面的各种营养素；

（3）满足营养素数量、比例的平衡；

（4）食物组成要全面；

（5）重视食物的合理搭配；

（6）重视合理烹调，减少营养素损失。

总之，平衡膳食是通过膳食人群的食物组成及个人每日、每月、每年实际摄入的食物来实现的。保证平衡膳食营养、卫生、好吃、易于消化吸收，是维持机体良好营养健康状态，改善亚健康营养状态的首要条件。

（三）中国居民每日膳食营养素参考摄入量

我国营养学会专家根据我国同情制定的《中国居民膳食营养素参考摄入量》（DRIs，Dietary Reference Intakes），是在 RDA（膳食营养素供给量）基础上发展起来的一组每日平均膳食营养素摄入量的参考值，包括平均需要量（EAR，Estimated Average Requirement）、推荐摄入量（RNI，Recommended Nutrient Intakes）、适宜摄入量（AI，Adequate Intakes）和可耐受最高摄入量（UL，Tolerable Upper Intake Level）。

平均需要量是某一特定性别、年龄及生理状况群体中对某营养素需要量的平均值。摄入量达到 EAR 水平时可以满足群体中半数个体对该营养素的需要，而不能满足另一半个体的需要，EAR是RNI的基础，针对人群EAR用于评估群体中摄入不足的发生率。针对个体可以检查其摄入量不足的可能性。

推荐摄入量相当于传统的RDA，它可以满足某一特定群体中绝大多数（97%~98%）个体需要。长期摄入RNI水平可以维持组织中有适当的储备。RNI是健康个体的膳食营养素摄入量的目标，个体摄入量低于RNA时并不一定表明该个体未达到适宜营养状态。

适宜摄入量是通过观察或实验获得的健康人群某种营养素的摄入量，其主要用作个体的营养素摄入目标，同时用作限制过多摄入的标准。当健康个体摄入量达到AI，出现营养缺乏的危险性很小。但长期摄入超过AI，有可能产生毒副作用。

可耐受最高摄入量是平均每日可以摄入该营养素的最高量。这个量对一般人群中的几乎所有个体都不致损害健康。UL的主要用途是检查个体摄入量过高的可能，避免发生中毒。当摄入量超过UL时，发生毒副作用的危险性会增加。

二、中国平衡膳食宝塔

膳食指南又称膳食指导方针（或膳食目标），是根据营养学原则结合国情而提出的一个通俗易懂、简明扼要的合理膳食的指导性意见。我国有《中国居民膳食指南》和《特定人群膳食指南》，它们对指导人们采用平衡膳食，获取合理营养和促进身体健康提出了指导性建议。

中国营养学会制定的《中国居民膳食指南》是以科学证据为基础，紧密联系中国居民膳食营养实际制定出的参考标准。从营养和健康的角度，给定了多种能量水平下的食物摄入量，它所提倡的膳食标准在未来十年仍有很大的指导意义。我国将《中国居民膳食指南》作为测算中国各类食品需求量的依据。

中国居民平衡膳食宝塔（简称平衡膳食宝塔）是根据《中国居民膳食指南》结合中国居民的膳食结构特点设计的。它把平衡膳食的原则转化成各类食物的质量，用比较直观的宝塔形式表现出来，便于群众理解和在日常生活中实行。

平衡膳食宝塔共分五层，包含人们每天应吃的主要食物种类。宝塔各层位置和面积不同，这在一定程度上反映出各类食物在膳食中的地位和应占的比重。

（1）底层：谷类、薯类和杂豆。每人每天应吃200~350g，米面为主，其中搭配的杂粮每日总量不宜超过谷类总量的1/3，它们是膳食中能量的主要来源。加工的谷类食品（如面包、烙饼、切面等）应折合成相当的面粉量来计算。

（2）第二层：蔬菜和水果。每天应吃300~500g的蔬菜和200~350g的水果，三个品种以上。其中，每日应当保证1/2的是深色蔬菜、叶菜和水果。蔬菜和水果是两类食物，各有优势，不能完全相互替代，尤其是儿童，不可只吃水果不吃蔬菜。蔬菜、水果的质量按市售鲜重计算。

（3）第三层：鱼、禽、肉、蛋等动物性食物。每天应吃畜禽肉类40~75g、鱼虾类50~75g、蛋类40~50g；鱼、虾及其他水产品含脂肪很低，有条件可以多吃一些。肉类包含畜肉、禽肉及内脏，质量是按屠宰清洗后的重量来计算。这类食物（尤其是猪肉）含脂肪较高，所以生活富裕时也不应吃过多肉类。蛋类含胆固醇相当高，一般每天一个为佳。

（4）第四层：奶类和豆类食物。每天应吃奶类及奶制品300g和大豆及坚果类25~35g。奶类应是首选补钙食物，很难用其他食物代替。

（5）第五层塔尖：精纯食品。油脂类每天不超过 25 ~ 30g，儿童、青少年、老人应当少吃或适量摄入精纯食用糖及其他高糖食品，建议成人每日食用盐的用量最好少于 6g。

在应用中国居民平衡膳食宝塔时要注意以下几点。

（1）日常生活中食物的种类和比例应基本与膳食宝塔一致，但无须每天样样食物都要按宝塔的推荐量来吃。

（2）同类互换，调配丰富多彩的膳食。同类互换就是以粮换粮、以豆换豆、以肉换肉，通过同类互换，可把营养与美味结合起来。

（3）要合理分配三餐食物量，三餐食物量及间隔时间应与作息时间和劳动状况相匹配。一般早、晚餐各占 30%，午餐占 40% 为宜，特殊情况可适当调整。

（4）要因地制宜地利用当地资源，如牧区乳类资源丰富，可适当增加乳类摄入量；渔区可适当提高鱼类及其他水产品的摄入量。在某些情况下，由于地域、经济或物产所限，无法采用同类食物互换时，也可用豆类代替乳类、肉类，或蛋类代替鱼、肉。

（5）要养成习惯，长期坚持。

第二节 大众健身运动与营养

一、运动与健康

1948 年，世界卫生组织（WHO）在其宪章中对健康的定义是："健康不仅仅是没有疾病和衰弱的状态，而是一种在身体上、精神上和社会上的完好状态。" 1968 年，WHO 进一步明确，健康是"身体精神良好，具有社会幸福感"，更加强调了人的社会属性。1978 年，WHO 在《阿拉木图宣言》中提出"健康是基本人权，达到尽可能的健康是全世界一项重要的社会性指标。"从这一点可以看出，健康是人发展的基本目标。1989 年，WHO 又提出"身体健康、心理健康、道德健康、社会适应良好"四个方面的健康标准。

在社会发展中，身心健康不仅成为现代社会生活的重要内容，而且是提高社会生产力、保证人类健康发展和正常生命活动的需要。大众体育在世界范围内的迅速兴起，全民健身运动在我国的广泛开展，无不说明健身体育在维护人类健康方面的积极作用。健身运动主要是为促进人体健康，提高生活质量的一种行为方式。规律科学的健身可以有效提高身体各器官系统的功能和智力的敏感性，增加肢体协调性和灵活性，使锻炼者具有良好的心态和社会适应能力。

（一）调整机体亚健康状态

亚健康是指机体器官有功能性改变，而不是器质性病变，或者虽然有不适状态，但现有医学技术不能发现病理变化，生命质量较差，长期处于较低健康水平的状态。世界卫生组织将其称为"第三状态"，我国称为亚健康状态。

1. 亚健康的诱发因素

现代人因为生活、工作压力较大，起居无常，饮食不规律，吸烟酗酒，体力透支、过度紧张，空气污染、缺乏有效体育锻炼等因素，长期处于焦虑和劳累状态，如果得不到好的调整，机体就会进入疾病的临界状态，即亚健康状态。亚健康的常见症状有倦怠、注意力不集中、心情烦躁、失眠、食欲不振或者消化功能欠佳，经常莫名其妙感觉疲惫，经正常休息后不能恢复，性功能低下，甚至有厌世倾向，但经过检测又无任何医学上的病理性改变。长期处于亚健康状态就很容易出现各种疾患，比如心理疾病、胃肠道疾病、高血压、冠心病、癌症、性功能障碍等疾病，甚至发生过劳猝死。

2. 体育锻炼是调整亚健康状态的有效途径

体育锻炼特别是有氧运动是调整亚健康状态比较有效的途径。研究发现，有氧运动能激发体内皮质激素与脑啡肽类物质的分泌，有利于消除忧愁和烦恼，抑制不良情绪；可以加快骨髓生成血细胞的速度，使白细胞数量增多，增强吞噬细胞的能力；能加快人体血液循环，使人体各个器官获得充足的营养物质，运动时大量出汗可使体内的一些代谢废物及时排出体外；提高机体免疫能力，增强对病原体的抵抗力等。

（二）改善器官功能

1. 预防心血管疾病

（1）有氧运动可以促使冠状动脉侧支循环开放，改善心肌供血症状。

（2）有氧运动可促进肌细胞和脂肪细胞对葡萄糖的转运和利用，增强外周组织对胰岛素的敏感性，减轻胰岛素抵抗，从而改善糖代谢异常，降低血糖。

（3）有氧运动可促进肾上腺素和去甲肾上腺素分泌，提高脂蛋白酯酶的活性，促进脂肪的分解，同时降低血中三脂酰甘油及低密度脂蛋白胆固醇（LDL-C）水平，提高高密度脂蛋白胆固醇（HDL-C）水平，减少脂肪在血管壁内沉积，预防动脉粥样硬化及心脑血管病变。

（4）运动训练使血管扩张，毛细血管密度或数量增加，血液循环和代谢改善，降低外周阻力，特别降低舒张压。长期耐力训练或有氧训练可降低交感神经系统兴奋性，使交感神经传导速度减慢，血浆儿茶酚胺含量下降。提高迷走神经兴奋性，促进外周血管扩张，改善血管内皮功能。运动能使心脏泵血功能发生改变，使心肌收缩力量增强、心壁厚度变化幅度加大、射血分数保持不变或轻度加大以达到最适宜的前负荷。

（5）长期运动使机体氧利用率提高、血液循环的效率提高，心率储备增加。

2. 预防骨质疏松

运动产生对骨的刺激，激活成骨细胞，增加骨组织内 DNA 和骨胶原的合成，引起骨结构的良性改变，增强骨的形成。运动可使某些与骨代谢有关的激素或激素样物质发生积极性变化，运动也可以影响局部骨代谢调节因子，从而影响骨的重建过程，使骨质得以增加或维持。已有研究表明，运动可以使血中雌激素、睾酮等性激素水平升高，活性维生素 D 增加，刺激肠道钙吸收和利用，降低骨组织对甲状旁腺素的感受性，减弱破骨细胞的活动，引起血钙、磷的下降，减少尿钙的排泄，防止骨质疏松。另外，运动可以促进血液循环，改善患者食欲，促进胃肠道蠕动，提高消化功能，增加饮食中营养物质的吸收率，增加蛋白质、钙、磷和维生素 D 的摄入。

3. 控制体重与改变体型

众所周知，肥胖会影响人的正常生理功能，尤其是容易造成心脏负担过重，寿命缩短。另外，糖尿病、恶性肿瘤、中风等均与肥胖密切相关。由于体育锻炼能减少脂肪，增强肌肉力量，保持关节柔韧，故可控制体重，改善体型。

（三）对心理健康的促进作用

运动对心理健康有如下促进作用。

（1）振奋精神。人在体育活动过程中，各种感觉信息输入机体，引起机体唤醒水平的提高，随即精神振奋。特别是娱乐性较强的体育锻炼项目，既能充分调动锻炼者的积极性，又能满足对体育活动的兴趣爱好，能够调节和改善情绪状态。

（2）降低焦虑反应。认知行为理论认为，体育锻炼可以诱发积极的思维和情感，这些积极的思维和情感对抑郁、焦虑和困惑等消极的心境状态具有抵抗作用。在体育运动过程中，可以通过观察、记忆、想象、思维等认知活动积极参与竞争，接受挑战，从而体验到成功感和满足感，使自信心得到加强。体育锻炼可以降低肾上腺素受体的数目或敏感性，从而使人的焦虑反应降低，提高自己的智力功能，不仅使锻炼者的注意力、记忆力、反应速度、思维和想象等能力得到提高，还可以使锻炼者的情绪稳定，性格开朗，疲劳下降，这些非智力成分对人的智力功能具有促进作用。

（3）培养坚强的意志品质。意志品质指一个人的果断性、坚韧性、自制力以及勇敢顽强和主动独立精神。意志品质是在克服困难的过程中表现出来的，又是在克服困难的过程中培养起来的，“在战争中学习战争”，在困境中学习战争困境。体育锻炼中要不断克服客观困难（如气候条件的变化、动作的难度或意外等）和主观困难（如胆怯和畏惧心理、疲劳和运动损伤），从事者越能努力克服主客观方面的困难，也就越能培养良好的意志品质。

（4）治疗心理疾病，增加交际范围。在体育锻炼过程中，运用语言符号系统或非语言系统相互间交流信息，沟通感情，建立起良好的人际关系。体育锻炼多以集体形式进行，从事相同项目锻炼的人群容易以此找到共同话题，拓展工作和家庭之外的人际关系，这一点对于退休后的老年人格外重要。

二、大众健身运动特点、营养需要及补充

随着我国人民生活水平的不断提高，人们的健身意识也得到了进一步增强。参加健身运动所产生的增进健康、缓减压力、减少疾患的积极效应，已经被越来越多的人所认可。运动是健康的促进手段，营养是健康的物质基础。营养与运动关系密切，营养补充是否合理对锻炼效果有直接影响。合理的营养是保证健身运动健身效果的一个有力的保证，不同的健身项目有不同的营养要求。

（一）大众健身营养需要的普遍原则

大众健身营养需要的普遍原则如下。

（1）能源物质的数量和质量应能满足运动要求。健身运动者需要补充充足的热能。糖类宜从主食中摄取，如米、面和馒头，但不宜摄食纯糖类物质。脂肪的摄入应该限制，不宜吃过于油腻的食物，炒菜时宜少放油，摄入肉类以瘦肉为主。一般热量分配按一日三餐的习惯即可，较适宜的分配原则是：早餐占全天热能的25%~30%，午餐占全天总热能的40%，晚餐占30%~35%。

（2）维生素和矿物质补充应当充足。健身运动一般为有氧项目，有氧运动进行过程中，氧的摄入量和消耗量增加，运动引起的自由基生成增多，需要补充一些抗氧化维生

素，如维生素 C、维生素 E 等对抗过多的自由基，保护机体免受伤害。另外，应该多食用含无机盐较多的果蔬类食品，此类碱性食品可以提高机体的碱储备，缓解运动过程中乳酸的堆积。

（3）水分补充应该及时充足。人在运动时，由于体内能量增加，所产生的热量大部分转化为热的形式，使体温上升。出汗成为调节机体热平衡的重要途径。丢失的水分可能来自血浆、细胞外液和细胞内液。失水过多严重影响机体的运动能力，甚至对机体有害，发生脱水现象，增加心血管负荷，引起循环功能障碍，导致肾功能损伤等。所以，运动中应该注意水分的补充。

（4）适当可选用运动营养补剂。运动营养补剂主要是针对运动人群专门设计的。根据种类和功效，健身人群可以适当选用，具体应用策略，后面专文述及。

（二）常见健身项目的特点、营养需要及补充

1. 有氧操类

有氧操类运动包括健美操、踏板操、健身操、搏击健美操、瑜伽、普拉提、健身秧歌等深受群众喜欢的项目。此类项目面向大众，强度和难度相对较低，可以根据练习者的年龄、性别、形体、素质、练习任务的不同而自由选择，具有广泛的适用性。

此类运动项目从准备活动到锻炼结束后力量练习加上放松练习，时间在 60~120min，主要以有氧代谢为主，其特点是单位时间内能量消耗不大，但完成总的运动量时机体总能耗较大，机体消耗大量的脂肪和水。脂肪又通过糖的转化而得到补充，因此在锻炼前后要尽量做到摄入热量和消耗热量的“收支平衡”。健身者的能量供给比例一般为 45%~65%的碳水化合物，20%~35%的脂肪，10%~35%的蛋白质。同时，因为锻炼时间较长，体内糖原大量消耗，伴随大量出汗使水分、电解质丢失。另外，有氧操类项目要求参与者具有良好的灵敏性与协调性，对神经系统有较高的要求，所以对维生素 B_1、维生素 C、维生素 E 的要求也比较高。矿物质则应该突出钙、铁、磷的补充。

因此，项目参与者应该补充食用高糖、高蛋白、低脂膳食，也要注意运动过程中水的补充和盐分的纠正。一些抗氧化运动营养补剂如牛磺酸、谷氨酰胺、番茄红素等也可以配合使用。

2. 传统健身体育项目

传统健身体育项目主要包括太极拳、太极剑、八段锦、抖空竹、五禽戏、功夫扇、木兰扇等。此类项目练习者大都以中老年人为主，运动强度不大，能量消耗较小，营养补充基本上可以参考有氧操类项目。另外，健身气功类也可以参考于此。

3. 快走慢跑类项目

快走慢跑是健身者最常采用的运动方式。特点是对场地要求较低，只要空气清新、无污染，马路上、操场上、公园里、健身房内，都是练习的适宜场所。快走慢跑是最值得推广的有氧运动项目，缺点是过程比较乏味，参与者不容易坚持。现在计步器被广泛地应用于运动强度评价，有研究显示，30min 中等强度的步行相当于 3000~4000 步，而每天步行达到或超过 10000 步，被认为是达到活跃体力活动的标准。快走慢跑运动强度不大，但要取得较好的运动效果，需要坚持至少半小时。此类项目以有氧供能为主，要求有较高的心肺功能及抗疲劳能力，所以营养要求比较全面，需要补充充足的蛋白质和碳水化合物。除此之外，与有氧代谢相关的 B 族维生素和矿物质如铁也需要额外补充；还可以添加抗氧化

维生素和矿物质、提高脂肪代谢速率的 L-肉碱、提高免疫的番茄红素和谷氨酰胺等运动营养补剂，以对抗运动疲劳，提高健身效果。

4. 游泳类项目

游泳类项目属于周期性项目，其特点是动作重复，在特殊环境中进行，阻力大，运动员体能消耗也很大。游泳运动对身体的各器官系统机能有着很高的要求，其身体素质中既包括了爆发力，也包括了速度耐力，其能量代谢特点是随强度与距离不同三大能源系统供能比例有所不同。此外，游泳运动的能量消耗还与水温、游速、游距、水面条件等相关。

游泳项目对热能要求较高，一般忌空腹下水游泳，宜在参加运动之前吃少量碳水化合物。游泳是非常好的减脂项目，但因为要保证足够热量耐受水温，特别是冬泳爱好者，所以相比其他项目对于脂肪的要求稍高，碳水化合物、脂肪和蛋白质的比例宜为 4.1∶1∶1。碳水化合物尽量摄入多糖，少吃纯糖，喝足够的水以补充丢失的体液。对维生素的要求除常规的有氧运动需消耗较多的 B 族维生素外，由于身体长时间浸泡水中，需要补充维生素 A 来维护皮肤和毛发的健康，增强抵抗力，提高视力及水平视觉的适应能力。矿物质中应适当增加碘的摄入，以适应低温环境中甲状腺激素分泌增多的需要。

运动营养补剂也可以选用维生素 E、维生素 C、L-肉碱、番茄红素、螺旋藻、支链氨基酸等，如果是短距离强度较大的，还可以选用肌酸等补剂。

5. 球类项目

A　大球类

大球类项目主要包括篮球、足球和排球，健身者又以前两者为主。

篮球运动属于技能类同场竞技非周期性对抗项目，既有短时间的冲刺、跳跃、投篮、传球等技术动作，又有长时间的对抗、移动等运动方式。篮球运动具有运动强度大、密度高、时间长、对抗激烈的特点，要求运动员在专项速度、整体力量、专项耐力、弹跳力等方面具备较高的整体素质。篮球运动的供能特点是有氧和无氧供能均存在，在突破、变向、加速、急停等技术，以及人盯人、区域紧逼、连续快攻等方面，运动员多以磷酸原和糖酵解系统供能为主，而在一般的慢速推进运球和进攻后回防过程中却多以有氧供能为主。

足球是一种高强度、长时间、间歇性的运动，对运动员的身体素质要求较高，特别是全攻全守打法出现后，对身体素质的要求更加明显。在比赛中，往往由于体能的下降，造成技术动作的变形、拼抢不积极等现象，甚至影响到比赛结果。足球比赛的场地大、时间长，具有体能消耗大、强度大，以及对抗性强、比赛节奏快等特点。足球运动员在比赛中活动特点和跑动形式决定了供能方式为有氧与无氧混合供能，其中，有氧代谢是依靠糖、脂肪供能；无氧代谢是依靠磷酸原和糖酵解供能来完成。

篮球、足球等大球运动要求运动员的膳食供应要丰富，营养要全面，要保证消耗能量的补充。三大能源物质的比例应符合运动的供能特点，每天膳食中三大营养物质比例一般应为：糖占 60%~70%，脂肪占 20%~30%，蛋白质占 12%~15%。其中补充的糖应是易消化的面食、米饭等，尤其在运动前、运动中和运动后都要注意糖的补充；蛋白质应选用优质蛋白，其中动物蛋白应占 60%左右，以促进肌肉生长，组织修复；多吃新鲜蔬菜、水果以缓冲代谢产物的影响。另外，还要适当补充 B 族维生素和维生素 C，以及钙、磷、铁等矿物质和水。补液宜选用低糖、低渗或等渗的运动饮料，不宜选用含咖啡因和酒精的饮料。运动中补液应把握少量多次，积极主动的原则。

使用营养补剂可以考虑肌酸、左旋肉碱等改善能量供给或者番茄红素、谷氨酰胺等抗氧化物提高免疫力。

B　小球类

小球类项目现在受到了更多人的欢迎和追捧，特别是乒乓球、羽毛球和网球，这些项目对力量、速度、耐力、灵敏性、柔韧性等素质均有较高的要求。乒乓球相比网球和羽毛球运动量较小，对爆发力的要求较低。所以，后两项运动的从事者更要注意蛋白质的补充，以保证肌肉力量。除热量要求之外，小球项目因为球体积比较小，球速较高，对视觉要求比较高，故对维生素 A 的要求较高。赛中液体和水的补充也应该注意。B 族维生素参与能量代谢和神经系统的灵敏性，也要注意适当补充。

6. 户外运动

A　爬山、穿越类项目

爬山、穿越类项目是近年流行的户外运动之一。此类项目的特点是强度不高，但持续时间较长，有时甚至是考验体力极限。所以，运动强度特点接近于马拉松项目，而且有些山脉因为海拔较高，又有其特殊性，类似于运动员高原训练时的双重负荷刺激。此类项目要求热能物质要充分，食物中充足的蛋白质可以有效预防运动过程中肌肉的损伤和运动后对损伤肌肉的修复。充足的脂肪可以满足长时间运动的饱腹感，延缓胃排空时间。碳水化合物除直接提供能量之外，还作为脂肪燃烧的引物帮助脂肪彻底燃烧提供能量满足极限负荷的要求。矿物质主要以铁、钙、锌、硒等的补充为主，铁的充分供应是血红蛋白合成的物质保证，锌和硒是体内抗氧化酶类的构成物质，帮助消耗大量氧耗时产生的过多的自由基。维生素补充也宜全面，特别强调 B 族维生素和抗氧化维生素如维生素 C、维生素 E 的补充。运动过程中水分的补充，运动前的糖储备、碱储备都非常重要，运动后的营养支持可以使机体尽快恢复正常水平。另外，可以考虑使用一些特殊营养补剂品，如左旋肉碱、支链氨基酸、肌酸、蛋白粉、牛磺酸、螺旋藻等，帮助加速能量供给、避免肌肉损伤、延缓疲劳等。

B　攀岩

攀岩运动属于极限运动的一种，是指不借助任何攀登工具，但可以有绳索等保护设备，利用岩石上的突起、裂缝、洞穴等天然或人工制造的抓手攀登岩壁的运动。攀岩要求参与者身体匀称结实，身体瘦高，肌肉富有弹性，体重轻，上肢长，骨盆纵轴较短，人体横轴较窄，同时还要求具有良好的身体机能和身体素质。这是因为攀岩要求参与者克服自身的重力向上攀登，所以对四肢力量的要求较高，尤其上肢和手指要有很大的力量。而且攀岩过程中运动员要利用岩壁上那些难以把握的支点（有时甚至只用手指来承受全身的重量）向上攀登，完成各种窜越、腾挪、卷身上等高难度动作，这就要求参与者具有良好的腰腹、背部力量，并要求参与者具有很好的耐力、柔韧和平衡能力。

攀岩运动是对人体身体素质的一种挑战，因此充足的营养和合理的膳食能为运动的进行提供物质保证。饮食上要注意全面、平衡、适量的原则。进行运动前补糖可以增加体内糖储备；在运动中补糖可以提高人体血糖水平，延长攀岩活动时间；运动后补糖可以加速体能恢复，尽快消除攀岩活动的疲劳感。补充能量应使用容易氧化、分解的糖类，比如面食和米饭。水的补充宜少量多次，而且可以将补水和补盐、补糖结合起来，直接使用含低聚糖和盐的运动饮料。因为对肢体力量要求较高，要求参与者有充足的优质蛋白质的补充，所以可以选用瘦牛肉、鸡脯肉、鸡蛋清、牛奶、大豆制品等高蛋白食物，也可以辅以支链氨基酸、肌酸、蛋白粉等运动营养补剂。可以采用一些适合极限活动人群的维生素和微量元素补充剂，同时充分考虑到平时饮食情况，做到有针对性地补充。特别要注意补充盐和钙，这样可使体内的氢离子浓度和渗透压的紊乱恢复正常，缓解肌肉疲劳。

第三节 竞技体育与营养

一、运动员物质代谢综述

人体可通过分解代谢将自身储存的或外界摄取的营养物质分解为小分子物质，又可通过合成代谢将小分子物质合成自身的大分子。这两种代谢途径所进行的物质转化过程称为物质代谢。

（一）糖代谢

糖是自然界分布最广的有机物质，也是组成人体的重要成分之一。人体摄取的糖在消化酶的作用下，转变为可以被人体吸收的葡萄糖分子，经小肠黏膜的上皮细胞葡萄糖运载蛋白转运进入血液，成为血液中的葡萄糖，即血糖。血糖可以合成糖原，成为大分子的糖。在肝脏中合成并储存的糖成为肝糖原，在肌肉中合成并储存的糖成为肌糖原。糖分解代谢过程释放的能量可提供运动的能量需要。运动时，肌肉收缩所需的能量比安静时增加几十倍甚至几百倍，因此，糖是运动过程中十分重要的功能物质。

以无氧代谢供能为主的运动项目，运动前有足够的肌糖原储量是必要的，同时体内糖原的储量与人体的有氧运动能力有密切关系，在长时间运动的最后阶段，肌糖原水平的高低可能是决定胜负的关键因素。运动中，骨骼肌大量吸收和利用血糖，与肝糖原分解和糖异生释放葡萄糖相联系，肝糖原分解释放葡萄糖对运动能力的重要性反映在耐力运动中，与维持血糖水平和中枢神经系统及肌肉的供能过程有关。运动时血糖浓度的变化与运动强度、持续时间、营养状态、训练水平、情绪状态以及运动前或运动过程中补糖的情况有密切的关系。

（二）脂代谢

脂类是存在于生物体内的一类主要的有机化合物，其中脂肪是人体三种基本能源物质之一，是以有氧代谢为主的运动中的主要能源物质。人体摄入的脂肪（甘油三酯）主要来自动物脂肪和植物油。脂肪的吸收与转运过程需要借助机体自身及随食物摄入的各种乳化剂，形成乳浊液后，脂肪才能在体液的水环境中被酶解。脂肪的分解代谢首先是脂肪分解成甘油和脂肪酸，然后再进一步分解成二碳单位，最终生成二氧化碳和水。脂肪分解代谢产生的能量可用于多种生命活动过程。

脂肪是低强度、长时间运动时的主要能源物质。在低强度、长时间运动时，肌细胞内脂肪酸氧化速度是安静状态时的 4~5 倍。在运动时间相同的情况下，强度较大的运动，脂肪的总消耗量也大。当脂肪氧化供能比例增加时，可节约糖原的消耗，从而提高运动员的耐力。

（三）蛋白质代谢

蛋白质及蛋白质代谢是人体生命活动的重要组成部分，植物和动物性食物中均含有蛋白质。蛋白质分解代谢时，首先分解成其基本单位——氨基酸，然后氨基酸再经脱氨基作用等一系列的代谢过程，最终生成氨、二氧化碳和水。氨基酸分解代谢中释放的能量可供运动中的能量需要，但氨基酸分解所供应的能量占人体运动时消耗总能量的比例较糖和脂肪低。

蛋白质代谢包括蛋白质的分解和合成两个部分。在运动中的不同阶段，外源性蛋白质（通过食物途径获得的蛋白质）对体内蛋白质代谢的影响会受到运动因素的影响而有所侧重。运动前，外源性蛋白质更多的是满足机体的一般需要或增加机体蛋白质的储备，此时，外源性蛋白质与机体蛋白质的需求基本处于供求平衡状态。运动结束后，外源性蛋白质可能更多的是满足蛋白质的合成代谢，即组织的修复。

二、运动员的基本膳食营养

运动员营养具有两个基本特点：一个是由于其特有的训练、比赛等职业特性，导致运动员能量和营养需要有别于一般的人群；另一个是由于从事的运动项目不同，运动员的膳食营养具有一定的运动项群和专业特征。以上的两个特点决定了运动员营养与一般普通人群营养模式不同，而是具有许多自身的特点。

（一）运动员的能量需要量

运动员的热量消耗较大，必须供给充足的热量以满足机体的需要。运动员一日能量的总消耗量由以下四部分组成：静息代谢率（RMR，Resting Metabolic Rate）、运动的生热效应（TEE，Thermic Effect of Exercise）、食物的生热效应（TEF，Thermic Effect of Food）和适应性生热作用（Facultative Thermogenesis）。

1. 静息代谢率

静息代谢率在一般非运动人群占每日总消耗的比例最大，为60%~75%，但运动员由于运动训练的能量消耗多，使RMR的比例相对减少。

2. 运动的生热效能

运动的生热效能代表高于基础代谢水平的体力活动所消耗的能量。一个中等强度活动的人，TEE占总能量消耗的15%~30%。在能量消耗的组成成分中，TEE的变异最大，也最容易使之发生变化。高强度运动时能量消耗增加可能达到RMR的10~15倍。除了做功之外，能影响TEE的因素很少。运动员的TEE因运动量（包括运动强度、密度、运动持续时间）的不同有很大的差异。集训队运动员在训练课内的能量消耗范围是1255~10878kJ(300~2600kcal)，平均是4185kJ（1000kcal）左右，约为一日总能量消耗的40%，高的可达到总能量的50%左右。

3. 食物的生热效应

TEF约占总热能消耗的10%，运动员膳食中蛋白质占总热能的百分比较高，常采用基础代谢的15%计算。

4. 适应性生热作用

适应性生热作用也称兼性生热作用，是能量消耗的另一个重要部分。适应性生热作用是由环境温度、进餐、情绪应激和其他因素变化引起的能量消耗，此生热作用低于一日总消耗的10%～15%。适应性生热作用是在人体还很难证明的现象，但可能对长期体重变化有重要影响。国内调查资料报道运动员一日总热能的需要量多在14644～18410kJ（3500～4400kcal），按体重计算为209～272kJ/kg（50～65kcal/kg）。有些运动项目（如乒乓球、体操、围棋、击剑等）的运动员在训练中的紧张神经活动，并不都能反映在热能消耗量的方面。不同项目运动员热量需要量差异较大。

（二）不同项目运动员的膳食营养需要

1. 耐力性项目运动员的营养膳食特点

耐力性项目主要包括马拉松、长跑、长距离自行车、长距离滑雪、长距离游泳和现代体育项目铁人三项等。这些项目的运动强度相对较小、运动持续时间相对较长，以有氧代谢为主。此类项目运动员的膳食营养特点如下。

（1）以高能量膳食为主。该类运动员膳食应提供充足量以满足需要，否则可能导致运动能力下降。膳食蛋白质应占总能量的12%～14%，为促进肝内脂肪代谢，应提供牛奶、奶酪、牛羊肉等富含蛋氨酸的动物性食物。耐力性项目运动员膳食脂肪可略高于其他项目运动员，达到总能量的30%～35%。膳食碳水化合物供能应占总能量的60%～70%。比赛当日应食用低纤维食物，以利于训练和比赛的正常进行。

（2）增加糖原储备。糖原储备量对运动耐力极为重要。为提高运动能力和促进疲劳消除，推荐运动员每千克体重摄入糖8～10g。

（3）及时补液。耐力项目运动员应注意适当补充水分、电解质，以及维生素B、维生素C、维生素E等。耐力运动中出汗量大、失水率高，运动员容易发生脱水，因此应重视在运动前、中、后及时补液，以利于维持机体内环境的稳定。B族维生素和维生素C的供给则应随能量消耗的增加而相应增加。

（4）补充铁。耐力性项目运动员容易发生缺铁性贫血应提供铁含量丰富的食物。

2. 力量、速度项目运动员的营养膳食特点

力量性和速度性运动项目要求力量和速度，如短跑、有阻力的骑车、短距离游泳、划船、冰球、足球、橄榄球、举重、投掷、摔跤等。该运动项目具有强度大，运动有间歇等特点，人体处于缺氧状态，以无氧代谢供能为主，同时有大量乳酸产生。其膳食营养特点如下。

（1）膳食应提供丰富的蛋白质。力量性运动员蛋白质代谢增强，对蛋白质的需要量增加。我国建议力量性项目运动员蛋白质供给量应达到每千克体重摄入2g，其中优质蛋白质至少占1/3。

（2）合理使用营养补剂。增加体内磷酸肌酸储备量，可增强运动能力。

（3）食物多样化。力量性项目运动员也应采用平衡膳食，膳食中应含有丰富的碳水化合物、维生素和矿物质等营养素。

3. 灵敏、技巧项目运动员的膳食营养特点

击剑、体操、跳水和跳高等项目运动员在训练中神经活动紧张，动作为非周期性，运

动形式复杂多变，并对协调、速率和技巧性要求较高；同时也需要运动员具备良好的力量、爆发力、速度乃至耐力等运动能力，但日能量消耗相对较少。其膳食营养特点如下。

（1）科学控制体重。运动员为完成复杂的高难度动作，通常采取控制饮食措施来控制体重和体脂水平，因此这一类型的运动员的膳食能量摄入量较低。

（2）增加维生素和矿物质的摄入。灵敏、技巧性项目运动员在运动过程中神经活动或视力活动紧张，对维生素、矿物质等营养素的需要量较大。食物应提供充足的蛋白质、B族维生素、钙、磷等，如维生素 B_1 的供给量应达到 4mg/d。

4. 球类项目运动员的膳食营养特点

球类项目包括篮球、排球、足球和冰球等，属于集体团队合作性项目，要求运动员具备力量、耐力、灵敏、速度、技巧等多方面的素质，运动强度大，多变，运动员能量消耗较大，其膳食供给应根据运动量的大小，保证充足的能量，均衡膳食。运动员的膳食应以糖类为核心，实施全面营养补充，同时需要及时补液。

（三）运动员比赛期的膳食营养

比赛期的运动员往往心理压力比较大，易出现兴奋和精神集中的生理紧张状态，身体器官变得非常敏感，肠蠕动减慢，从而使运动员消化机能减弱，出现食欲减退和腹部不适，导致身体机能和自身免疫力下降，进而影响运动成绩。运动员比赛期的膳食营养要从赛前、赛中、赛后三个方面进行监督和科学调配。

1. 运动员赛前调整期的膳食营养特点

比赛期来临之前一阶段的营养安排，对运动员比赛时的体内运营状况和机能状况有很大关系。一般以比赛前 10 天为训练调整期，营养也随之调整。此时的营养任务主要是使运动员保持适宜体重，增加体内维生素储备、碱储备及糖原储备。具体要求是：

（1）随运动量的减小相应减少摄入，以免热量过多使体重增加；

（2）适当减少蛋白质和脂肪，以免增加体内酸性；

（3）增加碳水化合物以提高糖原储备，耐力项目可用糖原充填法；

（4）增加矿物质以提高碱储备；

（5）增加维生素供给量。

根据比赛时的情况调整进餐时间与食物组成，使运动员逐渐适应比赛时的膳食。

2. 赛前一餐的营养

运动员在比赛期中处于高度紧张状态，消化机能较弱，赛前一餐对运动员在比赛时的生理状况有很大影响，安排不当会妨碍运动能力的发挥。短时间的比赛项目不存在比赛中营养不足的问题，但长时间的比赛项目各种消耗较大，因此赛前一餐的营养十分重要。总的原则是：赛前一餐要不妨碍比赛时机体的各种生理应激反应，有利于体内代谢的进行。具体要求如下。

（1）食物量不要太多，热量摄入为 2010~4200kJ（500~1000kcal），即以七成饱为宜。

（2）食物要宜消化吸收，不含粗纤维和易产气的食物，如芹菜、韭菜、大豆等。

（3）热量来源一般要求高糖、低脂肪、低蛋白质。但长时间比赛项目可适当增加脂肪，以免过早发生空腹感和血糖水平下降。

（4）用平时已经习惯的食物。

（5）于赛前2.5~3h就餐。

（6）低盐，摄入盐过多会增加机体排水。

（7）赛前可吃糖，这对节省体内糖原，防止低血糖和延迟疲劳发生有一定意义。吃糖的时间因项目而异，短时间的项目（持续时间在40min以下）在赛前半小时内吃，长时间的比赛项目则在比赛前2h吃，应避免在赛前30~90min内吃糖，以避开胰岛素效应时间。运动中糖的最大吸收量是每小时50g，吃糖量以每千克体重1g为宜。补糖的类型以复合糖或低聚糖较好，不宜用单糖或双糖。

（8）赛前还可服用维生素C，用量为150~200mg。由于维生素C是在服后30~40min起作用。因此，短时间项目应在赛前30~40min时服用，长时间项目在赛前服用。必须注意的是，只有在重大比赛时才有必要补充糖和维生素C，切忌滥用。

（9）对有大量出汗情况的比赛，可在赛前一天摄入充足的水，一般约2500mL，使体内有充足的水储备。

3. 运动员比赛期的膳食营养特点

运动员在比赛，尤其是长时间、高强度的比赛中会大量出汗，这会导致水、无机盐和维生素的丢失。如果补液不及时还会出现不同程度的脱水症状，使心脏负担加重，影响体温调节功能。同时，运动中还会大量消耗糖，使运动能力降低，出现疲劳状态。因此，运动员在比赛中的补液、补糖也是至关重要的。

A 补液

水在人体的新陈代谢中有很重要的作用，运动员在比赛中会由于出汗而丢失大量的水分，同时维生素和无机盐也会随之而丢失，这会导致体液处于相对的高渗状态，对机体的体温调节、电解质平衡等有破坏作用。比赛中补水应选用低渗溶液，即溶液中糖、维生素、无机盐的含量要低，同时补水要采用少量多次的原则。一次性补充水量太大会导致血钠浓度下降，同时增加胃肠和心脏的负担。补水的时间和方式要根据比赛项目的特点进行，运动员在赛前就要有适量的补水，对于耐力性项目，如马拉松、竞走、铁人三项等运动时间很长，出汗量也很大，在运动过程中要尽可能定时补水，避免出现口渴时再补水；对于一些间歇性比赛项目，如羽毛球、网球、足球等，运动员要在比赛的间隔时间根据自身的失水情况进行补充。

B 补糖

运动中补糖、增加糖储备可显著改善糖代谢环境，提高运动能力，节省肝糖原，减少蛋白质的消耗，有利于能量平衡和氮平衡。运动员在比赛中补糖多以摄取糖饮料或容易吸收的含糖食物，其中以摄取糖饮料为佳，宜选用葡萄糖、果糖、低聚糖和复合糖饮料，运动中的补糖可有效延缓中枢神经系统疲劳的发生。

4. 运动员赛后的膳食营养特点

运动员赛后由于肌糖源耗竭、乳酸堆积等因素会产生疲劳感，赛后的膳食营养有助于尽快消除疲劳和使运动员恢复良好的运动能力，包括机体能源的恢复、骨骼肌及供能物质的恢复、机体消除自由基能力的恢复等。

（1）补液与补糖。运动员赛后要及时补充水和电解质，时间越早越好，以尽快恢复机体正常的水平衡和电解质平衡。补液仍以少量多次为原则。运动后补糖是为了尽快缓解疲劳和促进体力恢复，加强肝糖原和肌糖原的合成与储存。运动后每小时至少摄入50g糖才可使肌糖原的合成达到最佳的速率，此外，膳食中的糖所提供的能量要占总能量的70%。运动后补糖开始得越早越好。

（2）维生素、无机盐的补充。运动员在运动过程中的大量出汗可导致水溶性维生素的丢失；运动过程中产生大量自由基，自由基是机体产生疲劳的主要原因之一，为尽快消除自由基、促进体能恢复，应适量补充维生素C、维生素E和p-胡萝卜素。运动中机体代谢旺盛，无机盐的消耗增加，大量出汗也导致钠、钾、铁、镁、锌等无机盐的丢失。钠、钾的丢失会使机体出现肌肉无力、恶心呕吐，因此运动后应补充适量的钠、钾以满足机体所需，通常在运动饮料中加入一定量的钠盐和钾盐来补充，新鲜水果和蔬菜中也含有大量的无机盐。

（3）蛋白质和氨基酸的补充。运动会引起人体蛋白质利用增多和组织损伤，赛后运动员对蛋白质的补充可使机体消耗的蛋白质得到恢复、修复损伤的组织，还可以促进机体红细胞及肌肉蛋白质的合成。补充蛋白质时宜选用优质蛋白质进行补充，游离氨基酸是较好的蛋白质补充形式，可根据需要随时补充。运动后适量补充谷氨酰胺可促进运动员免疫力的恢复，同时还可促进胰岛素的分泌，加强肌肉蛋白的合成，对运动能力的保持和增加有利。适量补充甘氨酸、精氨酸、鸟氨酸等可促进生长激素的分泌，有助于尽快恢复体能。

（4）适量补充碱性物质。运动过程中会有酸性物质尤其是乳酸的生成，酸性物质的堆积是导致机体疲劳的原因之一。赛后适当摄入一些碱性食物会加快体内酸性物质的消除，也可通过补充碱性饮料来促进体内酸碱平衡。大多数的水果和蔬菜因富含钙、镁、钾等元素在人体内代谢终产物为碱性，故可通过摄入足量的碱性食物来缓冲酸性代谢物，促进机体疲劳的消除，尽快恢复身体机能。

三、运动营养补剂

随着竞技体育的发展，运动员只有不断接近和超越人类的极限才可以拿到理想的运动成绩。为支持运动继续进行，体内代谢速度加快，能源物质被大量消耗，乳酸等代谢产物蓄积体内，内环境发生相应变化。在这种情况下，仅靠常规或者普通人群膳食指南是不能够满足机体运动需要的，有必要使用特殊的运动营养补剂来帮助运动员适应训练计划，但不能超出国际奥委会药品管理委员会所规定违禁药物与违禁方法（技巧）的界限。

（一）功能饮料

在国外一般认为，所有添加了营养成分的饮料都可以称为功能饮料。功能饮料大致可以分为运动饮料、能量饮料和保健饮料三种。运动饮料是指营养素的组成和含量能适应运动员或参加体育锻炼、体力劳动人群的生理特点和其特殊营养需要的饮料，主要添加了一定量的低聚糖，辅以钾、钠、钙、镁等适量的电解质，渗透压要低于或者等于血浆渗透压，无碳酸、酒精和咖啡因等成分。能量饮料主要是添加了增强人类体能的成分，如添加支链氨基酸、蛋白粉、肌酸等优质蛋白质，也可添加加速体内代谢的相关维生素和微量元素，有提高人体耐力的作用。保健饮料就是添加了对人体有保健作用的营养成分的饮料。

运动饮料适合在剧烈运动、人体大量流汗失水后饮用。运动饮料成分与人体体液相似，饮用后能迅速被机体吸收，及时补充损失的水分和盐分，使体液达到平衡状态。但是对于心脏病和高血压患者来说，其中所含的钠元素会增加机体负担，引起心脏负荷加大、血压升高。因此，在没有运动流汗的情况下，以上人群也不适合饮用。

（二）氨基酸类补剂

1. 支链氨基酸

支链氨基酸是身体的肌肉蛋白质的重要部分，由异亮氨酸、亮氨酸和缬氨酸组成，均为人体必需氨基酸。当超过30min的长时间运动时，身体需要更多燃料和能量，BCAA就被当作能源物质消耗，血液中游离色氨酸浓度升高，进入大脑转变为5-羟色胺，使中枢系统进入疲劳，故支链氨基酸可以有效延缓中枢疲劳的发生。支链氨基酸也可以恢复身体的水分和电解质，迅速恢复肝糖原储备，增强肌肉耐力和重建肌肉内的蛋白质；在运动中可被氧化分解提供能量生成ATP供给运动使用。此外，支链氨基酸同骨骼肌的合成有着密切的关系，是体内骨骼肌供能的主要氨基酸。训练期间摄入支链氨基酸能刺激生长激素的释放和提高胰岛素水平，从而起到促进合成代谢的作用。

2. 谷氨酰胺

谷氨酰胺是一种氨基酸，是肌肉中最丰富的游离氨基酸，也是脑部的主要能源，占人体游离氨基酸总量的60%。它可以促进肌肉蛋白合成和肌细胞生长，从而提升肌肉力量和质量。若运动时不能及时地补充足够的谷氨酰胺，机体就会分解肌肉蛋白以满足机体对谷氨酰胺的需求。这不仅影响了肌肉的大小、肌肉的力量，而且还会降低机体的免疫能力。及时适量地补充谷氨酰胺能有效地防止肌肉蛋白的分解，增加细胞体积，促进肌肉增长；同时谷氨酰胺还可刺激生长激素、胰岛素和睾酮的分泌，使机体的新陈代谢处于合成状态。但如果大量补充谷氨酰胺，在体内代谢生成过多的将导致血氨浓度升高，对运动能力会产生一定的负面作用。

3. 牛磺酸

牛磺酸是一种具有多种生理活性和生理功能的含硫氨基酸，存在于动物体内，具有多种药理活性，广泛用于医药、食品、乳制品、饮料、豆制品、滋补品、营养液、复合味精等领域。作为营养强化剂，牛磺酸具有保肝、利胆、解毒、促进代谢、促进婴幼儿智力发育，维护正常的视觉机能，提高人体免疫功能等作用。其主要药理作用为：

（1）影响脂类的吸收；

（2）能促进垂体激素分泌，活化胰腺功能，从而改善机体内分泌系统的状态，对机体代谢以有益的调节，并具有促进有机体免疫力的增强和抗疲劳的作用；

（3）防止心血管病；

（4）可与胰岛素受体结合，促进细胞摄取和利用葡萄糖，加速糖酵解，降低血糖浓度；

（5）有松弛骨骼肌和拮抗肌强直的作用。

4. 肌酸

肌酸是一种氨基酸，存在于鱼、肉等食物中，但数量很少，在肌肉中以肌酸和磷酸肌酸的形式存在。人体运动时主要由ATP提供能量，但人体内ATP储备很少，需要不断合成，而磷酸肌酸可促进ATP的合成，满足人体在高强度运动时对于能量的快速需求。然而在高强度运动中，肌肉中储备的磷酸肌酸在6~8s后耗竭。补充肌酸可以增加骨骼肌中肌酸含量，使更多的肌酸与磷酸相结合，增加肌肉中磷酸肌酸浓度，从而提高肌肉快速收缩能力，提高速度耐力和爆发力。补充肌酸后，当ATP再合成速率增加，满足大强度运动需要的糖酵解供能部分就相应减少，因此乳酸的堆积也会随之减少，从而延缓疲劳的发生。另外，有效补充肌酸可以加速运动后磷酸肌酸的恢复。

（三）蛋白类补剂

1. 乳清蛋白

研究结果表明，对于大运动量锻炼的人群及从事各种不同类型项目的运动员，需增加蛋白质的供给量，使摄取量超过现在一般人群的每天膳食中蛋白质供给的平均量。目前，最流行的蛋白质补充品中最好的是乳清蛋白。乳清蛋白主要由B-乳球蛋白、a-乳白蛋白、免疫球蛋白和乳铁蛋白等组成，具备最佳的氨基酸比例，支链氨基酸含量极高，对促进蛋白质合成和减少蛋白质分解起着重要的作用，有助于健身爱好者塑造优美体型。

2. 大豆蛋白

大豆蛋白质的氨基酸组成与牛奶蛋白质相近，除蛋氨酸略低外，其余必需氨基酸含量均较丰富，是植物性的完全蛋白质，在营养价值上，可与动物蛋白等同。

大豆蛋白不含胆固醇，它特有的生理活性物质——大豆异黄酮可降低血浆三脂酰甘油和低密度脂蛋白水平，对于缓解机体钙流失，防治骨质疏松有积极意义。

（四）加速代谢类补剂

1. 左旋肉碱

左旋肉碱是一种类似维生素的重要营养物质，又称L-肉碱或卡尼汀或维生素BT，是脂肪分解产物游离脂肪酸进入线粒体彻底氧化分解的唯一载体。在人体内，赖氨酸、蛋氨酸和烟酸等物质可合成少量的左旋肉碱，红肉和动物产品是左旋肉碱的主要食物来源。其来源于食物而且人体自身可以合成，所以并无副作用。耐力性项目运动员和减脂人群，在运动的同时补充左旋肉碱，有利于脂肪的顺利运输，可以加速脂肪燃烧，从而达到消耗体脂，提高能量输出功率的效果。

2. 1,6-二磷酸果糖（FDP）

FDP是细胞内糖代谢的中间产物，作为细胞内供能物质它通过改善和增强糖代谢，加速糖酵解生成ATP。FDP可以保护细胞膜，降低自由基对细胞膜的损害，特别对心肌负担重的、有憋气动作的力量性运动，FDP具有保护心肌的作用，由于细胞膜得到保护，可减轻细胞膜内外离子的紊乱（即K^+外流，Ca^{2+}、Na^+内流，使细胞膜电位改变，肌肉兴奋性失常）而引起的疲劳。与此同时，FDP还有保护红细胞的作用，提高红细胞膜的韧性，阻止运动造成的红细胞破坏，从而防止运动性贫血。

3. 丙酮酸

丙酮酸是糖在细胞质中无氧代谢的中间产物，在机体相对或绝对缺氧的情况下，丙酮酸继续代谢生成乳酸，释放能量；在氧气充足的条件下，丙酮酸又可以进入线粒体生成乙酰CoA，通过三羧酸循环被彻底氧化生成ATP。丙酮酸还可以通过丙酮酸羧化支路生成草酰乙酸，后者是脂肪酸能够彻底氧化的限速底物之一，补充丙酮酸有利于脂肪酸的彻底氧化，加速脂肪代谢，避免酮体的过多生成。服用丙酮酸也可以通过改善血浆中高密度脂蛋白和低密度脂蛋白的分布密度，从而降低血浆三酰甘油的水平。丙酮酸主要适用于耐力性运动项群和对体重要求比较严格的项目，通过促进肌肉吸收利用血糖、节省肌糖原，促进脂肪酸代谢，改善机体的成分，来达到提高运动成绩或减脂的目的。

（五）促进激素分泌补剂

1. 蒺藜皂甙

蒺藜又称白蒺藜、刺蒺藜，是蒺藜科蒺藜属植物。其提取物中主要含皂甙、黄酮和生物碱等，能够刺激人体垂体促性腺激素的分泌，进而影响下丘脑-垂体-性腺轴的功能，促进睾酮合成、分泌，进而提高血睾酮水平。睾酮对于骨骼肌的合成、促红细胞生成素的产生和磷酸肌酸的合成均有显著影响，可以增加肌肉力量，促进骨髓造血和体力恢复。

2. 鸟氨酸和 α-酮戊二酸（OKG）

OKG 是一种化学合成剂，由天然的鸟氨酸和 α-酮戊二酸（α-ketoglutar-ate acid）结合构成。服用 OKG 后，不但能提高生长激素、胰岛素和胰岛素样生长因子 I 的水平，而且可抑制肌纤维的降解，节约蛋白质，起到修复肌肉损伤的作用；OKG 还可以阻碍因外伤引起的肌肉内“谷氨酰胺池”水平的降低，促使空肠内谷氨酰胺的浓度上升，从而提高机体免疫功能。对运动员和健美者来说，OKC 可用来促进肌肉体积和力量的增长，降低蛋白分解率，同时具有减少体脂的作用。

3. 铬制剂

铬是人体必需的微量元素，参与机体的糖和脂肪代谢，促进机体的生长发育。铬在糖代谢中作为胰岛素的“协同激素”，通过葡萄糖耐量因子（GTF）协助和增加胰岛素作用。GTF 可调节胰岛素与细胞膜、胰岛素受体上的巯基形成二硫键，促使胰岛素发挥作用。当铬缺乏时胰岛素的生物活性降低，糖耐量受损，对胰岛素的敏感降低，影响机体对葡萄糖的摄取和糖原的合成。目前认为，铬对糖代谢的作用主要影响是促进葡萄糖通过细胞膜进入细胞内，促进葡萄糖磷酸化及氧化，促进糖原合成和抑制糖异生。

（六）抗氧化抗疲劳补剂

运动时自由基的过多产生是诱发运动疲劳的因素之一。运动中或运动后机体的耗氧增加，或者是特定通路的激活，是活性氧产生的主要来源，目前普遍认为自由基的产生与即刻剧烈运动或运动后的许多细胞、组织、器官水平的紊乱有直接关系。在正常情况下，有氧生物在进化过程中形成了抗氧化酶［如超氧化物歧化酶（SOD）、谷胱甘肽过氧化物酶（GSH-Px）和过氧化氢酶（CAT）］及其他抗氧化系统氧化物质［如维生素 E、维生素 C 和谷胱甘肽（GSH）等］，共同形成自由基防御体系，可以清除体内过多的自由基，使自由基的浓度保持在很低的范围，不会对机体造成伤害。但是，当过度训练或物理、化学因素刺激，体内自由基就会增多，使自由基的产生与清除之间的平衡状态被破坏，结果自由基的浓度超过了伤害“阈值”，则可能产生广泛的细胞和组织损伤并导致多种病理紊乱。因此，补充抗氧化剂以对抗运动中生成的大量自由基是延缓运动性疲劳的发生、促进运动后疲劳的消除和身体功能恢复的主要手段之一。

目前，常用的抗氧化剂有维生素 C、维生素 E、辅酶 Q10、番茄红素、大蒜素、螺旋藻、牛磺酸、褪黑素、几丁质、壳聚糖、谷氨酰胺、β-胡萝卜素、香菇多糖、大豆皂甙、人参皂甙、花青素、姜黄素、银杏黄酮、葛根提取物、蒺藜皂甙、白藜芦醇、绞股蓝、茶多酚、槲皮素、异硫氰酸盐、谷胱甘肽过氧化物酶模拟物等。运动员常用的运动营养补剂见表 6-1。

表 6-1　运动员常用的运动营养补剂

补剂类别	名　称	主要功能
功能饮料	运动饮料	维持血糖和体液平衡，促进体温调节
	能量饮料	补充能源物质
	保健饮料	添加功能性成分，如提高兴奋性、降低血脂等
氨基酸类补剂	支链氨基酸	改善中枢神经系统的兴奋性，提供能量，促进肌肉力量的增长，提高机体的免疫能力
	谷氨酰胺	抗氧化，提高免疫力，保持正氮平衡，促进糖原恢复，加快运动后或损伤后恢复
	牛磺酸	抗氧化，维持生物膜稳定，调节渗透压
	肌酸	提高磷酸原贮备
	磷脂酰丝氨酸	抑制大负荷训练期间皮质醇的升高，改善下丘脑-垂体-性腺轴机能，有利于机体内源性睾酮的分泌
	γ-氨基丁酸	促进机体生长激素的分泌，降低运动员的焦虑感，促进睡眠
	L-精氨酸	抗血管内膜损伤，促进人体内源性生长激素分泌并可以调节下丘脑-垂体-性腺轴的机能
	HM-β	抗蛋白质分解的作用，增加去脂体重，有利于维护细胞膜的完整性
蛋白质类补剂	乳清蛋白	提高机体免疫功能，延缓中枢神经系统疲劳的发生和发展，提高机体的抗氧化能力，促进机体蛋白质的合成
	大豆蛋白	促进机体蛋白质的合成，降低血浆甘油三酯和低密度脂蛋白水平，补钙防治骨质疏松
加速代谢补剂	左旋肉碱	促进脂肪酸的分解代谢，促进乳酸和氨的消除，减少乳酸的堆积
	1,6-二磷酸果糖	维持细胞膜完整，提高运动员机能水平，促进运动时糖酵解供能系统的供能能力
	丙酮酸	改善机体成分，提高有氧代谢能力，改善心血管机能

续表 6-1

补剂类别	名　称	主要功能
促进激素分泌补剂	蒺藜皂甙	提高自身睾酮分泌的水平，促进肌肉增大，提高免疫系统能力，抗氧化，防衰老
	乌氨酸 α-酮戊二酸	促进内源性胰岛素、生长激素的分泌，抑制体内蛋白质的降解，促进免疫系统功能提高
	铬制剂	促进内源性胰岛素分泌的作用
	硼制剂	刺激自身睾酮分泌的作用
抗氧化抗疲劳补剂	维生素 C	抗氧化，促进铁吸收，提高免疫力
	维生素 E	抗氧化，维持细胞膜完整，保持正常免疫功能
	番茄红素	抗氧化，提高免疫力，有助于降低癌症和心脏病的发病率
	螺旋藻	抗氧化，提高免疫力
	β-胡萝卜素	抗氧化，提高免疫力，维持视力
	硒制剂	提高免疫力，抗氧化，对心血管具有保护作用

第七章 身体素质

第一节 力量素质

力量素质是指肌肉活动时对抗或克服阻力的能力，是人体完成各种随意运动的动力来源。人体的所有运动几乎都是对抗阻力而产生的，良好的力量素质可以维持和提高身体的稳定性，从而有效地降低和防止运动损伤，保证运动训练的正常进行。因此，力量素质是人体最重要的身体素质，被称为身体素质的素质。

一、力量素质的生物学基础

力量素质主要与肌肉的体积、肌肉长度、肌纤维的类型、神经系统的调节能力及激素有着密切关系。

（一）肌肉体积

随着肌肉体积的增加（肌肉肥大）肌肉力量也将增加，有学者研究发现体重与机体力量的大小呈正向相关性，机体肢体不运动后，肌肉体积随之减小，肌肉力量出现下降，肌肉体积大小与肌肉力量常表现出一致性关系。肌肉肥大发生的机制包括两方面：一方面是急性的肌肉肥大；另一方面是慢性的肌肉肥大。

急性肌肉肥大是指肌肉在一次性运动后表现出的肥大现象，其主要原因为液体在肌肉空隙和细胞间的聚集（即水肿），液体的主要来源为血浆。其特点是通常持续时间短，在运动后的数小时内消失。

慢性肌肉肥大是指肌肉在长时间的运动后表现出的肥大现象，其形态结构上变化的主要原因为肌纤维横截面积的增大或肌纤维数目的增加。肌纤维数目的增加指肌纤维在运动训练过程中表现出的肌纤维分裂或生成现象。有学者通过动物实验研究发现，力量训练可增加肌纤维数量，即造成肌细胞增生，从而使肌肉体积增加、力量增大。但是，也有一些学者认为，力量训练并没有增加肌纤维的数目，所谓肌纤维增生可能是羽状肌肥大时肌纤维走向发生变化的缘故。因此，运动训练能否引起肌纤维数目的增加还有待于进一步研究。

肌肉体积减小主要是机体固定后肌肉出现的萎缩现象，研究证明，机体固定数小时后蛋白质的合成速度下降，在固定后第一周肌肉力量会以3%~4%的速度递减。肌肉萎缩主要对慢肌纤维造成负面影响，具体表现为Z线流圆盘状和线粒体的破坏，结果呈现出肌纤维横截面积的减小和慢肌纤维比例的下降。

（二）肌肉长度

肌肉长度是指肌肉两端肌腱之间的长度。在自然状态下，肌肉的长度越长，肌纤维中所含的肌小节数量越多，肌肉收缩时缩短的程度和产生的力量也越大。

肌肉在收缩时的初长度与肌纤维中每个肌节的长度有关，研究发现，单一肌节处于最适长度时产生的张力最大，过长或过短的肌节长度产生的张力皆小。在一定范围内，肌肉产生的力量随肌肉的初长度的增加而逐渐增大，当肌肉初长度增加到某一长度时，肌肉将产生最大收缩力量，此长度称为最适初长度，其原因与活化的横桥数目有关。已证明，肌纤维收缩力量的大小主要取决于活化横桥的数目，当肌肉处于最适初长度时，粗微丝肌球蛋白横桥和细微丝肌动蛋白结合的数目最多，即参与收缩的横桥数目达到最大值，因而肌纤维产生最大收缩力量；反之，肌肉初长度过长或过短都会因参与收缩横桥数目减少而导致肌肉收缩力量下降。另据报道，肌肉被拉长后立即收缩产生的力量远大于间隔一段时间后再收缩时所产生的力量，其原因是肌肉被拉长后快速收缩，可使肌肉在获得最适初长度的同时，能够产生牵张反射，从而反射性地提高肌肉的收缩力量。

（三）肌纤维类型

力量不仅取决于肌肉的体积而且决定于肌纤维的类型。根据肌肉的收缩速度，骨骼肌纤维类型可以分为快肌 a（Ⅱ型 a）、快肌 b（Ⅱ型 b）和慢肌（Ⅰ）三种类型。肌纤维类型与力量有着密切的关系，快肌纤维的收缩力量明显大于慢肌纤维，快肌纤维的收缩速度明显高于慢肌纤维，但慢肌纤维的抗疲劳能力明显强于快肌纤维。

研究表明，两种肌纤维收缩力量的差异与本身的组成及支配它们的神经元的兴奋性有关。由于快肌纤维内具有更多的肌原纤维和较快供能速率，快肌纤维输出功率大于慢肌纤维，快肌纤维收缩时产生的力量也大于慢肌纤维。此外，由于支配快肌纤维的运动神经元胞体较大、突触小体内乙酰胆碱囊泡数量较多、兴奋阈值较高，且支配的肌纤维数量较多，神经元兴奋时可引起较多的快肌纤维收缩而产生较大的力量；而支配慢肌纤维的运动神经元却与之相反，即神经元胞体较小、突触小体内乙酰胆碱囊泡数量较少、兴奋阈值较低，且支配的肌纤维数量较少。因此，较小的刺激即可产生兴奋，从而引起较少数量的肌纤维收缩而产生较小的收缩力量。

另据报道，人体肌肉中肌纤维类型数目百分组成主要受遗传因素的影响。例如，男性受试者骨骼肌中慢肌纤维百分组成的遗传度为96.5%，女性为92.0%。由此可见，后天训练很难改变肌纤维类型数目的百分组成，但是长期运动训练却能引起肌纤维产生选择性肥大，从而使肌纤维面积百分比组成发生显著的特异性变化。比如，耐力性运动训练可引起慢肌纤维面积百分比组成增加，速度、爆发力运动训练可引起快肌纤维面积百分比组成增加等。目前认为，力量训练对快肌纤维和慢肌纤维的横断面积和收缩力量均可产生一定的影响，但是力量训练对快肌纤维的横断面积和收缩力量的影响程度远大于慢肌纤维，因此快肌纤维对力量训练具有更好的适应性。

（四）神经系统的调节能力

力量并不完全由肌肉的性质所决定，其与神经控制能力也有一定的关系，神经控制能力可以有效调节肌肉内运动单位的募集。神经系统对肌肉的调节能力主要通过协调各肌群之间的活动、增加同步兴奋收缩运动单位的数量来实现。因此，神经系统良好的调节能力不仅可提高神经系统对运动单位的募集能力，而且还能改善主动肌、协同肌及对抗肌之间的协调关系，从而更加有效地提高肌肉的收缩力量和效率。

1. 中枢神经系统的募集能力

中枢神经系统的募集能力是通过中枢神经系统发放神经冲动的频率（即放电频率）、强度，以及运动神经元同步化兴奋的变化来实现。当中枢神经系统兴奋性提高时，支配肌肉活动的运动神经元同步兴奋的数目增加，发放动作电位的频率增高，因而使参与收缩的运动单位数目增多，肌肉收缩力量增大。

长期、系统的力量训练可改善大脑皮质运动中枢的功能，使其表现出兴奋过程强而集中的特点，并能提高运动神经元的放电频率，从而动员更多的运动单位同步参与收缩，提高肌肉的绝对力量。

2. 神经系统的协调能力

中枢神经系统在调节肌肉收缩活动时，除要求主动肌兴奋收缩外，还需要协同肌的配合，以及对抗肌的放松。中枢神经系统内中枢间良好的协调能力不仅可减少无谓的能量消耗，而且有助于主动肌产生更大的收缩力量，从而发挥出更大的收缩效益。

研究证明，长期力量训练可使大脑皮质支配肌肉活动的神经中枢在时间、空间上更加准确而及时地产生兴奋和抑制，从而改善主动肌、协同肌以及对抗肌之间的协调关系，提高肌肉力量。通过对不同训练水平运动员肌电图的研究发现，优秀运动员在完成相同动作过程中，肌肉动作电位集中发生在动作时相，这表明优秀运动员中枢活动具有协调性高、运动神经中枢内兴奋过程高度集中的特点；而缺乏训练者，肌肉动作电位持续时间较长，动作电位可延迟到肌肉的舒张期，这表明运动中枢间协调能力较差，因而不利于肌肉产生更大的收缩效益和力量。例如，手持哑铃做屈肘动作时，除肱二头肌强烈收缩外，伸肘的肱三头肌必须适时地放松。假如肱三头肌不能及时放松，势必会增加肱二头肌收缩的阻力，从而降低收缩效益，影响肌肉力量。因此，支配各肌群中枢间良好的协调能力对于提高力量素质至关重要，特别是对抗肌放松能力的提高，其效果更加明显。

3. 激素

大多数学者研究认为，人体内分泌系统与力量大小有着密切关系，生长激素（GH，Growth Hormone）和睾酮（T，Teslosterone）对机体肌肉力量影响较大。GH 通过激发胰岛素样生长因子（IGF，Insulin-like Growth Factor）而增强肌肉力量，GH 可以促进肌肉蛋白质合成、增加萎缩肌肉体积、改善肌肉功能，IGF 可以加强骨骼肌细胞间氨基酸和葡萄糖转运，增加骨骼肌血液供给，促进肌蛋白合成，抑制其分解。T 可以刺激肌肉摄取氨基酸，促进肌纤维生长，T 对肌肉体积增大起着重要作用。

二、发展力量素质的训练方法

（一）力量训练的原则

1. 超负荷原则

超负荷是指练习时所采用的阻力负荷超过本人已经适应的负荷，或超过平时的一般负荷，但并不是超过本人所能承受的最大负荷。超负荷力量训练应以训练目标为依据，超负荷增量不宜过大，否则会因负荷增量过大而改变力量练习的性质，即发展其他类型的力量素质。

2. 渐增负荷原则

渐增负荷原则是指力量练习过程中，随着训练水平的提高，肌肉克服的阻力逐渐增加的训练原则。渐增负荷力量训练是一个连续、渐进的过程，运动负荷递增的速率不宜过快，幅度也不宜过大。否则，肌肉会因过度训练而出现运动性损伤等现象，反而不利于运动训练，从而降低力量训练的效果。

渐增负荷大小可因个体训练水平而定，有学者提出，以 8RM 负荷进行练习，随着肌肉力量的增加，负荷次数逐渐增加，直至 12 次（12RM），此时增加负荷再到 8RM，即“负荷 8，训练到 12”。如果训练水平较低，可采取“负荷 10，训练到 15”或“负荷 15，训练到 20”的训练方法。若发展绝对力量，可采用“负荷 1，训练到 5”等。

3. 专门性原则

专门性原则（又称为特异性原则）是指训练方法应尽量和专项力量的要求及专项技术结构相一致的训练原则。专门性原则主要包括两方面内容：一方面是力量练习与正式动作结构应极其相似；另一方面是力量练习与正式动作的发力特点极其相似。这种一致性可表现在身体的姿势与动作的幅度、方向、节奏及速度等方面，而且力量练习还应考虑不同运动项目对力量能力的需求关系和程度。

4. 安排练习原则

安排练习原则包括练习顺序原则及训练节奏原则。练习顺序原则是指力量练习过程中先练习大肌群，后练习小肌群。前后相邻肌肉练习避免使用同一肌群的练习原则。其原因是如下：

（1）大肌群在进行力量练习时，运动中枢的兴奋程度较高，由于兴奋的扩散作用，大肌群练习会对其他肌肉产生一定的刺激，从而使其产生小幅收缩；

（2）由于大肌群不易产生疲劳，先练习大肌群不易对其他肌群乃至整个机体的工作能力产生不良影响；

（3）为了防止肌肉出现过度训练或运动损伤，在力量练习过程中应避免在前后两次相邻的练习中使用同一块肌肉的练习方法，以保证肌肉在每一次练习后有足够的恢复时间。

训练节奏原则是指力量训练的强度、运动量和训练频率符合训练计划和比赛计划要求的力量训练原则。

人体机能的节律性变化、竞技能力的形成和发展规律是制订运动训练计划的依据。完整的训练计划包括基本训练期、赛前训练期、比赛期和恢复期四个阶段。基本训练期以使机体产生新的生物学适应为训练目标，因此在进行力量训练时，应采取强度小、持续时间长的大运动量力量练习，以发展肌肉的生理横断面积。赛前训练期以使运动员适应比赛的要求为前提，以提高运动员的专项能力为目标，因此，力量训练的负荷强度应适当增大，负荷量适当减小，以提高运动员的专项力量（如爆发力等）。比赛期以调整和培养运动员的理想竞技状态为目标，因此力量练习应以运动员的个体特征为依据，通过适宜的力量训练使其竞技状态达到理想的目标，此阶段的负荷量不宜太大。恢复期则以促进超量恢复为目标。此外，在安排力量练习频率时，还应考虑人体机能和竞技能力的周期性变化特征，使每一次力量练习都能产生新的生物学适应。如果力量训练频率过高，机体将会因过度训练而产生积累性疲劳或运动损伤；反之，将会因消退抑制而影响运动训练效果。

5. 有效运动负荷原则

有效运动负荷原则是指以足够大的运动负荷和足够长的运动时间进行力量练习的训练原则。当运动强度和运动量较小时，对身体机能不会产生明显的影响，只有足够大的运动强度和足够长的运动时间才会对身体机能产生运动痕迹和训练效果，使机体的形态、结构及机能产生一系列良好的适应性变化。通常将导致身体产生运动痕迹和训练效果的最小运动强度称为靶强度，此时的心率称为靶心率。正常情况下，每次力量练习应有不少于三组接近或达到肌肉疲劳的力量练习，才能使肌肉力量得到明显的提高。

6. 系统性原则

系统性原则是指力量练习应进行全年系统性安排的训练原则。系统的训练是取得理想训练效果的必要条件。人体对力量训练的生物学适应是通过机体各个系统、器官乃至组织细胞的变化或改造来实现的，而人体机能对运动训练的适应性变化又不可能在短时间内完成，因此力量训练必须坚持较长时间的系统性训练。

当训练的系统性或连续性遭到破坏而出现间断或停顿时，已获得的训练效果也会消退或丧失，特别是通过强化力量训练所获得的训练效果消退得更加明显。因此，为了克服训练效果的不稳定性，保持稳定的、良好的运动训练效果，必须坚持系统性训练的原则。

力量消退的快慢和幅度与训练频率、时间及力量增长速度有关。训练频率越高，肌肉力量增长越快，停止训练后肌肉力量消退也越快；训练频率越低，训练时间越长，肌肉力量增长也越慢，但力量保持时间相对较长。研究表明，力量增长后如果每 2 周训练 1 次，肌肉力量可保持原增长水平；每 6 周训练 1 次，可保持较长时间；不进行训练，30 周后原增长水平完全消退。

7. 区别对待原则

区别对待原则是指对于不同专项、不同运动员或不同训练状态、不同训练任务及不同训练条件，都应有区别地组织安排各自相应的训练过程，选择相应的训练内容，给予相应的训练负荷的训练原则。

（二）影响力量训练效果的因素

在进行力量训练时，应根据运动员的实际情况来制订训练计划。力量训练中，只有当练习强度、重复次数、练习节奏、练习组数、间歇时间等与运动员承受负荷的能力相吻合时，才能产生最佳训练效果。

1. 负荷强度

负荷强度是指单位时间或单个动作过程中所完成的工作量或表现出的生理反应程度，负荷强度包括物理负荷强度和生理负荷强度。物理负荷强度（又称为绝对负荷强度）是指机体所承受的物理负荷量；生理负荷强度（又称为相对负荷强度）是指根据个体最大摄氧量百分数或最大心率百分数等生理指标所反映的负荷量或对身体的刺激程度。

通常负荷强度越大，力量增长越快，力量增长的效果也越好。毛纳尔认为，采用 5RM 的负荷进行力量训练能使肌肉横断面积增大，力量和速度得到发展，但不能提高耐力，适用于举重、投掷等项目运动员；采用 6～10RM 负荷，可使肌肉增粗，力量和速度得到提高，但耐力提高不明显，适用于 100m 跑和跳跃等项目运动员；采用 10～15RM 负荷，肌肉增粗不明显，但力量、速度及耐力提高，适用于 400m 和 800m 等项目运动员；采用 30RM 负荷，可使肌肉毛细血管增加、耐力提高，但力量和速度提高不明显，适用于中长跑运动员。因此，运动负荷强度的安排应结合专项力量的特点。

2. 重复次数和练习节奏

力量练习重复次数及练习节奏取决于负荷量的大小。负荷量越大，重复次数越少，重复节奏也越慢。实验证明，最大力量训练时（90%～175%），重复次数较少（1～3 次），而且完成速度较慢；爆发力训练时（最大负荷的 30%～80%），重复次数适中（5～10 次），但完成速度较快；肌肉耐力训练时，重复次数较多，（有时可达 250 次或更高），但完成速度适中。其中，非周期性项目的肌肉耐力训练重复次数在 10～30 次之间，而周期性耐力性项目则可接近最高重复次数。

3. 练习组数

每组力量练习包括一定的重复次数，并在练习结束后进行间歇休息。练习组数与练习负荷量、重复次数之间呈负相关，即负荷量和重复次数越多，练习组数越少。另外，练习组数还与运动员的训练潜力、练习肌肉群的数量、一次训练的内容等因素有关。一般认为，一次力量练习的组数应在 3～6 组之间。

4. 间歇时间和间歇方式

力量训练中，随着运动员对训练的逐步适应，间歇休息时间应相应缩短；但随着负荷量的增加，间歇休息时间应有所延长。此外，间歇时间的长短还取决于力量训练的类型、运动员的训练状态、完成动作的节奏、运动持续时间以及参与练习的肌肉数量等因素。

奥佐林等人研究认为，力量练习各组间的间隔时间应以肌肉能完全恢复为标志。在进行最大肌肉力量练习时，其休息间歇应在 2～5min；进行竭尽全力的肌肉力量练习时，休息间歇应在 5～10min；而在进行发展肌肉耐力的力量练习时，其休息间歇时间应在1～2min。

5. 负荷量

负荷量是指在连续、连贯的身体活动时，机体所承受的外部刺激总量；或机体对一定量的外部刺激所表现出的内部负荷总量。负荷量包括运动强度和运动时间两个方面的因素，其计算公式为：

$$\text{运动量} = \text{平均运动强度} \times \text{运动时间} \tag{7-1}$$

一段时间（如一周或一个月）的训练总量除了运动强度和运动时间外，还要考虑这段时间的训练频度，即：

$$\text{运动总量} = (\text{平均运动强度} \times \text{运动时间}) \times \text{训练频度} \tag{7-2}$$

发展肌肉力量的运动训练总量与专项运动对力量的要求有关。例如，举重运动员有时一次需要完成 30t 的训练总量。而一次力量训练课的持续时间则主要取决于运动员年龄、训练程度及专项运动对力量素质的要求程度等因素。随着训练水平的提高，训练负荷量也应有所增加。因此，科学、合理、有效地增加训练负荷量是获取良好训练效果的重要因素。

（三）力量训练的方法

发展肌肉力量的训练方法主要有等张练习、等长练习、等动练习、离心练习、超等长练习和电刺激法等，在选择力量训练方法时应根据训练目的的不同，选择不同的力量训练方法。

1. 等张练习

等张练习（又称为动力性练习）是指肌肉以等张收缩的形式进行负重或不负重的动力性练习方法。等张练习的训练效果主要取决于负荷的大小、完成的速度、持续时间的长短及重复的次数等因素。

等张练习的优点是：

（1）肌肉运动形式与比赛项目的结构和运动特点相一致，因而在发展力量素质的同时，能够巩固和发展运动技能；

（2）等张练习可以使全身各部位的动作幅度达到最大限度，从而有利于提高肌肉的收缩速度和力量，尤其是对快速力量的影响更为明显；

（3）等张练习能更加有效地发展肌肉的横断面积，增加肌肉中毛细血管的密度，改善神经肌肉之间的协调关系，提高肌肉的收缩力量。

等张练习也有许多不足之处。由于力量练习过程中肌肉张力变化具有“关节角度效应”，运动负荷只能按照力量最弱的关节角度来安排，因而容易产生某些关节角度上肌肉负荷不足的现象，从而使肌肉在整个动作过程中不能始终承受最大或最适宜的负荷阻力。此外，在进行爆发力练习时，容易出现受伤等不良后果。

2. 等长练习

等长练习（又称为静力性练习）是指肌肉以等长收缩的形式使人体保持某一特定姿势对抗外界负荷的练习。

等长练习的优点是：

（1）可发展肌肉的横断面积和体积；

（2）等长练习能够使神经系统保持较长时间的持续兴奋状态，可有效提高神经细胞的工作能力；

（3）在进行等长练习时，局部肌肉的持续收缩对局部肌肉中毛细血管产生的压力较大，从而影响该部位的血液循环及氧气供应，长此以往，将会增加肌肉中肌红蛋白的含量和毛细血管的数量，提高肌肉无氧代谢能力，并能使慢肌纤维产生选择性肥大；

（4）长期系统的等长练习能有效发展肌肉的最大静力性力量、静力耐力和肌肉的张力；

（5）可有选择地发展某些肌群，准确地体会某些动作技术要领。

等长练习的不足之处在于：

（1）缺乏张弛交替的协调支配，不利于改善和提高神经肌肉的协调能力；

（2）在大强度等长练习过程中，由于憋气和外周阻力增大等原因，容易引起血压升高，甚至可能会出现一定的危险；

（3）受力量训练时关节角度的限制，不利于提高动作速度。

因此，在运动实践中应采取动、静练习相结合的训练形式，以取得相辅相成的训练效果。

3. 等动练习

等动练习又称为等速练习，是一种利用专门等速力量训练器进行肌肉力量训练的练习方法。其特点是运动过程中器械产生的阻力始终和用力的大小相适应，因而等动练习又是一种能够使肌肉在整个动作过程中均呈“满负荷”运动的训练方法。等动练习是发展肌肉动态力量的较好训练方法之一。

等动练习的优点是：

（1）使肌肉在整个练习过程中均能承受最大的负荷刺激，因此可使肌肉得到全范围的训练，运动效果较为明显；

（2）可在短时间内明显地提高肌肉力量；

（3）等动练习可根据运动员的力量能力，使动作速度在很大范围内变化，有助于增加参与工作的肌纤维数量，提高动作速度；

（4）可明显减少肌膜炎、肌肉疼痛以及运动损伤等不良反应。

等动练习的不足之处是：

（1）练习时运动速度受到控制，不利于发展爆发力；

（2）肌肉只能在向心收缩的状态完成动作，故在等动练习器上不能进行退让性练习；

（3）不利于提高关节的灵活性。

4. 超等长练习

超等长练习是指肌肉进行离心收缩之后，紧接着迅速进行向心收缩的练习，比如运动训练中的快速跳跃练习、不同高度和形式的跳深练习等。

超等长练习的优点是：

（1）超等长练习方法更符合某些运动项目中爆发用力的运动特征，因此超等长练习对发展运动员的支撑能力及爆发力具有良好的效果；

（2）在进行超等长练习之前，通过短暂的大强度负荷刺激还能动员更多的运动单位参与收缩，因而具有强化运动训练效果的作用；

（3）在进行超等长练习过程中，由于肌肉弹性体产生的张力变化和肌牵张反射等原因，超等长练习可使肌肉产生更大的力量。

研究表明，肌肉拉长的程度和速度对肌力具有较大的影响，肌肉拉长速度越快、程度越大，肌肉产生的张力越大，且训练效果越明显。其中，伸长的速度比伸长的程度更重要。

5. 离心练习

离心练习又称为退让性练习，是指肌肉收缩产生张力的同时被拉长的力量训练方法。研究表明，离心练习对神经肌肉系统产生超量负荷刺激，能够使运动员较多地动用后备力量能力；同时，由于刺激时间较长，强度较大，可使肌肉力量特别是最大力量得到明显增长，并能更加有效地发展肌肉的横断面积。

离心练习的不足之处在于：训练后引起肌肉疼痛的持续时间较长，疼痛程度也较为明显。其原因可能与离心练习过程中引起的肌肉结缔组织损伤有关。因此，离心练习法在运动实践中并不常用。

6. 电刺激法

电刺激法是指利用脉冲电流代替大脑皮质发放神经冲动使肌肉产生收缩的力量练习方法。电刺激练习法可作为某些运动员受伤恢复期发展力量的辅助练习手段，也可对某些利用常规练习方法难以达到效果的肌肉进行训练。

电刺激法的优点是可以有选择地、准确地发展和强化某些部位的肌肉，并使其在短期内产生明显的训练效果。因此，电刺激训练法是提高薄弱环节肌肉力量的理想训练手段之一。同时，电刺激法还是一种与大负荷阻力训练效果相似、与等长练习安全性相同的练习方法，对于发展快肌纤维的收缩力量具有良好的作用。研究表明，人体进行随意运动时首先动员慢肌纤维，而后动员快肌纤维，但电刺激训练法却恰好相反，即先动员快肌纤维，后动员慢肌纤维，因此对速度力量项目的力量训练，尤其是对下肢爆发力的训练具有显著的效果。此外，电刺激练习法对于保持和增加肌纤维横断面积、减少脂肪、减小伤痛、促进伤病的康复以及机能恢复等也具有良好的作用。

电刺激法不足之处在于：电刺激所引起肌肉收缩是在神经中枢不参与的情况下进行的，因此往往会破坏感受器自动调节及保护功能，对神经系统的协调能力会产生不良影响。

三、力量素质的评价方法

不同的力量测试方法评价机体力量的形式不同，等长力量测试主要评价机体静态性力量，等动力量测试和等惯性力量测试主要是评价机体动态性力量。竞技体育运动项目多种多样，有的以机体静态为主导，有的以高速动作为主导，因此力量测试应选择与运动项目相适应的测试项目。

力量素质的评价主要通过传统测力计（握力计、背力计）、简易测定方法（立定跳远、纵跳、仰卧起坐、俯卧撑）、肢体围度、肌肉硬度、手法肌力试验、传感器测力装置、等速测力系统等测试方法测试其肌肉力量，从而评价其力量素质的高低。下面重点介绍等动力量与等惯性力量测试与评价。

（一）等动力量测试与评价

等动测力仪能够测定人体各主要关节和躯干肌肉群的力量。测试形式包括关节肌肉群等速向心、离心收缩最大力量（力矩），给定负荷下的关节肌肉群等张向心、离心收缩最大力量（力矩），以及各关节角度下的关节肌肉群最大静力性力量（力矩）。目前，等速测试在国内已经广泛用于运动员肌肉力量的评定、训练和运动器官系统伤病防治与康复中。目前常用的仪器品牌有 Cybex、Biodex、Lido、Kin-Com 等。

（二）等动力量测试结果评价

1. 自身不同部位力量评价

左右两侧肢体等动力量测试结果可以初步判断受试者运动水平的下降或运动受伤危险性的升高。通过测试不同运动训练时期左右肌肉或肌群等动力量可判断运动员专向训练水平，运动员等动力量下降越大，运动损伤发生概率越高。利用两侧肢体等动力量比率可以直观地表现运动员受伤后的恢复情况。主动肌与拮抗肌等动力量的比率与两侧肢体等动力量一起，可以判定左右肢体不均衡性。离心收缩和向心收缩等动力量的比率在过度训练运动员表现出显著升高的特点。

2. 不同个体间力量的评价

运动员绝对力量素质与其专项水平密切相关，尤其是无身体负重的运动项目（赛艇、划船和自行车等)，通过测定特定部位的绝对等动力量可以间接评定运动专项水平。相对力量是指单位体重所具有的肌肉最大力量，因许多运动项目具有身体负重特点，所以相对力量能更能准确地反映运动员专项水平。

3. 力矩-速度和功率-速度的评价

一般而言，力矩在低角速度时表现出高力矩，高角速度时表现出低力矩，即随着角速度的增高力矩有下降的规律。功率在低角速度时表现出低功率，高角速度时表现出高功率，即随着角速度的增高功率有上升的特点。

（三）等惯性力量测试

等惯性力量（等长）测试指机体在负一定重量时进行肌肉或肌肉群收缩和放松的力量测试。

1. 一次重复最大值的测试

一次重复最大值的测试是机体能够成功举起一次所给予的最大重量的测试，测试可以用哑铃、杠铃、壶铃及力量练习器等进行。

A　卧推的测试方法

（1）受试者在测试前进行充分的准备活动，初始姿势为膝关节弯曲约 90°，与脚自然放于测试台，手臂外展约 90°和肘部保持角度约 90°；

（2）受试者将杠铃上举至肘部完全伸直位置时测试有效，受试者试举相当于预测 IRM 40%~60%的重量 5~10 次，休息 1min 后，再试举相当于预测 IRM 60%~80%的重量 3~5 次；

（3）之后受试者进行相当于预测 IRM 保守重量的测试，受试者以 2.5~10kg/次的递增速度依次进行测试，通常进行 3~5 次测试，两次测试时间间隔 3~5min，最后成功举起的重量为 IRM 的测试结果。

B　蹲起的测试方法

（1）受试者在测试前进行充分的准备活动，受试者测试姿势为直立、两脚分开与肩同宽，当受试者完全举起并恢复初始姿势为测试成功；

（2）受试者举起相当于预测 IRM 40%~60%的重量 5~10 次，休息 1min 后，再试举相当于预测 IRM 60%~80%的重量 3~5 次；

（3）之后受试者进行相当于预测 IRM 保守重量的测试，受试者以 2.5~10kg/次的递增速度依次进行测试，通常进行 3~5 次测试，两次测试时间间隔 3~5min，受试者最后成功举起的重量为 IRM 的测试结果。

C　等惯性向心收缩力量测试的测试方法

受试者在测试前进行充分的准备活动，受试者绝对负荷重量 10kg，受试者测试姿势为直立、两脚分开与肩同宽，膝关节弯曲角度约 110°，测试者发出“开始”口令，受试者以最快速度向最高处跳起，记录最大力量、力量上升率和垂直位移。

D　等惯性离心收缩力量测试的测试方法

受试者在测试前进行充分的准备活动，受试者绝对负荷重量为体重的 2 倍，受试者测试姿势为直立、两脚分开与肩同宽，膝关节弯曲角度约 160°，手握于横杆，但测试者发出口令前不施加任何力量，横杆用电磁制动闸保持于某一位置，并在受试者膝关节弯曲角度约 110°时的手部位置安装制动装置防止危险发生，测试者发出“开始”的口令，受试者以最大力量上腿下落的负重，记录最大力量、力量上升率和垂直位移。

2. 多次重复最大值的测试

多次重复最大值的测试是机体能够成功举起多次所给予最大重量的测试，测试可以用杠铃、壶铃或力量练习器等进行。

多次重复最大值的基本测试方法（以 6RM 为例）：

（1）受试者在测试前进行充分的准备活动，试举相当于预测 IRM 50%的重量 5~10 次，休息 1min 后，再试举相当于预测 IRM 70%左右的重量 6 次；

（2）受试者试举相当于预测 IRM 90%的重量 6 次，休息 2min 后，再进行相当于预测 IRM 100%~105%的重量 6 次测试；

（3）受试者休息 2min 后，如果上一步骤成功则以 2. 5%~5%重量的递减速度进行测试；

（4）受试者休息 24h 之后，再进行重复测试；

（5）受试者最后成功举起的重量即为 IRM 的测试结果。

3. 投掷测试

A 仰卧投掷

（1）受试者在测试前进行充分的准备活动，受试者仰卧于测试台，膝关节弯曲角度约 90°，脚自然放于测试台，杠铃总重为 5~100kg；

（2）受试者握住杠铃以最快速度向最高处上抛杠铃，记录结果为等惯性向心速度力量指标值。

B 回落性仰卧投掷

（1）受试者在测试前进行充分的准备活动，受试者仰卧于测试台，膝关节弯曲角度约 90°，脚自然放于测试台，杠铃总量为 10kg（或一次重复最大值力量的 30%），横杆初始位置高于受试者手臂完全伸直 0. 25m，指示口令发出，横杆落下，受试者接住横杆并以最快速度向最高处上抛杠铃；

（2）记录结果、重力和高度三者乘积为回落性仰卧投掷力量指标值。

C 坐姿铅球投掷

（1）受试者在测试前进行充分的准备活动，受试者坐于附有靠背的测试椅上并固定下肢和躯干；

（2）受试者双手持球于胸前，前臂平行于地面，受试者以最大力量投掷铅球，测试重复 3 次，记录最远成绩为受试者坐姿铅球投掷指标值。

第二节 耐力素质

耐力是指人体进行长时间肌肉工作的能力，或者人体对抗疲劳的能力。对于体能类耐力性项目而言，耐力素质是影响运动员专项竞技能力的主要因素。对其他运动项目而言，良好的耐力素质则有助于运动员更好地克服在训练和比赛中出现的运动性疲劳，承受更大的运动负荷，提高训练效果，并使其在比赛中取得良好的运动成绩。

一、耐力素质的生物学基础

（一）有氧耐力的生物学基础

一切影响骨骼肌氧气供应状况的因素都是影响有氧耐力的因素，即有氧耐力的生物学基础。研究表明，影响骨骼肌氧气供应状况的主要因素有肺通气功能、肺换气功能、血液载氧功能、血液循环功能、肌肉组织有氧代谢功能以及神经系统的调节能力等。

1. 肺通气功能

肺通气量增大，可提高摄入体内的氧气量。然而摄入体内氧气量的多少，除了与肺通气量有关之外，还与呼吸频率和呼吸深度的匹配有关。运动员经过训练后，如果肺通气机能得到提高，并且在运动中能够掌握合理的呼吸方法（即适当增加呼吸深度、节制呼吸频率），那么对于提高机体摄氧能力和有氧耐力将会产生积极的意义。

2. 肺换气功能

肺换气是靠物理过程弥散实现的。其动力是肺泡与血液之间的气体分压差。运动时，由于深吸气而导致肺泡与静脉血液间氧气分压差增大，肺泡膜变薄，肺毛细血管大量开放。因此，运动可促进气体的弥散过程，提高肺换气。

肺换气能力是以单位时间（分）内肺泡膜两侧的氧气分压差为 1mmHg（1mmHg = 0.13kPa）时所弥散的氧气量来表示。安静时人体的氧弥撒能力为 20～50mL/(mmHg · min)。当最大摄氧量为 4L/min 时，氧弥散能力应达 60mL/(mmHg · min)；若最大摄氧量为 6L/min 时，弥散能力可达 100mL/(mmHg · min)。因此，弥散能力不足可能是限制最大摄氧量的一个重要因素。但应指出，弥散能力的强弱主要受肺循环血量的限制。

3. 血液载氧能力

血液中红细胞所含的血红蛋白执行着运输氧气的任务。血红蛋白的数量是影响最大摄氧量的一个重要因素，当运动员血红蛋白含量下降 10%以上往往会引起运动成绩下降；当红细胞、血红蛋白的数量适当增多后，机体运输氧气的能力会明显提高。

虽然血红蛋白的含量与血液的载氧能力有密切的关系，但是血红蛋白含量过高（或过度增加）反而不利于机体的输氧能力。这可能与血液黏度增加、血液流变性降低等因素有关。

4. 血液循环功能

心输出量是反映心脏功能的重要指标。研究表明，心输出量越大，运输氧气的能力越强，最大摄氧量也越大。由费可氏公式可见，摄氧量的增加有赖于心输出量和动、静脉氧差的增加，而心输出量的大小等于心率与每搏输出量的乘积。因此，血液循环机能对机体的摄氧能力具有重要影响，即：

$$V_{O_2} = Q(C_{aO_2} - C_{V_{O_2}}) = \mathrm{HR} \cdot \mathrm{SV}(C_{aO_2} - C_{V_{O_2}}) \tag{7-3}$$

式中 V_{O_2}——摄氧量；

Q——每分输出量；

C_{aO_2}——动脉血氧含量；

SV——每搏输出量；

$C_{V_{O_2}}$——静脉血氧含量；

HR——心率。

研究证明，运动训练对最大心率影响较小，但可导致安静心率降低，尤其是耐力性训练，其效果更加明显，如优秀耐力性运动员的安静心率仅为40次/min左右。由此可见，运动训练导致最大心输出量增大，并非由于最大心率增大所致。虽然耐力性运动员最大心率与一般人基本相同，但是耐力性运动员安静心率明显低于一般人。因此，有训练者心率储备比一般人高，承受外界负荷的能力也远大于一般人。

每搏输出量的大小决定于心脏的容积和心肌收缩力量。研究表明，耐力训练可使心室腔容积增大。一般人心容积为700~800mL，而耐力运动员可达900~1000mL。耐力训练引起心容积增大为每搏输出量的增大创造了一定的条件。虽然心容积与最大摄氧量密切相关（$r=0.762$），但更重要的是耐力训练能够导致心肌收缩力量增强。目前认为，心肌收缩力量是影响每搏输出量的生理基础。安静时男性每搏输出量约为70mL，运动时最大每搏输出量可达120mL。研究发现，55天的耐力训练，可使最大每搏输出量由80mL增至100mL，与此同时，最大摄氧量也由2.5L/min增至3.5L/min。

除此之外，血液流变性对心脏的输血能力也有一定的影响。良好的血液流变性可以降低血流阻力，减小心脏后负荷，提高心输出量。研究证明，长期系统的运动训练可以改善安静状态下的血液流变性，使其表现出血液黏度降低、红细胞聚集性减小、红细胞变形性增强的特点。在运动过程中则表现为血液流变性下降幅度减小的良好应激性变化特点。血液流变性对运动训练所产生的良好适应性变化对于提高心输出量、最大摄氧量以及机体的有氧能力具有重要意义。

5. 组织换气

氧气由血液向肌组织弥散的能力，与肌肉内毛细血管密度、开放数量以及毛细血管与组织间氧气分压差的大小有关。

研究表明，运动时心输出量增加，但增加的心输出量并不是平均分配给机体的各个器官或组织，而是通过自身的调节机制，使得各个器官的血流量发生重新分配。其结果使参与运动的骨骼肌和心脏血流量显著增加，不参与运动的骨骼肌和其他内脏器官血流量减少。据报道，安静时，人体每100g肌肉中血流量为2~5mL/min；极量运动时可达70~100mL/min。研究证明，在最大负荷运动时，即使心输出量不增加，仅靠腹腔内脏器官血管收缩分配到活动肌肉中的血液量可达2.2L/min，使每分钟的摄氧量可增加0.5L/min。由此可见，运动时腹腔内脏器官血管收缩、肌肉中毛细血管开放数量增加是导致肌肉组织血流量增加，氧气供应改善，组织换气能力提高，摄氧量增大及有氧能力提高的重要因素。其原因可能与交感舒血管神经兴奋性提高以及肌肉组织局部代谢产物堆积有关。

此外，运动时肌肉组织耗氧量增加，氧气分压下降，局部肌肉温度升高及二氧化碳分压升高等也可导致血液与肌肉组织间氧气分压差增大，氧离速度加快。这些因素的变化对于提高肌肉组织的换气能力以及摄氧能力等具有重要意义。

6. 肌肉组织有氧代谢能力

肌肉组织有氧代谢能力决定于肌纤维的百分组成及其氧化供能能力。实验证明，优秀耐力运动员慢肌纤维百分比较高，而且长期的运动训练可导致慢肌纤维产生选择性肥大，使其表现出肌浆型功能性肥大（即肌糖原、磷酸肌酸和肌红蛋白含量增加，线粒体和毛细血管数量增加等）的适应性变化。柯斯蒂尔研究发现，优秀长跑运动员慢肌纤维百分组成和最大摄氧量最大，中跑运动员次之，短跑运动员最小；长跑运动员肌肉组织中琥珀酸脱氢酶的活性最高，中跑运动员次之，短跑运动员最低。可见，肌肉中慢肌纤维占优势者耐力素质较好。尔夫伯尔吉研究发现，有训练的运动员腿肌中慢肌纤维百分组成与最大摄氧量密切相关（$r=0.72$）。麦克斯威尔通过对 20 名体育运动参加者进行肌肉活检发现，肌肉中丙酮酸氧化能力与最大摄氧量同样有着十分密切的关系（$r=0.81$）。由此可见，肌纤维的百分组成及其氧化供能能力是影响最大摄氧量的重要因素。目前大多数学者认为，肌纤维的百分组成及其氧化供能能力是决定最大摄氧量的外周机制，而心输出量则是决定最大摄氧量的中枢机制。

7. 中枢神经系统的机能

中枢神经系统对有氧耐力也有着重要的影响。在进行长时间肌肉活动过程中，神经系统的活动特点表现为兴奋和抑制长时间保持有节律的转换，它是人体进行长时间工作的重要条件。此外，神经系统的相对稳定性、各中枢之间的协调性及神经系统对骨骼肌和内脏器官的调节能力对提高肌肉活动的耐力水平也有着重要的影响。研究表明，长期系统的耐力训练，可提高大脑皮层神经细胞对刺激的耐受性、增强神经过程的稳定性、改善各中枢间的协调关系，使内脏器官的活动更好地满足肌肉活动的需要，从而改善肌肉的活动的氧气供应，提高肌肉进行长时间有氧活动的能力。

（二）无氧耐力的生物学基础

研究表明，不同训练水平运动员产生和耐受乳酸的能力不同，训练水平越高，产生和耐受乳酸的能力越强，反之越差。因此，人体负氧债的最大能力是反映无氧耐力的指标。一般人负氧债的最大能力为 5~6L，运动员可达 10~15L。目前认为，无氧耐力的生理学基础主要包括肌肉内糖酵解供能能力、消除乳酸的能力和脑细胞耐受酸的能力。

1. 肌肉中糖酵解供能能力

糖酵解系统是无氧耐力的主要能量来源，因此糖酵解系统的供能能力在很大程度上决定着无氧耐力的水平。研究发现，糖酵解供能能力主要取决于快肌纤维的百分组成、肌糖原的含量以及糖酵解酶的活性。据柯斯蒂尔等研究报道，优秀赛跑运动员腿肌中慢肌纤维百分比及乳酸脱氢酶活性与运动项目有关。长跑运动员慢肌纤维百分比最高，中跑居中，短跑最低；而乳酸脱氢酶的活性恰恰相反，短跑运动员最高，中跑居中，长跑最低。

2. 消除乳酸的能力

乳酸是一种强酸，肌肉糖酵解过程中产生的乳酸进入血液后，将直接影响血液的酸碱度，使血液的 pH 值降低。但由于血液缓冲系统的缓冲作用，乳酸的酸碱度不至于发生太大的变化，人体内环境的变化也相对较小，从而维持人体代谢活动的顺利进行。因此，血液缓冲乳酸的能力是影响无氧耐力的重要因素之一。

机体缓冲能力的大小主要取决于碳酸氢钠的含量及碳酸酐酶的活性。研究表明，经常进行无氧训练的运动员，碱储备（100mL 血浆中碳酸氢钠的含量）比一般人高 10%左右，而促使碳酸分解的碳酸酐酶活性也明显提高。由此可见，经常进行无氧训练可使其消除乳酸的能力大大提高。

3. 脑细胞耐受酸的能力

剧烈运动时，进入血液的一部分乳酸可被血液中的缓冲物质所中和，但因进入血液的乳酸较多，因此血液的酸碱度仍不可避免地向酸性方面变化。由于脑细胞对体内缺氧及血液酸碱度的变化十分敏感，血液酸碱度的变化将会影响脑细胞的工作能力，而使其兴奋性降低，导致机体产生疲劳、运动能力下降。因此，脑细胞耐受酸的能力是影响无氧耐力强弱的又一重要因素。

研究表明，长期无氧训练可提高呼吸中枢对血液中 CO_2 的耐受性。例如，短跑和短泳运动员呼吸中枢对静脉血中 CO_2 含量增多的耐受性强于长跑和长泳运动员，长跑和长泳运动员静脉血中 CO_2 含量略有增加，即可引起呼吸中枢兴奋性明显提高，呼吸加强；而短跑和短泳运动员静脉血中 CO_2 含量明显增加时，才能引起呼吸中枢兴奋性明显提高，呼吸能力增强。这种现象无疑是短跑运动员对长期无氧训练所产生的一种适应性变化。

二、发展耐力素质的训练方法

（一）发展有氧耐力素质的训练方法

有氧耐力的高低取决于最大摄氧量和无氧阈的水平。因此，一切能够提高最大摄氧量和无氧阈的训练方法都可作为发展有氧耐力的训练方法。

1. 有氧耐力的训练方法

有氧耐力训练方法主要包括持续训练法、间断训练法和高原训练法。

持续训练法是指负荷强度较低、负荷时间较长、无间断地连续进行练习的训练方法，根据训练过程中速度是否变化可将其划分为变速运动和匀速运动。持续训练方法可用于发展一般耐力素质。通过持续训练可使机体的机能在长时间负荷刺激的作用下产生适应性变化，提高大脑皮质神经过程的稳定性和均衡性，改善参与运动有关中枢间的协调性。与此同时，长期系统的持续性练习还可引起慢肌纤维产生选择性肥大，肌红蛋白增加，心肺功能提高，有氧系统的供能能力以及该供能状态下的有氧运动能力增强。

间断训练法是指两次练习之间有一定时间间隔的训练方法。根据人体在两次练习间隔期内的恢复情况而将其划分为重复练习和间歇练习。如果两次练习间休息时间较长，人体运动能力在下一次练习前能够完全恢复，称为重复练习；如果两次练习间休息时间较短，人体运动能力尚未完全恢复就进行下一次练习，称为间歇性练习。间歇性练习对间歇的时间、负荷量和负荷强度要求较高，往往不等身体机能完全恢复就进行下一次练习，因此，间歇性练习能够对身体机能产生较大的影响，从而更加有效地提高运动训练效果。

大量研究表明，间歇性练习较之持续性练习能够使机体完成更大的运动量。使心、肺功能在间歇期内仍处于较高的活动水平，使机体在承受较长时间负荷刺激的过程中产生与其运动训练相匹配的适应性变化，从而使呼吸、循环和代谢能力得到较大的提高和发展。此外，通过严格控制间歇时间和负荷强度，还可提高运动员在激烈对抗中的稳定性及机体对抗和耐受乳酸的能力，以确保运动员在保持较高负荷强度下长时间持续运动的能力。因此，间歇性练习是一种发展心、肺功能以及有氧代谢供能能力的有效手段和方法。通常认为，一次性间歇练习的负荷时间应在 5min 以上，负荷强度控制在平均心率为 160 次/min，间歇时间以心率恢复至 120 次/min 为止。能量代谢以有氧代谢为主，每节课的练习次数因人而异。目前认为，发展有氧耐力所采取的方法，原则上宜采用强度较低、持续时间较长的匀速练习和长段落的间歇练习。对儿童少年以及训练程度较低的个体，宜采用低强度的匀速持续性练习。

高原训练法是指在低压、缺氧条件下进行身体练习的训练方法。高原训练对人体可产生两种负荷刺激：一种是运动本身所引起的缺氧负荷，即运动性缺氧负荷；另一种是高原性缺氧负荷。这两种负荷能够对机体造成比平原更大的缺氧刺激，因而能够更加有效地增加红细胞数量、血红蛋白含量、血容量和毛细血管的密度，并使呼吸系统和心血管系统的机能得以提高。因此，高原训练对于提高机体的有氧运动能力，促进运动成绩特别是耐力性项目的成绩的提高具有良好的效果。高原训练的适宜高度为 1800 ~ 2500m，若低于 1800m，低氧刺激较小，不利于充分挖掘机体的潜能；若高于 2500m，机体则难以承受较大的缺氧和运动负荷的刺激，且不利于疲劳的恢复。因此，海拔高度是影响高原训练效果的重要因素。目前，我国高原训练基地的海拔高度在 1800 ~ 2400m，其中昆明高原训练基地为 1890m，青海多巴训练基地为 2360m。但一些处于高原地理环境的国家，如埃塞俄比亚、肯尼亚等，运动员赛前高原训练的高度可提高到 2700 ~ 3000m，否则将不利于取得良好的训练效果。因此，高原训练的海拔高度应根据运动员世居环境的海拔高度而定。

高原训练持续的时间是影响训练效果的又一重要因素。大多数学者认为，高原训练持续时间应为 4~6 周（一般多为 4 周）。训练时间过短，机体难以对缺氧刺激产生适应性变化；时间过长，又不利于回到平原后的适应性调整。因此，高原训练持续时间不宜太长。高原训练也应坚持循序渐进的原则。训练负荷的安排应以机体对缺氧刺激的承受能力和适应性变化为依据。据此，人们将高原训练分为三个阶段：第一阶段称为适应期，持续时间约为一周，此阶段以小负荷训练为主，运动量不宜过大；第二阶段称为训练阶段，持续时间为 4 ~ 6 周，负荷强度应略小于平原训练强度；第三阶段为恢复阶段，持续时间约为一周，高原训练最佳效果出现的时间，因运动项目的不同而有所差异。耐力性运动项目一般为下高原后 4 ~ 14 天；速度性运动项目为 20 ~ 26 天。高原训练的负荷强度相对较小，因此为了保证下高原后有足够的时间进行速度和力量训练，高原训练后的比赛可安排在下高原后的第 4 ~ 6 周，具体情况因人、因运动项目、因高原训练过程而异，切不可生搬硬套。

除此之外，有氧耐力的训练方法还有间歇性低氧训练法等。目前认为，间歇性低氧训练可改善血液流变性，提高心肌收缩蛋白的含量和机体抗氧化能力。因而间歇性低氧训练对于提高机体的有氧能力具有良好的作用。

综上所述，在有氧耐力训练过程中，应根据运动员的年龄、训练水平及不同运动项目的特点，科学合理地安排运动训练。只有这样，才能更加有效地促进和提高训练水平，提高机体的有氧耐力。

2. *耐力训练的运动强度*

大量研究表明，个体乳酸阈强度是发展有氧耐力的最佳强度。个体乳酸阈具有较强的可训练性，随着训练水平的提高，其运动强度可根据新的个体乳酸阈来确定。通常情况下，无训练者个体乳酸阈强度为 55% ~ 60% V_{O_2max}；优秀耐力性运动员个体乳酸阈可达 V_{O_2max} 以上。

3. 耐力训练的运动训练时间

运动持续时间对训练效果同样具有明显的影响。机体内脏器官的机能惰性较大，因此需要在运动开始后 3min 左右才能达到最高的机能水平，故发展有氧耐力所持续的最短时间限度应为 5min 以上，甚至可持续 20~30min。运动持续时间的长短与运动强度有关，较小的运动强度可持续较长的运动时间；反之，运动持续时间可相对较短。

（二）发展无氧耐力素质的训练方法

无氧耐力的训练方法有间歇训练法、高原训练法及缺氧训练法等。

间歇训练法是最常用的训练法。作为发展无氧耐力的间歇性练习，应考虑运动强度、运动持续时间以及间歇时间的组合与匹配。训练的安排应以产生较大的血乳酸浓度为依据。低乳酸值的间歇训练主要发展磷酸原供能系统，若要发展无氧耐力素质则应着重发展糖酵解供能系统，练习时间一般要长于 30s，以 1~2min 为宜；间歇性无氧训练强度应大于最大摄氧量的 90%，或心率在 190 次/min；间歇时间为 2~4min；练习重复组数应视运动员训练水平而定，以最后一组练习能保持所规定的负荷强度为原则，训练水平低者一般为 2~3 组，训练有素者为 3~5 组。

高原训练除具有低气压、低温、低湿度及昼夜温差大等环境因素外，缺氧是高原训练的核心。机体在缺氧情况下进行训练，除促进红细胞和血红蛋白生成外，对心肺功能也能产生较大的影响，并提出更多的要求，从而提高人体对缺氧刺激的适应能力。因此，高原训练是发展无氧耐力的有效途径之一。

缺氧训练是指在减少吸气或憋气条件下进行的练习，其目的是造成体内缺氧，以提高人体对缺氧的耐受性和无氧能力。缺氧训练不仅可以在高原环境中进行，也可以在平原特定环境条件下进行，如人工模拟高原缺氧训练等。

第三节 速 度 素 质

速度素质是指人体进行快速运动的能力或人体在最短的时间完成一定运动的能力。按照速度素质在运动中的表现形式可将其分为反应速度、动作速度和周期性运动的位移速度。

一、速度素质的生物学基础

（一）反应速度

反应速度的快慢可用机体对信号刺激做出反应所需的时间（即反应时）来表示。所谓反应时是指由刺激作用于感受器开始到效应器开始活动为止所需要的时间，反应时的大小主要取决于兴奋通过反射弧所需的时间长短、中枢神经系统的兴奋性和灵活性及条件反射的巩固程度。

由于兴奋通过传入神经和传出神经的传导速度较快、耗时较短，反应速度的大小主要决定于感受器的敏感程度、中枢延搁及效应器的兴奋性。其中，中枢延搁是影响反应速度的关键因素。例如，反射活动越复杂，历经的突触数目越多，反应时越长，反应速度就越慢；反之，反应速度越快。

除此之外，反应速度的大小还与中枢神经系统的兴奋性和灵活性有关。研究表明，中枢神经系统良好的兴奋状态及其灵活性能够加速机体对刺激产生反应的速度，提高反应速度。

另外，反应速度的快慢与条件反射的巩固程度也有着密切的关系。研究表明，随着条件反射的日益巩固和熟练，其反应时也会进一步缩短。另据报道，通过运动训练可使反应速度提高 11%~25%。对于不同运动项目而言，由于它们对反应速度要求不同，长期运动训练对其神经系统的影响也有所差异，反应时的长短也各不相同。

（二）动作速度

动作速度的生理指标是动作时。动作时是指从动作开始到完成动作所需要的时间。影响动作速度的生理因素有以下几方面。

（1）肌纤维的百分组成及其面积。快肌纤维是速度素质重要的物质基础，快肌纤维的百分比越大，直径越粗，肌肉收缩速度越快。研究表明，长期系统的速度训练可引起快肌纤维产生选择性肥大，从而提高动作速度。

（2）肌肉收缩力量。肌肉收缩力量越大，肌肉克服内外阻力的能力越强，完成动作的速度也越快。因此，凡能影响肌肉力量的因素也将影响着动作速度。

（3）肌肉组织兴奋性。肌肉组织兴奋性越高，引起组织产生兴奋所需的刺激强度越小，作用时间越短，完成动作的速度也越快。

（4）条件反射的巩固程度。在运动技能的发展过程中，随着条件反射的逐渐巩固和日益熟练，动作时将进一步缩短，动作速度也将加快。

（5）神经系统的调节能力。神经系统对主动肌、协同肌及对抗肌之间的协调能力越强，动作速度越快。

除此之外，动作速度的快慢还与肌肉中无氧代谢能力有关。在其他因素不变或相同的情况下，肌肉无氧代谢能力越强，单位时间内提供给肌肉收缩的能量越多，因而肌肉收缩的输出功率越大、收缩速度也越快。

（三）位移速度

影响周期性位移速度的因素较多，而且比较复杂。以跑速为例，跑速主要决定于步长和步频两个方面因素，而步长和步频又受多种生物学因素的影响。步长主要取决于肌力的大小、下肢的长度及髋关节的柔韧性等。步频的快慢主要决定于以下几方面的因素。

（1）大脑皮质运动中枢的灵活性。神经系统的灵活性越高，大脑皮质运动中枢兴奋和抑制转化速度越快，肢体动作交换的速度也越快，即步频也越快。

（2）肌肉中快肌纤维的百分组成及其肥大程度。快肌纤维百分组成越高、快肌纤维直径越粗、面积百分组成越大，肌肉收缩速度越快，步频也越快。

（3）中枢神经系统各中枢间的协调性。中枢间协调性的改善可有效提高各肌群间协调关系，减少因对抗肌紧张而产生的阻力，有利于更好地提高肌肉的收缩速度和步频。

此外，位移速度还与肌纤维内磷酸原系统的供能能力有关。

二、发展速度素质的训练方法

速度素质的训练主要在于以下几个方面。

（1）提高神经系统的灵活性。大脑皮质神经过程的灵活性是实现高频动作的关键因素，因此提高步频必须改善和提高神经系统的灵活性。改善和提高神经系统的灵活性可采取变化各种刺激信号，要求练习者及时对其做出反应的练习，也可以做各种高频率动作的练习，如牵引跑等。通过这些练习可以提高神经过程的灵活性，使练习者在不缩短步长的情况下发展步频。

（2）提高磷酸原系统的供能能力。速度练习的供能方式主要依靠磷酸原系统，因此速度训练应以发展磷酸原系统的供能能力为主。速度练习应采用强度大、时间短（持续时间在 10s 以内）的重复性练习。一般常用 30~60m 或 10s 以内的短距离反复疾跑来发展磷酸原系统的供能能力。CP 是磷酸原系统供能的间接性能源物质，由于 CP 恢复的半时反应为 20~30s，所以最适宜的休息间歇时间为 30s 左右。但对于训练水平较低的运动员，休息间歇时间可适当延长（60~90s）。对于成组练习，一般组间休息时间不能短于 3~4min。随着运动员训练水平的不断提高，组间的休息时间也可适当缩短。综上所述，发展磷酸原系统的供能能力可采用负荷持续时间短、负荷强度大、间歇时间充分的重复性练习。

（3）提高肌肉的协调放松能力。肌肉的协调放松能力对提高速度素质具有重要意义。研究表明，肌肉放松练习对力量及速度素质的发展有着良好的影响。通过肌肉协调放松练习不仅可以减少肌肉收缩时的阻力，而且还有利于 ATP 的再合成和速度素质的发展。

（4）提高腿部力量和关节的柔韧性。腿部力量和关节的柔韧性对发展步长十分重要，因此在短跑训练中应重视腿部力量及关节柔韧性的练习。腿部力量练习除利用杠铃等举重器械进行训练外，还可通过蛙跳、单腿连续跳、上坡跑及负重跑等方式进行练习。

三、速度素质的评价方法

磷酸原系统的供能能力是评定其无氧能力（包括速度素质）的重要手段和方法。磷酸原系统的评定方法包括 10s 最大负荷测试法、30m 跑测试法，或跨登台阶试验法等。

（一）10s 最大负荷测试法

磷酸原代谢系统是 10s 极量负荷运动的主要供能系统。根据磷酸原代谢系统的供能特点和持续时间的长短，常采用 10s 最大负荷运动进行测试。在测试过程中，应记录完成运动负荷的功率（或跑速）和运动后的血乳酸峰值，然后根据运动前、后血乳酸值计算出运动过程中血乳酸的增量。最后，利用受试者所完成的功率和血乳酸增量便可判断其磷酸原代谢系统的供能能力。

运动模型的选择应以专项运动的结构特点为依据，如自行车功率计、活动跑台或 30~60m 疾跑等。完成功率大或跑速快而血乳酸增值低者，磷酸原供能能力强；反之，磷酸原供能力弱。

（二）30m 跑测试法

30m 跑以 ATP、CP 供能为主。通过测试受试者 30m 跑的速度、安静时与运动后 1min

血乳酸值，便可评定磷酸原系统的供能能力。跑速快而血乳酸值低者，其 ATP、CP 供能能力强。

在实验测试过程中，应严格掌握和控制 30m 跑中间的间歇休息时间（2min）。如果间歇时间过短，可导致乳酸堆积，影响评定的准确性。

第四节　柔韧和灵敏素质

一、柔韧素质

柔韧素质是指人体关节在不同方向上的运动能力以及肌肉、韧带等软组织的伸展能力；或运动时关节活动的范围或幅度。一般情况下，柔韧性越好，动作越协调、舒展和优美。柔韧素质的发展对于提高动作的质量，增强肌肉的力量和速度，减少肌肉酸痛以及避免肌肉损伤等具有良好的作用。

（一）柔韧素质的生物学基础

柔韧素质与肌肉韧带及肌腱的伸展性、关节周围组织、关节结构及神经系统的调节能力有着密切关系。

（1）肌肉、韧带和肌腱的伸展性。肌肉、韧带及肌腱的伸展性不仅与年龄和性别有关，而且与肌肉的温度有关，准备活动可提高肌肉的温度，降低肌肉内部的黏滞性，提高肌肉的伸展性，有利于柔韧性的提高。

（2）关节周围组织。关节周围组织（如脂肪、结缔组织及肌肉等）是影响柔韧性的重要因素，关节周围组织的体积过大可影响邻近关节的活动范围，使柔韧性降低。

（3）关节结构。关节结构是依据人体生长发育规律的需要而形成的，因此具有较高的遗传性，是影响柔韧性诸因素中最不容易改变的因素。尽管运动训练可使关节发生一定的变化（如软骨增厚等），但这种变化极其有限。

（4）神经系统的调节能力。神经系统对骨骼肌的调节能力主要表现在：主动肌与对抗肌之间的协调关系，肌肉收缩与放松能力，尤其是对抗肌的放松能力等方面。神经调节能力的改善，有利于降低对抗肌的阻力，增大关节的活动范围，提高柔韧性。

（二）发展柔韧素质的训练方法

发展柔韧素质一般采用伸展性练习，即拉长肌肉和结缔组织的练习方法。伸展性练习包括动力拉伸法和静力拉伸法。动力拉伸法是指按照一定节奏，通过多次重复练习使软组织逐渐被拉长的练习方法；静力拉伸法是指先通过动力性拉伸使肌肉等软组织拉长，而后使其持续保持某一特定长度的练习方法。这两种方法中又包括主动拉伸和被动拉伸两种不同的训练方式。主动练习法是指通过机体有关肌肉的收缩和舒张来增大关节活动幅度或范围的练习方法；被动练习法是指依靠外力使关节活动幅度和范围增大的练习方法。除此之外，有些学者还将伸展练习划分为爆发式牵拉练习和缓慢牵拉练习等。

运动实践中，应将这两种方法结合起来使用，即采取有动、有静，动静结合的拉伸法进行柔韧训练。如常常将摆腿、踢腿等爆发式牵拉练习和拉韧带、压腿等缓慢牵拉练习结合起来等。实践证明，这两种拉伸练习方法都能有效地提高柔韧素质，但产生的训练效果有所不同。缓慢牵拉练习一般不会超越组织的伸展程度，因此可有效地避免肌肉拉伤等运动性疾病的发生，且能使对抗肌群缓慢放松，使之缓慢拉长，故缓慢牵拉练习是发展柔韧素质的有效训练方法；而爆发式牵拉练习法虽能快速地发展柔韧素质，并能使肌肉张力得到明显的提高，但该方法容易出现肌肉疼痛和拉伤等不良反应。因此，进行爆发式牵拉练习前应做好充分的准备活动。

对少年、儿童进行柔韧性练习时，应多采用缓慢式牵拉法和主动练习法，以避免因关节牢固性差，骨骼易弯曲变形而造成的关节、韧带损伤和骨骼变形。

此外，通过本体感觉神经肌肉促进法（PNF 练习法）亦可以发展柔韧素质。PNF 牵张练习中，“保持放松”操作方法是：首先在助手帮助下，使肢体达到关节活动幅度的最大限度后持续 10s；然后被拉长的肌肉用力对抗助手给予的阻力，使肌肉最大强度的等长收缩“保持”6s；令锻炼者放松，这时肢体很容易地再次被推到一个更大的最大程度，持续 30s。以上动作为一组，组间稍休息，重复 2~5 组。研究表明，PNF 牵张练习能够有效地提高身体柔韧素质，且不易引起肌肉损伤，但其缺点是练习时必须有人协助，所需时间较长。

（三）柔韧素质的评价方法

柔韧素质的评价主要通过直接和间接对受试者关节活动范围的测试来进行，柔韧素质直接测试方法的仪器有莱顿曲率仪、通用测角仪、倾斜仪和等速测力系统及 X 射线等。柔韧素质间接测试方法主要有坐位体前屈、肩关节活动的持棍转肩、双手背勾试验，以及反应躯干旋转活动性的臂夹棍转体试验等。

1. 莱顿曲率仪

应用方法（以肘关节测试为例）：

（1）初始状态受试者以坐姿面向测试桌，测试臂手心向上平放于测试桌上，保持上臂伸出桌面，莱顿曲率仪固定于测试者的腕部；

（2）运动时首先受试者最大限度地屈臂，此时表盘同定于固定位置，然后受试者最大限度地伸臂，此时指针固定于固定位置；

（3）测试三次，记录最佳成绩为测试结果。

莱顿曲率仪测试结果为弧度值，不能评定柔韧能力的优劣，不同关节部位莱顿曲率仪测试结果可以与莱顿测试指导手册参考标准进行比较，受试者测试结果越大，柔韧性越好。

2. 通用测角仪

应用方法（以肩关节屈曲测试为例）：

（1）初始状态受试者直立，两臂自然放于身体两侧，手掌伏于大腿外侧部，测角仪的固定臂状物与腋中线平行，测角仪的可动臂状物与肱骨外侧中线平行，肱骨上髁作为参考点，肩峰位置作为旋转支点；

（2）运动时受试者最大限度地向前和向上举臂，测试三次，记录最佳成绩为测试结果，测试结果越大，受试者柔韧性越好。

3. 等速测力系统测定

等速测力系统具有测定关节活动幅度的功能。测试前，设定被测试关节的中立位为00，测试结果不仅可以显示关节活动幅度的角度大小，而且还可以精确的测试解剖学的实际角度，对康复锻炼中的功能评定有重要意义。

4. 直立体前屈测验

直立体前屈可用评定体前屈、骨盆前倾、髋关节屈曲的活动幅度和下肢的柔韧性。受试者双膝、双脚并拢，双膝伸直保持直立，上体逐渐向前弯曲，不能抬脚跟，尽量做最大范围内的动作。

测验评定：

（1）双手只能触及踝关节以上高度为差；

（2）手指尖能触及脚尖为较差；指腹能触及脚尖为正常；

（3）指根能触及脚尖为良好；

（4）掌根能触及地面为优秀。

二、灵敏素质

灵敏素质是指人体迅速改变体位、转换动作及随机应变的能力；或者人体能够迅速、准确、协调地改变身体运动的空间位置和运动方向，以适应变化着的环境的能力。灵敏素质的高低，常常表现为随机应变完成各种应答动作的能力。灵敏素质是机体各种运动技能及身体素质在运动中的综合表现，是一项综合素质。灵敏素质具有明显的项目特征，不同项目的运动员具有不同的灵敏素质。

（一）灵敏素质的生物学基础

灵敏素质是一种复杂的身体素质，灵敏素质的高低受多种因素的影响，这些因素主要表现为以下几方面。

（1）大脑皮质神经过程的灵活性及分析综合能力。神经过程的灵活性越高，机体对内外环境变化做出的应答反应越迅速，调整及修正动作的速度越快、能力也越强。例如，在球类、击剑、搏击等对抗性项目的比赛中，运动员应根据运动场上情况的变化做出迅速、准确的判断，并以此为依据对动作和运动强度进行快速、适时地调整。唯有如此，才能正确应对场上的变化。因此，大脑皮质神经过程的灵活性及分析综合能力是灵敏素质重要的生理基础。

（2）感觉器官的机能状态。运动过程中，良好的感觉机能可使运动技能表现出迅速、准确的定时、定向能力，从而提高机体变换动作的速度和准确性。因此，感觉器官（如视觉、位觉、本体感觉等）的敏感性是影响灵敏素质的重要因素。例如，散打运动员敏捷的反应，需要敏锐的视觉作为基础等。

（3）运动技能。运动技能是在多种感觉机能的参与下和大脑皮质运动中枢之间建立的暂时性神经联系。因此，建立的运动技能数量越多、掌握的熟练程度越高，大脑皮质中枢间暂时性神经联系接通得越迅速、越准确，完成动作的速度也越快，动作的灵敏性也越高。例如，一个熟练掌握多种运动技能的篮球运动员，可通过迅速变换动作，对场上的变化做出灵敏的应答反应等。

（4）身体素质。灵敏素质是一种综合素质，因此灵敏素质还需要一定的力量、速度、耐力和柔韧等素质作为基础。此外，灵敏素质还受年龄、性别、体重等因素的影响，一般认为：男性的灵敏素质高于女性；少年期灵敏素质发展速度最快；体重过重者，灵敏素质较差。

（二）发展灵敏素质的训练方法

发展灵敏素质，可通过变换各种信号刺激使运动员进行各种变化动作或运动方向的练习。如快速改变方向的各种跑、各种躲闪和突然起动的练习，各种快速急停和迅速转体的练习，等。提高大脑皮质神经过程的灵活性和分析能力，并使感觉器官的敏感性得到发展；同时，还应进行一些发展各种运动技能和身体素质的练习。

（三）灵敏素质的评价方法

灵敏素质的评价方法主要有立卧撑测验、侧跨步测验、象限双脚跳测验、侧滑步倒跑试验、10m×4 往返跑测验、灵敏测定仪等。

郑伟认为，对练习者灵敏性的评价至少要从三个角度出发。首先，快速反应和随机应变的能力，如判断、躲闪、转身、翻转，并保持身体平衡；其次，完成动作的同时很好地控制身体重心；最后，在不同的情形下都能快速准确地完成动作并将各种素质和动作技能通过动作综合体现出来。

第八章　运动中人体机能变化规律

第一节　赛前状态与准备活动

一、赛前状态

人体在参加体育比赛或训练之前身体某些器官、系统活动产生的一系列变化称为赛前状态。它可产生在比赛前数天、数小时或数分钟。

（一）赛前状态的生理反应

赛前状态的生理变化，主要表现在神经系统兴奋性提高、物质代谢加强、体温上升，内脏器官活动增加等方面。例如，心率加快、收缩压升高、肺通气量、吸氧量增加，有时伴有出汗和尿频等现象。赛前生理反应的大小与比赛性质和运动员的机体功能状态和心理素质水平有关。比赛规模越大越关键、离比赛时间越近、赛前反应越明显；运动员情绪紧张、训练水平低、比赛经验不足也会使赛前反应增强。

（二）赛前状态产生的机制

赛前状态的产生与条件反射机制有密切的关系。比赛或训练所处的自然环境（如比赛场地、器材、对手的表现、观众、广播声等信息）会长时间作用于运动员，并与运动员在比赛或训练中肌肉活动时的各种生理变化相结合，久而久之，这些信息就自然变成了各种生理反应的条件刺激。只要这些信息或刺激出现，赛前的各种生理反应就在一定程度上表现出来，因而形成一种条件反射。这些生理变化不是在实验条件下，而是在比赛或训练的自然环境条件下形成的，因此其生理机制属自然条件反射。

（三）赛前状态的表现形式及生理意义

可依据其生理反应，将赛前状态分为以下三种表现形式。

（1）准备状态。准备状态的特点是在赛前，运动员的中枢神经系统兴奋性适度提高，在一定程度上克服了内脏器官功能的生理惰性，预先动员其功能来适应即将来临的肌肉活动，从而缩短进入工作状态的时间，使机体能更快地发挥出最大的工作能力，有利于取得较好的运动成绩。

（2）起赛热症。运动员在赛前由于中枢神经系统兴奋性过高，引起兴奋的广泛扩散，常伴有失眠、焦躁不安、食欲下降、肌肉微微颤抖和咽喉发堵等症状。在比赛中运动员的动作协调性下降、表现失常，不能正常发挥出最佳工作状态。

（3）起赛冷淡。运动员在赛前由于中枢神经兴奋过强或持续时间过长，也就是赛前过度紧张，从而导致有关中枢神经的超限抑制。运动员在比赛中常表现出没有精神、浑身无力，对比赛淡漠，机体工作能力下降，将严重影响运动水平的发挥。

（四）不良赛前状态的调整

良好的赛前状态对训练和比赛时身体机能的发挥有利，而兴奋性过高的“起赛热”，或兴奋性过低的“起赛冷”均属于不良的赛前状态。要使运动员达到和保持良好的赛前状态而避免不良的赛前状态表现：一方面要加强运动员的心理训练，提高心理适应能力；另一方面也可采用赛前心理调适、按摩或科学地安排赛前运动员的训练及生活内容等调整赛前状态。

二、准备活动

（一）准备活动的生理学作用

准备活动是体育练习或比赛前有目的地进行的成套身体练习。其目的是预先动员机体功能的工作能力，缩短进入工作状态的时间，为运动中发挥最大的工作效率做好功能上的准备。

（1）神经系统的兴奋性。准备活动中进行各种身体练习，可提高中枢神经系统的兴奋性，能够增强内分泌的活动，可为正式练习时生理功能迅速达到最适宜程度创造条件。

（2）增强氧运输系统的活动。准备活动可预先克服植物性神经的功能惰性，提高内脏器官的功能，使心肺功能更好地动员起来。

（3）使体温升高。准备活动可使体温适度升高，带来一系列有利于运动的生理生化变化，比如提高代谢酶活性、加快生化反应速度、提高血红蛋白氧释放能力等。

（4）降低肌肉的黏滞性。准备活动可使肌肉温度升高，有效地降低肌肉的黏滞性、增强弹性，提高肌肉收缩效率，有效地预防运动损伤。

（5）有利于机体散热。准备活动可增强皮肤的血流，有利于散热，因而可以防止正式练习时身体过热。

（二）准备活动的基本方法

准备活动可分为以下三类。

（1）一般性准备活动，是指与正式练习不相似的活动，主要包括一般性的徒手体操、伸展性练习和慢跑等，其目的是提高中枢神经系统的兴奋性和各器官系统的活动水平。

（2）专门性准备活动，是指与正式练习相类似的活动。例如，篮球运动员必须做一些运球、投篮；足球运动员必须做传停球、射门等练习。专门性准备活动的目的是增强中枢神经系统对正式练习的调节能力、强化运动动力定型，为正式练习做好机能和战术准备。

（3）混合性准备活动，兼有一般与专门准备活动的生理效应。实践证明，混合性准备活动效果最佳。

准备活动是否充分受准备活动的内容、练习强度、练习时间等因素的影响，通常情况下应做到以下几个方面。

（1）有足够的活动量，以使体温升高，身体微出汗，但不可造成疲劳。日本学者铃木洋的研究发现，在自行车功量计上以35% $\dot{V}_{O_2max}$的强度运动时，呼吸和循环系统的功能虽然有所提高，但直肠温度在 20min 运动后仍无明显上升；而以 45% $\dot{V}_{O_2max}$ 的强度进行运动，15min 以后体温、呼吸和循环系统的活动便可产生明显的变化，说明体温的变化与运动强度的关系更加密切。准备活动要使体温升高，准备活动的强度应在 45% $\dot{V}_{O_2max}$ 左右。

（2）准备活动的内容应包括一般和专项活动的内容，但应尽量避免最大强度的活动。

（3）准备活动的练习强度和持续时间因训练水平高低而有所不同。一般情况下，训练水平低的运动员准备活动的时间较短、活动强度相对较小，而训练水平高的优秀运动员则需要较长时间和相对较大强度的活动。

（4）比赛之前 10~15min 开始减小准备活动的强度，而在 5min 之前应完成准备活动。这样既可以保持准备活动的生理学效应，又不至于因疲劳而影响比赛成绩的发挥。

第二节　进入工作状态与稳态

一、进入工作状态

在运动练习的开始阶段，机体功能不可能达到最高水平，而是在运动开始后一段时间内逐渐提高的。机体工作能力逐渐提高的过程称为进入工作状态。

（一）进入工作状态的产生原因

产生进入工作状态的主要原因是内脏器官活动的功能惰性。与骨骼肌相比，支配内脏器官活动的植物性神经传导兴奋冲动的速度较慢，传导途中突触联系较多，因此植物性神经的功能惰性大。一般情况下，运动器官可以在很短时间内发挥出最高工作能力，而受内脏功能制约的最大心输出量、最大吸氧量等均需 3~5min 才能达到最高水平。

此外，内脏器官活动受神经-体液调节作用更为明显。而神经-体液调节中激素的调节比神经调节更慢，所以需要时间也长。

（二）影响进入工作状态的因素

运动中进入工作状态所需时间的多少，取决于运动项目的性质、个人的生理心理特点、工作强度、训练水平、场地条件和天气等。一般来说，动作越复杂，进入工作状态所需的时间就越长；运动强度越大，工作过程的功能变化就越显著，进入工作状态的时间也就越短。

（三）“极点”与“第二次呼吸”

在有一定强度和持续时间较长的运动中，活动开始后不久，会出现一种非常难受的感觉。运动者会觉得呼吸困难、胸闷气急、心率剧增、肌肉无力、动作协调性下降，甚至产生停止运动的念头等，这种机能状态称为“极点”。

在“极点”出现以后，运动者应继续坚持运动，并有意识地加深呼吸，适度调节运动节奏。不久，一些不良的生理反应便会逐渐减轻或消失，动作变得轻松有力，呼吸变得均匀自如，这种现象称为“第二次呼吸”。

“极点”出现的迟早、反应的强弱和出现“第二次呼吸”的快慢，与运动员的训练水平、运动的强度、赛前状态和准备活动等因素有关。一般来说，训练水平高的运动员“极点”出现得较晚，反应也不明显，消失也快。此外，有一个良好的赛前状态与合理的准备活动都能推迟“极点”的出现和反应减弱。

二、稳定状态

在进行运动练习时，当人体的生理惰性已被克服，进入工作状态阶段已经结束时，人体各器官系统的机能，活动将在一定的时间内处于较高的变动范围不大的水平上，这种相对稳定的功能状态称为稳定状态。

现实中稳定状态有以下两种现象。

（1）在进行中、小强度的有氧练习时，当进入工作状态阶段结束，机体所需的氧气可以得到满足。例如，小强度、长距离的跑步过程中，结束进入工作状态后，吸氧量能满足需氧量的要求，保持一种动态平衡，这种状态称为真稳定状态。处在真稳定状态阶段，肺通气量、心输出量、血压及其他生理指标保持相对稳定。运动中的能量供应以有氧氧化供能为主，乳酸的产生及氧债的积累很少，运动的持续时间较长，可达几十分钟或几小时，其状态保持时间的长短关键取决于氧运输系统的功能，该功能越强，稳定状态保持的时间则越长。

（2）在进行大强度、持续时间较长的练习时，当进入工作状态阶段结束，吸氧量已达到并稳定在最大吸氧量水平上，而机体的需氧量仍然得不到满足，这种状态称为假稳定状态。也就是人体在缺氧的条件下进行工作，此时体内的无氧供能增加，氧亏不断积累，乳酸等代谢产物大量产生并不能及时得到清除，血液中酸性升高，使内环境的稳态受到破坏，因此运动不能持久。

研究表明，在假稳定状态阶段，与运动有关的其他生理功能基本达到极限，例如，心率可达200次/min，心输出量达30L，呼吸频率60～80次/min，肺通气量达120～150L，收缩压26～32kPa等。同时，肌肉的电活动加强，表明募集了新的运动单位以代偿肌肉的疲劳。

第三节　运动性疲劳

一、运动性疲劳的分类

运动性疲劳是身体运动引起的机体工作能力暂时降低，经过适当时间休息和调整可以恢复的生理现象。运动性疲劳的出现既是机体对承受强大运动负荷的一种保护性反应，也是进一步促进机体对运动训练产生良好适应，从而提高运动能力的有效刺激。

由于形成原因和机制的不同，运动性疲劳可以分为多种类型。其中，从运动训练的角度来看，运动性疲劳主要表现为以下几个方面。

（1）肌肉疲劳。肌肉疲劳的主要特点是最大肌肉随意收缩力和肌耐力下降、肌肉收缩和舒张时间延长、肌肉出现僵硬和疼痛等。

（2）内脏疲劳。内脏疲劳主要包括心血管疲劳和呼吸疲劳。心血管疲劳主要表现为心输出量下降、收缩压下降、舒张压上升、脉压减小、心电图发生改变等。呼吸疲劳时，肺气体交换能力下降。

(3) 神经和心理疲劳。神经疲劳表现为大脑皮层机能状态低下，中枢神经系统驱动肌肉运动的能力减弱。其在心理活动方面的表现主要包括注意力不集中、反应迟钝、判断不准确、记忆力下降、情绪容易激动、烦躁不安和失眠等。

二、运动性疲劳的评价

检测和评价运动性疲劳的性质及其程度是科学安排体育教学和运动训练的基础，它对于提高运动员竞技运动能力具有重要的实践意义。

(一) 生理学评价

1. 心率

心率是评定运动性疲劳最简易的指标，一般常用基础心率、运动后即刻心率和恢复期心率对疲劳进行评价。

基础心率是基础状态下的心率，即清晨、清醒、起床前、静卧时的心率，一般用脉搏表示。身体机能正常时基础心率相对稳定，如果大运动负荷训练后，经过一夜的休息，基础心率较平时增加 5~10 次/min 以上，则认为有疲劳累积现象。如果连续几天持续增加，则应调整运动负荷。

可采用遥测心率方法测定运动中的心率变化，或用运动后即刻心率代替运动中的心率。按照训练适应理论，随着训练水平的提高，完成同样运动负荷时，心率有逐渐减少的趋势。一般情况下，如果从事同样强度的定量负荷，运动中心率增加，则表示身体机能状态不佳。

人体进行一定强度运动后，经过一段时间休息，心率可恢复到运动前状态。身体疲劳时，心血管系统机能下降，可使运动后心率恢复时间延长。因此，可将定量负荷后的心率恢复时间作为疲劳诊断指标，如在 30s 时间内进行 20 次深蹲的定量负荷运动。一般心率可在运动后 3min 内恢复到运动前水平，而身体疲劳时，这种恢复时间则会明显延长。

2. 心电图

心电图（ECG）是利用心电图机从体表记录心脏每一心动周期所产生的电活动变化图形的技术。心脏疲劳时，心电图会发生改变，如 T 波下降或倒置、S-T 段下移、心律不齐等。

心电图是临床最常用的检查之一，应用广泛。应用范围包括：

(1) 记录人体正常心脏的电活动；

(2) 帮助诊断心律失常；

(3) 帮助诊断心肌缺血、心肌梗死及部位；

(4) 诊断心脏扩大、肥厚；

(5) 判断药物或电解质情况对心脏的影响；

(6) 判断人工心脏起搏状况。

3. 肌肉力量和耐力

肌力和肌耐力下降是肌肉疲劳的主要特征，可在训练前后或次日凌晨检测肌力和肌耐力的变化及恢复程度，由此对疲劳的程度和恢复情况进行评价。肌力评价的常用检测指标是最大随意收缩力，而肌耐力可以通过测量定量重量负荷的持续时间或重复次数进行评价。肌肉疲劳的程度与肌力和肌耐力下降的程度成正比。

4. 呼吸肌耐力

采用肺活量计，连续测定5次肺活量，每次间隔30s。若5次肺活量值连续下降，则说明存在呼吸肌疲劳现象。呼吸肌长时间进行收缩活动的能力。主要取决于膈肌，是影响呼吸衰竭发生、发展和机械通气撤机的主要因素之一。

5. 肌电图

运动中的肌电图变化可评定神经肌肉系统的疲劳程度。神经肌肉系统疲劳时，肌电图（EMG，Electromyogram）的一般特征为积分肌电值增加、肌电功率谱的高频成分减少、低频成分增加，即肌电功率谱左移。

肌电图是指用肌电仪记录下来的肌肉生物电图形，对评价人在人机系统中的活动具有重要意义。肌电图可以采用专用的肌电图仪或多导生理仪进行测量。静态肌肉工作时测得的该图呈现出单纯相、混合相和干扰相三种典型的波形，它们与肌肉负荷强度有十分密切的关系。当肌肉轻度负荷时，图上出现孤立的、有一定间隔和一定频率的单个低幅运动单位电位，即单纯相；当肌肉中度负荷时，图上虽然有些区域仍可见到单个运动单位电位，但另一些区域的电位十分密集不能区分，即混合相；当肌肉重度负荷时，图上出现不同频率、不同波幅、且参差重叠难以区分的高幅电位，即干扰相。肌电图的定量分析比较复杂，必须借助计算机完成。常用的指标有积分肌电图、均方振幅、幅谱、功率谱密度函数及由功率谱密度函数派生的平均功率频率和中心频率等。

6. 血压体位反射

大运动负荷训练后，植物性神经系统调节机能因疲劳而下降，使血管运动的调节发生障碍。血压体位反射主要是测定心血管系统调节机能，其方法为：

（1）受试者呈坐位姿势，静息5min，测定安静时的血压；受试者仰卧并保持卧姿3min；

（2）测试人员推受试者背部使其恢复坐姿（不能让受试者自己坐起）；

（3）立即测血压，并每隔30s测一次血压，共测2min，如果在2min内血压完全恢复为正常，2min内恢复一半以上为调节机能欠佳，2min内完全不能恢复为调节机能不良。

7. 反应时

反应时是指刺激信号出现后机体迅速做出反应的最短时间，分为简单反应时和复杂反应时。疲劳时反应时明显延长，特别是复杂反应时延长更明显，表明大脑皮层分析机能下降。

反应时是指刺激作用于有机体后到明显反应开始时所需要的时间，即刺激与反应之间的时间间隔。反应时心理学研究中最重要的反应变量和指标之一。

反应时包含以下三个时段：第一时段，刺激使感受器产生了兴奋，其冲动传递到感觉神经元的时间；第二时段，神经冲动经感觉神经传至大脑皮质的感觉中枢和运动中枢，从那里经运动神经到效应器官的时间；第三时段，效应器官接受冲动后开始效应活动的时间。以上三个时段的总和即是反应时间。

8. 唾液pH值

由于剧烈运动时间过长，乳酸生成增多，血液pH值下降，从而使唾液pH值也下降。因此，测定唾液pH值可用于判断运动性疲劳，测试方法为：

（1）让受试者将口腔中的唾液消除掉，然后使新产生的唾液沿口唇流出；

（2）用镊子把测试唾液 pH 值的试纸贴在舌尖，待其充分吸湿后取出，立即与比色表对照；

若运动后唾液 pH 值降低，则表示机体疲劳。

9. 尿蛋白

正常人在安静时尿中蛋白质含量甚微（日排出量小于 150mg，一般为 0.02~0.08g/L），常规检验方法不能检出，故通常称为阴性。运动能使尿中蛋白质排出量增加呈阳性，称为运动性尿蛋白。运动性尿蛋白属于功能性尿蛋白，一般在 24h 内可自行消失。运动后尿中蛋白质的排泄量因机体机能状态、运动负荷的不同而不同，因此可根据运动后尿蛋白排泄量和组成成分来评定运动员身体机能状态或其适应情况。一般取运动后和次日晨尿做检验来评定其疲劳和恢复程度。如果晨尿中蛋白质含量较高或超过正常值，可能是过度疲劳或过度训练的表现。运动性尿蛋白存在很大的个体差异性，但个体本身具有相对稳定性，所以应用尿蛋白指标时应注意：

（1）注意个体特征；

（2）评定身体恢复过程的机能水平时，需要和其他指标对照。

（二）心理学评价

1. 主观疲劳感觉量表

人体运动时的主观疲劳感觉与运动强度、心脏功能、耗氧量及代谢产物变化等多种因素密切相关。因此，了解运动时的自我疲劳感觉可以在一定的程度上进行运动性疲劳程度的评价。1962 年，瑞典生理学家冈奈尔 · 鲍格制定了判断疲劳的主观疲劳感觉量表（RPE），使原来粗略的疲劳定性分析变为较精确的半定量分析。1982 年，他又提出一新量表，更适合于无氧运动或缺氧时自觉反应的需要。

2. 疲劳自觉症状测定法

教练员还可以根据表 8-1 询问运动员训练后的主观感觉。一般来说，肌肉疲劳在 A 栏里出现的症状较多；神经和心理疲劳在 B、C 两栏出现的症状较多。可以根据运动员自觉症状的多少判断其疲劳的性质和程度，症状总数越多，疲劳程度越深。

表 8-1　疲劳自觉症状测定表

A：身体症状	B：精神症状	C：神经感觉症状
头沉	脑子不清醒，头昏眼花	眼睛疲劳，眼冒金星、眼无神
头痛	思想不集中厌于思考问题	眼发涩、发干
全身懒倦	不爱动，不爱说话	动作不灵活，动作出错误
身体某处无力、疼或抽筋	针扎似的疼	脚跟发软，脚步不稳
肩发酸	困倦	味觉改变，味觉厌腻
呼吸困难，气短	精神涣散	眩晕
无力	对事情不积极	眼皮和其他肌肉跳动
没有唾液，口发黏，口发干	很多事情想不起来	听觉迟钝，耳鸣
打哈欠	做事没有信心，做事出错误	手脚发颤
出冷汗	对事情放心不下，事事操心	不能安静下来

三、运动性疲劳的原因与机制

运动性疲劳的原因是指导致运动性疲劳的各种生理学因素，而运动性疲劳的机制则特指以上因素引起机体疲劳的具体途径和方式。因此，运动性疲劳的原因和机制实质上是回答有哪些因素，以及它们是如何导致机体疲劳的。

（1）能源耗竭。能源耗竭学说认为运动性疲劳的产生是因为运动过程中体内能源物质大量消耗而得不到及时补充造成的。例如短时间、高强度的运动中，体内高能磷酸物 ATP、CP 含量下降，尤其是 CP 含量明显下降，影响了 ATP 再合成，从而产生运动性疲劳；而中等强度、长时间的运动可使体内糖类物质大量消耗，从而诱发大脑皮层工作能力下降和身体疲劳。

（2）代谢产物累积。代谢产物累积与运动性疲劳的形成有密切关系。代谢产物累积学说认为运动性疲劳的产生主要是运动过程中某些代谢产物在体内大量堆积而又不能及时消除，从而影响体内的内环境组成和能量代谢过程，造成机体运动能力下降。目前认为引起运动性疲劳的主要代谢产物包括 H^+、氨、ADP 和无机磷酸等。其中 H^+是人体剧烈运动时机体糖无氧酵解生成乳酸过程中形成的代谢产物。体内 H^+含量增加可使肌肉和血液 pH 值下降，后者可以进一步抑制中枢神经系统功能；抑制糖无氧酵解供能；抑制 Ca^{2+}与肌钙蛋白结合，减少横桥形成数量；抑制肌质网的 Ca^{2+}回收能力，影响肌质网的 Ca^{2+}后续释放。

（3）离子平衡紊乱。离子平衡是维持肌细胞膜兴奋性和收缩功能的物质基础。离子平衡紊乱，肌细胞膜形成和传导动作电位的能力下降，从而影响肌质网的 Ca^{2+}释放和肌肉收缩，造成肌肉疲劳。目前研究发现的疲劳相关离子主要有 K^+、Mg^{2+}和 Ca^{2+}。Ca^{2+}在肌肉疲劳时可以聚集在线粒体内，抑制线粒体的氧化磷酸化和 ATP 的生成；K^+在肌肉运动过程中大量转移到肌细胞膜外，造成静息电位下降，从而影响动作电位的形成和传导；而肌肉疲劳时肌细胞内 Mg^{2+}含量的下降则可抑制多种代谢酶的活性，降低 ATP 的生成率。

（4）中枢驱动减弱。运动诱发肌肉疲劳状态下，脊髓前角运动神经元放电频率下降，甚至部分运动神经元停止放电，说明中枢驱动在运动性疲劳的形成过程中发挥着重要的作用。研究认为，中枢疲劳是机体的一种保护性机制。造成中枢驱动减弱的因素：一方面来自外周肌肉“自下而上”的各种传入神经信息的作用；另一方面还与一个人坚强的意志品质等“自上而下”因素的作用有关。

除了以上的原因和机制外，研究表明运动性疲劳的产生还与运动中的机体脱水、体温升高和低血糖等因素有关。

四、不同代谢类型运动项目疲劳的特点

不同代谢类型运动项目疲劳的原因和机制不完全相同，见表 8-2。

短时间剧烈运动产生的疲劳主要发生在肌肉，是局部的肌肉疲劳，它与体内的能源物质 ATP 和 CP 的消耗、酸碱平衡紊乱，以及 ADP 和 Pi 等代谢产物累积等有关。而进行长时间耐力运动时，肌肉中除 ATP、CP 减少外，能源储备肌糖原也消耗殆尽。此外，身体的诸多方面发生改变，比如血糖浓度明显下降、大脑中的抑制性物质氨基丁酸含量增加、体温升高、电解质平衡紊乱和脱水等。显然，此类项目的疲劳涉及身体范围广，是全身性疲劳或整体疲劳。

表 8-2　不同时间全力运动疲劳的生理特点

全力运动时间	疲劳的生理特点
0~5s	与神经递质代谢有关
5~10s	ATP 和 CP 明显下降，快肌纤维内乳酸开始累积
10~30s	ATP 和 CP 的消耗达到极限，乳酸累积迅速加快
0. 5~15min	肌肉和血乳酸含量达到最高值，pH 值下降导致疲劳
15~60min	肌糖原明显消耗，体温增加
1~5h	糖储备大量消耗，血糖下降，体温升高，机体脱水
6h 以上	体温升高，机体脱水，电解质紊乱，代谢失调

第四节　身体机能恢复

运动结束以后，人体的各种机能活动仍然处于较高的水平，必须经过一定的时间才能逐渐恢复到原来的水平，这一变化过程即为恢复过程。

一、运动后身体机能恢复的一般规律

根据运动生理学的研究，人体在运动过程中的消耗和恢复过程可分为三个阶段。

第一阶段：人体在运动时能源物质主要是消耗，体内能源物质逐渐减少，各器官系统功能不断下降。

第二阶段：运动结束后消耗过程减少，机体恢复过程占优势，能源物质和各器官系统的功能逐渐恢复到原来水平。

第三阶段：运动中消耗的能源物质在运动后一段时间内不仅恢复到原来水平，甚至超过原来水平，这一现象称为“超量恢复”或“超量代偿”，保持一段时间后又回到原来水平。超量恢复的程度和时间取决于消耗的程度。在生理适宜的一定范围内，肌肉活动量越大，消耗过程越剧烈，超量恢复越明显。

二、促进运动后身体机能恢复的手段和方法

身体机能恢复是运动员适应运动训练的表现，也是继续从事运动训练的基础，采用切实有效的手段加速身体机能的恢复，是目前运动训练的一个重要特征。促进身体机能恢复的手段主要包括积极性休息、合理营养、理疗、睡眠和中医药调整等。

（一）积极性休息

1. 动态休息

动态休息是相对静态休息而言的，通常情况下是安排在间歇训练的各个练习之间，或持续时间在十几到几十分钟的运动之后。动态休息能够有效地维持机体的血液循环速度，加快代谢产物的消除，从而有效地促进身体机能的恢复。研究发现，动态休息的生理学作

用与动态活动的强度大小有关，动态休息的活动强度在30%～45% $\dot{V}_{O_2max}$之间对于消除血乳酸的效果最好。

2. 整理活动

整理活动是一种常用的手段，是指在正式身体练习后所做的一些加快机体功能恢复的较轻松的练习。通过整理活动，可减少肌肉的延迟性酸疼，有助于消除疲劳；使肌肉血流量增加，加速乳酸利用；预防激烈活动骤然停止可能引起的机体功能失调。

做整理活动时量不能大，尽量缓和、放松，使身体逐渐恢复到安静状态。整理活动的内容主要包括一些深呼吸运动和全身性放松练习，要有针对性，使运动中主要负荷部位的肌群得到充分放松。整理活动的时间应该根据运动中的负荷量与强度来安排，一般为5～15min。

（二）合理营养

少儿运动员在训练和比赛期间通常要大量消耗能量物质和其他营养素，这些物质在训练或比赛后如果长时间不能得到充分合理的补充，将会造成体内的能源物质、维生素等营养素储备减少，从而影响其身体的生长发育和运动能力的发展。合理营养指的是运动员饮食中的各种营养素数量充足，种类齐全，比例适当，且与运动训练和比赛对机体营养的需要保持动态平衡。

1. 补充糖

糖是运动中的主要燃料。一般情况下，运动员每天训练所消耗的糖占其总能耗的50%～90%，总量为250～450g。加上日常生活所需要的300～350g，一个运动员每天消耗的糖的总量为550～800g。

训练或比赛后糖的补充首先保证饮食中糖的数量，食用含糖数量不同的饮食会对肌糖原含量和耐力运动的成绩造成明显的影响；其次是补糖的时间越早越好，最佳的时间是在运动后2h。此外，大运动量的训练和比赛以后，应当安排适当时间的休息（一般为45～60min），然后开始用餐。

2. 补充蛋白质

蛋白质是人体的一种重要营养素，具有多种重要的生物学功能。一般成年人的蛋白质需要量为每日1.2～1.5g/kg体重。儿童少年正处生长发育阶段，蛋白质供给应适当增加，达到每日2.5g/kg体重；少年儿童运动员应增至3g/kg体重。

3. 补充脂肪

脂肪含多种饱和脂肪酸，最普通的脂肪就是烹调用的油脂，如猪油、豆油、菜籽油、花生油、麻油和肥肉等。各种食物也都含有或多或少的脂肪。运动员没有必要专门补充脂肪，膳食中适宜的脂肪量为总热量的25%～30%即可。游泳及冬季运动项目（如滑雪、滑冰等）因机体散热量较大，食物中脂肪可比其他项目高些，但也不宜超过总热量的35%。

4. 补充维生素

维生素是辅酶的重要组成成分。对于代谢的运转有极其重要的作用，缺乏或不足时即可对运动能力产生不利的影响，其表现为做功量降低、疲劳加重、肌肉无力等。补充缺乏的维生素，可以提高运动能力。各种维生素的摄入量应当充足，但摄食过多也不合适。过量的维生素 A、维生素 D 的烟酰胺都会产生毒性；维生素 C、维生素 B_1、维生素 B_2、维生素 B_6等虽然无毒性，但超出机体所能利用和储存的量后即由小便和其他体液排泄出体外，造成浪费。

5. 补充矿物质

矿物质是构成骨、齿和体液的重要成分，体内许多生理作用也都靠矿物质来维持。参加运动训练使身体负荷加大，大量的排汗使身体对 K、Na、P、Mg、Fe 的需要量增加，特别是对钾和钠的需要量明显增加，因而必须从食物中补充。

另外，运动员在经过大强度训练之后，常采用按摩、理疗、吸氧、针灸等医学物理手段加速机体恢复。

（三）睡眠与心理调整

睡眠是生命活动所必需的，在睡眠时感觉减退、意识逐渐消失，机体与环境的主动联系大大减弱，失去了对环境变化的精确适应能力，全身肌肉处于放松状态。通过睡眠，精神和体力才能得到恢复，睡眠有障碍时常会导致中枢神经系统大脑皮层活动失常。因此，睡眠对功能的恢复是非常重要的。

在训练和比赛之后，采用心理调整措施恢复工作能力，能够降低神经—精神的紧张程度、减轻心理的压抑状态、加快神经能量的恢复，从而对加速身体其他器官、系统的恢复产生重大影响。对身体起作用的心理手段、种类非常多。其中主要有暗示性睡眠-休息、肌肉放松、心理调整训练（个人或集体）、各种消遣和娱乐活动、舒适的生活条件等。

（四）中医药调整

应用中医药调理的目的在于提高机体抗病能力，增强免疫，改善代谢调节，提高训练效果。通过中药补剂提高免疫能力，对加速疲劳消除有良好作用。另外，通过外源性的抗氧化剂的补充可以减少大强度运动时氧自由基对机体的损害，常用的抗氧剂中草药有人参、当归、生地、酸枣仁和五味子等。

第九章　年龄、性别、环境与运动

第一节　年　　龄

一、生长发育

生长和发育是人体在成长过程中紧密联系、不可分割的两个方面。生长是指有机体细胞繁殖、增大和细胞间质不断增多的量的变化过程。发育则是在有机体生长的基础上，各组织、器官、系统的形态改变和功能的逐渐完善，是质的变化过程。

（一）生长发育的年龄分期

根据人体在成长过程中的生长发育水平和特点，人为地划分数个年龄阶段称为年龄分期。

生前期从受精卵开始到婴儿出生为止；从出生到 1 岁为婴儿期；从 1～3 岁为幼儿期；从 3～6 岁为学前期；从 6～12 岁为学龄期；从 10～19 岁为青春期，一般女孩比男孩早两年发育。

青春期是指从性的幼稚状态和不能生育的儿童，转变为性成熟的青年，这一发育阶段也称为性成熟过程。按发育特点可分为前、中、后三期。青春前期是指女孩月经初潮、男孩首次遗精出现前的生长发育突增阶段，一般持续 2—3 年；青春中期是指第二性征发育开始后的 3—4 年；青春后期是指第二性征已发育如成人，性器官、生殖器、生殖功能发育成熟，体格发育逐渐停止，此期一般持续 3 年左右。

（二）生长发育的一般规律

受各种因素的影响，人体生长发育存在着个体差异，但有共同规律。

1. 生长发育的连续性和阶段性

人体的生长发育从整体看是一个连续、统一和逐渐完善的过程，但在不同年龄阶段，生长发育有快有慢，呈现明显的阶段性。从胎儿到成人整个生长发育过程中存在着两个突增阶段。

第一次突增阶段：身高在孕中期（4—6 月）增加 27.5cm，出生至 1 周岁增加 20～25cm，为出生时身高的 50%。体重在孕末期（7—9 月）增加 2.25kg，出生至 1 周岁增加 6～7kg，为出生时体重的 2 倍。

第二次突增阶段：女孩从 9～11 岁开始，13～15 岁结束，男孩一般晚两年。在此阶段内，身高年增长率为 3%～5%，增长绝对数为 6～8cm，个别可达 10～12cm。体重年增长率为 10%～14%，增长绝对数为 5～6kg。

第二次突增阶段是人体生长发育的重要时期，对成年的体型和体格强壮、健美与否都有很大的影响。

2. 生长发育速度的非匀速性

人体在不同年龄阶段，身高各部分生长发育的速度是不均等的，各部分的比例是变化的。

（1）整体各部分比例的变化。头长占身高的比例在胎儿 2 个月时为 1/2、新生儿约为 1/4、成人约为 1/8。头与躯干、四肢的比例是，头增长 1 倍，躯干增长 2 倍，上肢增长 3 倍，下肢增长 4 倍。

（2）身体表面积的变化。新生儿的身体表面积约为 $2200cm^2$，1 岁时增加 1 倍，6 岁左右增加 3 倍，成人为出生时的 7 倍。但由于体重在同一时期中增加到 20 倍，体表面积与体重的比例明显下降。

（3）器官重量的变化出生时脑、心、肝、肾等主要器官重量的总和约占新生儿体重的 18%，5 岁时为 10%、10 岁时为 8.4%、成人为 5%左右。

3. 生长发育的不均衡性与统一性

人体各器官、系统的生长发育与整体生长发育之间存在着既统一又有迟早不均衡的生长发育特点。

一般型器官的特点包括运动系统、消化系统、呼吸系统、泌尿系统和心血管系统。一般型器官的生长发育，大致与整体生长发育相平行。运动系统中骨骼的生长与体重增长一致，但是骨骼各部分的生长速度不同。骨骼肌的生长大致与身高的生长一致，但大肌肉的发育比小肌肉发育要早。心血管系统的生长与身高、体重同时进行，但心脏的发育要落后于血管的发育。呼吸、消化、泌尿系统自出生后有一迅速生长过程，以后速度减慢，青春期开始后又一次迅速生长。

神经型器官特点包括脑、脊髓和视器。神经型器官的特点是出生前后迅速生长，很快接近成人水平。例如，新生儿脑重 350g，半年后达 600g 左右，1 岁左右达 900g，12 岁时已接近成人水平，达 1300g 左右。

淋巴型器官特点包括胸腺，淋巴组织及皮下脂肪等。淋巴型器官的特点是出生时或童年时已生长发育达成熟阶段，到青春期前后开始萎缩。

生殖型器官的特点包括男、女性内外生殖器等。生殖型器官的特点是出生后极少生长，从青春期开始迅速生长，且生长的基本特点是性别的进一步分化。

4. 生长发育的程序

人体在生长发育的不同时期，分别遵循头尾发展规律和向心发展规律的不同生长方式。

（1）头尾律。在胎儿期和婴儿期，人体的生长发育首先从头部开始，然后逐渐延伸到尾（下肢）部，即婴幼儿先抬头、转头、用手取物，再发展到躯干转动、直坐、下肢活动及下肢与其他部位的协同动作。

（2）向心律。由于直立行走改变了人体所承载的动力负荷和静力负荷的关系，幼儿一旦能走了，其生长发育程序就体现出明显的向心发展规律。大致程序如下：

1）上肢发育领先于躯干；

2）下肢发育领先于上肢；长度的发育领先于围、宽度；

3）身高的发育领先于体重。

（三）影响生长发育的因素

研究证明，影响生长发育的因素有很多，其中最基本的因素是遗传和环境。

1. 遗传因素

遗传物质从上代传给后代的现象称为遗传。人体的许多性状如形态特征、生理特征、代谢特征、神经类型、血型、骨骼肌纤维的百分构成、体型、身高、脸型、肤色等都是可遗传的。遗传性状由 DNA 上的基因控制，人体在生长发育中的个体差异均是由基因决定的，但基因在复制、转录、翻译、合成各种蛋白质（性状）时，需要外界环境的配合，否则将引起变异。

2. 环境因素

影响生长发育的环境因素有营养、生活制度、体育锻炼、气候与季节及疾病等。合理的膳食搭配，足够的蛋白质、热能、维生素、矿物质等是保证正常生长发育的物质基础，能避免因营养不良造成的生长发育滞后。有规律的作息习惯和定时定量不偏食的进餐是保证儿童少年正常生长发育的措施之一，合理的生活制度有利于促进身体各部位的发育。体育锻炼是促进生长发育和增强体质的重要手段，积极参加体育运动对身体的生长发育有明显的促进作用，不仅能促进运动器官的发育，而且能使大脑皮层的调节能力提高，促使全身各器官系统的结构、功能健康发展。北方因年平均气温比南方低，身体各项发育指标均大于南方，不同季节主要对身高和体重有明显影响，一般在春季时身高增长最快，在秋季时体重增加最快。任何急、慢性疾病都会干扰生长发育的正常程序而对生长发育产生直接影响。影响程度取决于病变部位、病程长短、疾病严重程度等。

除上述因素外，社会体制、经济状况等也将对生长发育产生影响，如城市儿童发育优先于农村儿童。

二、儿童少年身体机能和运动能力的年龄特点

（一）运动系统

1. 骨和关节

儿童少年处于生长发育阶段。与成人相比，儿童少年骨的有机物较多，而无机物较少。因此，儿童少年骨质柔软，骨的弹性和韧性较好，不易骨折。但是，儿童少年骨的坚固性较差，承受压力的能力不及成人，容易在承受外力过大的情况下弯曲变形，因此必须教育儿童少年注意正确的姿势和体位，避免负荷强度和负荷量过大的负重训练，以免造成驼背、脊柱弯曲和胸部畸形等。此外，大量研究表明，在此阶段从事适当的体育锻炼和运动训练能够有效地促进骨骼长粗、骨密度增加和强度增大，但对骨骼长度的影响较小。

由于儿童少年的骨骼处于生长发育之中，构成关节的关节两面差度较成人大，关节面的软骨也较厚，关节囊及韧带松弛、薄弱、伸展性较大。关节周围的肌肉细长而薄弱，因而其关节的灵活性、柔韧性都好于成人，但关节的牢固性和稳定性都不及成人。因此，在体育锻炼和运动训练中，应注意避免因用力不当造成关节损伤或脱位。

2. 肌肉

从出生到生长发育结束，人体肌肉的重量随着年龄的增长而不断增加。男性肌肉的重

量从出生时占体重的25%长到成人时期的50%，女性长到40%。男性肌肉重量高峰期出现在18~25岁，而女性一般在16~20岁。

儿童少年全身各个部分肌肉的生长发育是不均衡的。大肌肉发育较早，生长速度也快；而小肌肉发育较迟，生长速度也较慢。因此，在发展大肌肉力量的同时，也应注意进行小肌肉的训练，以使全身肌肉协调发展。

3. 肌肉力量

儿童少年时期肌肉力量随着年龄的增长而逐年提高。一般情况下，男性在20~30岁，女性在20岁以前达到个人的最大肌力。对下肢肌肉力量的纵向追踪研究表明，12~16岁是男性下肢肌肉力量自然发展的快速时期，此时正处青春发育期；而此时女性的肌肉力量则无明显快速的增加。儿童少年时期肌肉力量的增龄性变化，一方面取决于肌肉数量的增多，另一方面还与神经系统的发育有密切关系。神经系统功能发育不完善，肌肉力量和技能学习都会受到一定程度的影响。

（二）神经系统

儿童少年的脑重在出生以后迅速生长，到12岁时接近成人水平。与此同时，神经细胞体积增大，树突和轴突伸长，大脑额叶面积显著增大，神经系统功能日趋完善，平衡、灵敏和协调能力得到显著改善。

新生儿大脑活动的抑制过程占优势，随着年龄的增加兴奋过程逐渐提高。6~13岁时神经系统的兴奋性大大提高并占明显优势，主要表现为：活泼好动、注意力不集中；神经细胞工作能力较差；容易疲劳；学习和掌握动作快；兴奋容易扩散，导致动作不准确、不协调。13岁以后，抑制过程加强，兴奋和抑制过程逐渐趋于平衡。

儿童时期，神经活动中第一信号系统占主导地位，对形象刺激容易建立条件反射；而第二信号系统相对较弱，抽象思维能力较差。9~16岁第二信号系统功能进一步发展，抽象思维能力逐渐提高。16~18岁阶段，第二信号系统功能发展到相当高的水平，两个信号系统的功能及其相互关系更加完善，神经系统的功能接近成人。

（三）心血管系统

心脏重量随着年龄增长而增加，新生儿心脏的重量为17~24g，1岁时为60~75g，7岁时约为90g，18岁时约为310g，此时基本达到成人水平。

儿童少年时期交感神经兴奋占优势，因此心率较快，而且年龄越小心率越快。安静状态下，心率随年龄的增长而减小。男性每年平均减少1次/min，女性每年平均减少0.8次/min，到19岁以后心率基本趋于稳定。但是儿童少年时期的最大心率一般在195~205次/min，年递减率约为0.5次/min。

儿童少年心肌发育尚不完善，收缩力量较为薄弱。新生儿的每搏量约为5mL，5岁时约为25mL，而到15岁时为85mL，达到成人水平。10~20岁期间，男生的最大心输出量可达到12~21L/min，女生达到10.5~15.5L/min。但由于最大心输出量的大小与人体体积或体表面积有关，单位体表面积或体重的最大心输出量差异较小。

新生儿收缩压较低（约为60mmHg），但随着年龄的增长逐渐增加，到15岁时接近成人水平。由于儿童少年的组织血流量（心输出量、体重）相对较多，儿童少年时期血压较低，表明其血管的外周阻力较小。

（四）呼吸系统

儿童少年的胸廓小、肺容积小、呼吸肌力量较弱、呼吸气道狭窄、呼吸阻力较大，故每次呼吸的深度不及成人。但是，儿童少年的新陈代谢比较旺盛，呼吸中枢的兴奋性较高，所以在安静状态下的呼吸频率较快。

运动过程中，最大肺通气量随年龄增长而增加。儿童时期的最大肺通气量主要取决于呼吸频率（f）的变化，而成人则主要依赖于潮气量（V_t）的变化。男性最大潮气量约在15岁达到峰值，而女性稍早于男性。

最大吸氧量是决定和影响人体有氧运动能力的重要生理学因素。在6~18岁阶段，最大吸氧量绝对值随年龄增长而增加，男性约在18岁、女性约在16岁达到最大值。但若以体重相对值表示，男性在6~18岁期间的最大吸氧量基本稳定，而女性则随年龄增加而逐渐减小。目前研究认为，儿童少年时期最大吸氧量绝对值的增龄性变化主要是因为心输出量增大所致，而体重相对值的变化主要与体重增加的速度有关。

（五）内分泌系统

内分泌对儿童少年新陈代谢、生长发育和运动能力都有很大的作用。垂体在4岁前和青春期生长速度最快。腺垂体分泌的生长激素是从出生到青春期促进人体生长的最重要的激素。垂体功能低下，人体生长迟缓，甚至患侏儒症；而若机能亢进，生长速度过快，可造成巨人症。

出生时甲状腺业已形成，以后逐渐生长，14~15岁期间甲状腺发育最快。如果甲状腺功能低下，那么会影响人体的生长发育和智力；如果甲状腺功能亢进，那么会提高神经系统的兴奋性，造成情绪激动，心率和呼吸加快。

10岁以前性腺的生长十分缓慢，青春期开始以后生长速度加快，促进性器官的发育和第二性征的出现。

（六）无氧运动能力

儿童少年肌肉的无氧代谢酶活性较低，生成和耐受乳酸的能力较差，所以无氧运动能力不及成人。在9~16岁儿童少年的有氧运动能力以最大吸氧量为代表，而无氧运动能力为玛加利亚试验的测试结果。由此可见，与有氧运动能力相比，儿童少年无氧运动能力相对较差。

第二节　性　　别

一、身体形态、机能和运动能力的性别差异

由于身体形态和生理机能的不同，男、女在运动成绩方面也表现出一定的差异。而造成以上差异的原因主要包括以下几个方面。

（一）形态结构

青春发育期之前，男、女身体形态差异不大，从青春发育期开始，男、女之间在生长发育方面开始出现明显差异。一般情况下，女性青春发育期比男性早，各项发育指标增长率出现峰值的时间比男性早 1—2 年，而青春发育期结束的时间比男性早 2—3 年。到 18~25 岁，男性在身高、体重、坐高、肩宽、上肢长、小腿长、足长、胸围和上臂围等方面均大于女子，只有大腿围小于女子。

女子的体型特点是四肢较短，躯干较长，肩、胸狭窄，上臂较细，骨盆较宽，大小腿较粗；而男性则表现为上肢宽粗，下肢细长。

（二）体成分的差异

体成分是身体组成成分的简称，由体脂肪（BF，Body Fat）和去脂体重（FFM，Fat Free Mass）两部分组成，二者通常都以体重的百分比大小表示。儿童少年阶段，FFM 的变化与年龄有关；青春发育期前，FFM 随着年龄的增加而增加；青春发育期开始后，男性 FFM 继续随年龄增加而变化，一直持续到 20 岁以后。而女性的 FFM 则缓慢增加，在 15~16 岁阶段达到最大值。

（三）运动系统的差异

女性肌肉约占体重的 30%，男性则占 40%以上。女性上肢肌肉力量的绝对值通常较男性小 40%~60%，下肢肌肉力量绝对值小 25%~30%。但是，若以体重相对值表示，女性下肢肌肉力量通常比男性小 5%~15%；若以去脂体重相对值表示，则下肢肌肉力量无明显性别差异。但上肢肌肉力量无论用什么方法表示，均是男性大于女性。

女性的屈臂悬垂、立定跳远和 1min 仰卧起坐分别为男性的 30%、30%和 70%；速度和耐力约为男性的 80%；但肌纤维的百分构成无明显性别差异。

女性骨骼的水分和有机物含量较多，无机盐含量较少，加之骨密质较薄、关节囊和韧带较松，导致女性骨骼的抗弯和抗压能力不及男性，不宜承受较重的负荷。但女性的柔韧性通常好于男性。

（四）氧运输系统的差异

女性胸廓较小，呼吸肌力量较弱，胸围及呼吸差较小。因此，女性的肺通气量和肺活量等通气功能参数低于男性。同样，运动时的最大肺通气量也较男性低 20%~30%。

女性心脏重量比男性轻 10%~15%，心脏体积较男性小 18%，血量约占体重的 7%（男性 8%），安静时的心率较男性高 1~2 次/min。

女性的收缩压和舒张压都低于男性，分别低于约 1.3kPa（10mmHg）和 0.66kPa（5mmHg），每搏输出量和心输出量分别低 10~15mL 和 0.5L。女性血液中的红细胞数量不及男性，血红蛋白总量也只有男性的 65%左右。

最大吸氧量是评价氧运输系统的最重要的生理学指标。最大吸氧量高，则有氧运动能力的潜力大，有氧耐力好，反之亦然。青春发育期开始以后，最大吸氧量的绝对值开始出现明显的性别差异。到成年阶段，女性最大吸氧量的绝对值为男性的 50%~60%。但是多数耐力项目成绩的性别差异通常小于15%。由此可见，耐力项目成绩的性别差异不能完全以最大吸氧量的性别差异来解释。

（五）无氧运动能力的差异

早年对氧债性别差异的研究发现，女性的氧债数量不及男性，而出现的时间早于男性，说明女性的无氧运动能力不如男性。进一步以温盖特无氧功率试验进行研究，发现13~18岁期间，女性的无氧功率只有男性的70%，这再次证明男性和女性在无氧运动能力方面存在着明显的性别差异。

二、女性体育卫生

10岁以前，男女儿童的身体机能和运动能力基本相同。进入青春期后，男女性在身体外形、生理功能、运动能力等方面都出现较大的性别差异。除心血管机能、呼吸机能和运动机能与男性有明显差异外，女性出现了月经初潮。因此，对女性进行体育教学和锻炼时应考虑到相应的体育卫生要求，尤其要注意女性经期的体育卫生。

（一）月经周期

女性从青春期开始，在整个生育年龄中，由于性激素的分泌活动呈现规则的月周期波动引起子宫内膜也发生相应的周期性改变，这种周期性的变化称生殖周期，也称月经周期。在每个月经周期中，子宫内膜均发生一次剥落，导致阴道流血称为月经。

1. 月经初期

女性第一次出现月经称为初潮。初潮年龄多在13~15岁，初潮年龄的迟早与卵巢功能有关，也受身体健康、营养状况、环境温度及社会因素的影响。

2. 月经周期

通常把这次月经来潮的第一天始到下一次月经来潮的第一天止称为月经周期，一般为21—35天，平均为28天。在月经周期中，由于受卵巢周期性活动的调控，子宫内膜呈现周期性变化，可分为三个时期。

（1）增生期。增生期相当于月经周期的第5—14天。在卵泡大量分泌雌激素作用下，使子宫内膜修复增生变厚，此期中的最后1天左右，卵巢进行排卵。

（2）分泌期。分泌期相当于月经周期的第15—28天。排卵后各类雌性激素分泌量大增，作用于子宫内膜，使子宫内膜变得非常丰厚，为受精卵着床做好准备。如果卵子未受精则各类雌性激素分泌量急剧下降，使子宫内膜失去激素支持而出现血管破裂、内膜坏死而剥脱出血。

（3）月经期。月经期相当于月经周期的第1—4天。子宫内膜大部分剥脱与血液一起外流形成月经。后期随雌激素分泌回升，子宫内膜又开始增生，进入下一个月经周期。

（二）经期体育卫生

月经是女性的正常生理现象，在月经期间，人体一般不出现明显的生理反应。因此，月经期间适当参加体育活动是有益的。体育活动使血液循环加快可减轻盆腔内充血现象，腹、盆部肌肉收缩与放松对子宫有按摩作用，利于经血排出。

一般而言，在月经期间身体的反应能力、灵敏性、协调性及肌肉力量等会有些降低。因此，在月经期间应注意以下体育卫生。

（1）月经期间应适当减少运动量，运动时间不宜过长，避免做用力过猛、腹压过大的屏气及静力性练习，避免做震动过大的跳跃动作。

（2）月经初潮的女性，运动量的安排要循序渐进，逐渐养成经期锻炼的习惯。

（3）对于身体健康、月经正常、又有一定训练水平的女生，经期可以安排一定量的运动训练，但要减少运动量，并加强义务监督。

（4）月经期间不能下水游泳，以避免病菌侵入内生殖器而引起炎症；冷水浴锻炼也应暂停。

（5）女生应加强经期自我监督，建立月经卡片填写制度，填写内容包括行经日期、经期反应和运动前后的身体反应等情况，以便及时发现问题，调整运动量。

第三节　环　　境

一、冷热环境与运动

（一）体温及其调节

1. 体温

人和高等动物机体都具有一定的温度，这就是体温。体温是机体进行新陈代谢和正常生命活动的必要条件。

人体的外周组织即表层（包括皮肤、皮下组织和肌肉等）的温度称为表层温度。表层温度不稳定，各部位之间的差异也大。机体深部（心、肺、腹腔、内脏等处）的温度则称为深部温度岭深部温度比表层温度高，且比较稳定，各部位之间的差异比较小。

一般临床上所指的体温是指机体深部的平均温度。由于体内各器官的代谢水平不同，它们的温度各有差别，但一般不超过1℃。临床上通常用口腔温度、直肠温度和腋窝温度来代表体温。直肠温度的正常值为36. 9~37. 9℃，口腔温度（舌下部）平均比直肠温度低0. 3℃，而腋窝温度平均又比口腔温度低0. 4℃。

2. 体温调节

人具有完善的体温调节机制。在外界环境温度改变时，通过调节产热过程和散热过程，维持体温的相对稳定。例如，在寒冷环境下，机体增加产热和减少散热；在炎热环境下，机体则通过减少产热和增加散热，从而使体温保持相对的稳定。

人和高等动物的体温调节是个复杂的调节过程。下丘脑体温调节中枢（包括调定点神经元在内）属于控制系统，它的传出信息控制着产热器官如肝、骨骼肌及各散热器官如皮肤、血管、汗腺等受控系统的活动，使受控对象——机体深部温度维持在一个相对稳定的水平；而输出变量——体温总是会受到内、外环境因素的干扰，譬如机体的运动或外环境气候因素如气温等的变化。此时则通过温度检测器——皮肤及深部温度感受器将干扰信息反馈于调定点，经过体温调节中枢的整合，再调整受控系统的活动，从而建立起当时条件下的体热平衡，起到稳定体温的效果。

（二）热应激与热习服

1. 热应激

在炎热环境中劳动与运动，会使机体内积蓄过多的热量，从而引起一系列的热应激与适应。炎热的刺激引起机体和应激反应主要包括如下。

（1）循环系统应激反应。心输出量重新分配，腹腔内脏的血流量减少，皮肤血流量增加，增强了辐射、传导、对流等散热能力。

（2）代谢和内分泌应激反应。动物实验证明，在炎热环境下，下丘脑—垂体—甲状腺轴的活动受抑制，使能量代谢降低，减少机体的产热。

（3）发汗。在炎热环境下运动时，汗液的分泌速度明显加快，以散发体内的热量。

2. 热习服

不间断或反复居留在高温气候中，身体会逐渐适应这种特殊的气候条件，身体对高热应激的稳定性得到发展，对炎热的耐受能力有所提高，出现热适应状态即为热习服。热习服的主要生理反应有以下几种。

（1）皮肤血流量减少，排汗能力增强。热习服时流经皮肤的血流量减少（与热应激相比较而言），并伴随出汗和蒸发散热能力大大增强，使外周导热能力增强，这有助于保存中央循环血量，保证了每搏输出量和运动中肌肉的血流量。同时，机体的出汗会更完全、更广泛，排汗能力可增加近 3 倍。

（2）心率减少，每搏量增加。热习服最主要的生理特征之一便是安静时和肌肉活动时心率的减少，搏出量的增加。如果处在热环境中同时还进行运动训练，则习服时可使血浆量增加 12%，这将有助于保证每搏输出量、中央循环血量和排汗能力，并使身体容纳更多的热。

很多研究报告发现，在常温下进行训练（主要是耐力性训练）也能提高身体的耐热性，使机体在负荷时体温、皮肤温度上升程度减少，心率也趋降低。耐力性项目的训练和比赛即使是在舒适的常温下进行，仍能引起机体深部温度的显著升高，甚至高达 40℃。这一内部温度的升高可以成为发展对巨大的“内源性”热负荷的适应性反应的刺激。研究表明，心血管系统、汗腺和其他器官系统的反应和人对“外源性”热负荷（高温高湿）的适应性反应十分相似。由此可见，即使在舒适的气温下进行系统大强度的耐力训练，也能完善热适应的某些生理机制。

（三）冷应激与冷习服

1. 冷应激

在寒冷环境中，机体的反应可归纳为产热与保温两个方面。通过代谢内分泌系统，应激使体内产热量增加。同时，冷刺激使皮下血管收缩，体表流量减少，皮肤温度下降，进而使皮肤表面与环境之间的温度差偏小，散热也就减少。

2. 冷习服

长期处于寒冷环境或有规律地在冷环境中训练，可以提高机体的耐寒能力，产生冷习服。冷习服的一个重要表现便是产生非寒战产热，即机体可以不依靠寒战而产生比寒战产热更多的热量来维持体温，这主要靠交感神经分泌的去甲肾上腺素的调节。评定人体对冷的习服有三种基本方法。

（1）测定产生寒战的皮肤温度阈值。冷习服的人可以增加非寒战的产热而使寒战发生推迟和减轻。

（2）测量手足温度。未经习服的人随着处于冷环境中的时间加长，手足温度会逐渐下降，而已习服的人则能够保持基本正常的温度。

（3）观察在寒冷中睡眠的能力。未经习服的人因打寒战太厉害而不能入睡，而习服到一定程度则可以在寒冷中安然入睡。

身体训练能够促进机体对寒冷环境的适应能力。将体格和体脂含量相似的马拉松运动员和长距离游泳运动员与不锻炼者进行耐寒性比较，结果表明，赛跑与游泳运动员机体组织的保温性比不锻炼者要好，而赛跑与游泳运动员之间未见差异。由此可见，耐力训练能使末梢血管收缩能力提高，抗寒性得到改善。

二、高原环境与运动

（一）高原环境对人体的影响

据了解，人类居住的最高海拔是4500m。而喜马拉雅山探险队曾经不用氧气筒登到埃弗勒斯山的8500m处，这些事实可以说明人类有居住在高地的能力。

在高原环境中，大气压力会随着海拔高度的上升而呈规律地逐渐降低，氧分压也随之降低。这种低压低氧环境会对人体的生理功能产生一系列的影响，其中对呼吸循环系统的影响最为明显，主要表现是最大吸氧量下降。

高原环境对运动能力的影响，因海拔高度和运动项目的不同而各异，根据高原运动与比赛的资料，特别是1968年墨西哥城奥运会的资料表明：

（1）运动持续时间超过2min的全身性耐久运动，到高原后运动成绩下降；

（2）短距离赛跑项目由于高原空气稀薄，减少了跑步时消耗在克服空气阻力上的能量，因此成绩有所提高；

（3）对速度与全身耐力关系不大的项目受高原影响不大，对投掷项目来说，需要利用空气升力的项目（如标枪等）可能受影响，而铅球、链球成绩由于空气阻力下降反而会提高。

（二）高原习服

高原的低氧环境会给人体各个系统，尤其是呼吸循环系统功能带来不利影响，但对高山民族的人却不会有特殊的不良反应，这就是身体对缺氧产生了适应，也称高原习服。

高原习服可分为短期习服（数天、数周、数月）和长期习服。最初的习服包括酸碱平衡的变化，肺通气的调节和氧运输能力、细胞代谢效率、肺和肌肉的血管分布增加等。

（三）高原训练

高原训练是指有目的、有计划地将运动员组织到适宜海拔高度的地区定期进行运动训练的方法，其主要的生理学依据是人体可以对高原缺氧产生适应。

高原训练有两种基本模式：一种是传统的高住高练模式（living high training high），即住在高原、练在高原，这种高原训练模式的优点是可以利用人体对高原的适应来提高机体的运动能力，其缺点是高原缺氧不利于较大强度的运动训练；另一种模式是高住低训（living high training low），该模式兼顾了高原和平地训练的优点，回避了它们的不足，是一种比较理想的高原训练模式。

三、水环境与运动

（一）水环境对人体机能的影响

水环境中的运动对呼吸功能的影响较之其他项目深刻，这和水的密度及压力有关。游泳时完成呼吸运动要比陆地上克服更大的阻力与压力，因而对呼吸肌的锻炼效果更佳。在水中运动时，呼吸功能变化的另一特点是呼吸频率的变化受游泳动作节奏的限制，不能随意加快呼吸。因此，经常进行游泳等水环境中的运动可使人体从空气中获得氧的效率得到提高。

人在水环境中运动对循环功能也有良好影响，这既与水的特性有关，又与人在水中运动时多取平卧姿势有关。人在水环境中运动时的平卧姿势给心脏工作带来有利条件，游泳时全身没有肌肉的静力紧张；在有节奏的动力练习中加上有节奏的呼吸的加深，给静脉血的回流创造了有利条件；水波对身体表面的拍击对静脉回流也有促进作用。因此，在水环境中运动可使循环功能发挥更大潜力。

在水中运动能量代谢的特点是在供能方式上，随着在水中运动强度的不同，3 个供能系统比例有所不同。同时，在水环境中运动能量消耗的多少和水的温度、人在水环境中停留的时间、游泳姿势及运动的适应程度等有关。水的温度直接影响能量消耗的多少，有实验表明，在 12℃的水中停留 4min 和在 20℃的水中停留 15min 的能量消耗相仿，提示水温越低，能量消耗将越多。

（二）对水环境的适应

人体有完善的体温调节功能，在对冷热环境的接触中适应能力获得提高而达到冷热习服。游泳在水环境中进行，水的冷刺激可提高人体对冷刺激的适应能力。

一次在水中停留时间过久，体温调节功能可能发生一系列变化，大致可分四个阶段：第一阶段，入水后最初几分钟内，冷的刺激反射性地引起皮肤毛细血管收缩、皮肤发白，散热减少，产热加强；第二阶段，皮肤血管反射性舒张，血液流向皮肤，皮肤发红，有温暖感觉；第三阶段，如果持续在水中停留过久，身体散热过多，会发生寒战，肌肉产生不自主的收缩以加强产热过程；第四阶段，若继续停留太长，引起小动脉收缩，小静脉扩张，血液滞留皮下静脉中而使皮肤和嘴唇青紫。在水环境中的急性适应过程随训练程度、人体质强弱及对水环境冷刺激的适应能力而不同。经常在水环境中运动可提高对水的适应能力。

第十章　常见运动损伤的预防与治疗

第一节　运动损伤概论

一、概述

运动损伤是指由于参加体育运动导致出现的一切意外伤害事故，可涉及皮肤、肌肉、韧带、骨、关节、内脏等多种组织损伤，严重者甚至会引起死亡。从广义范围来讲，除了体育运动以外，某些与体育运动性质相似的职业，如舞蹈、杂技、武打演员、军人等，在训练过程中也可能发生运动损伤。

运动损伤是运动医学和骨科的一个重要组成部分，它的治疗原则与骨科治疗原则大致相同，但又有别于骨科。运动损伤学研究的主要内容为运动损伤的发生原因、发生机制、预防措施、治疗手段、康复及伤后训练安排等。在学校体育教学和运动训练中，应当掌握运动损伤的发生规律，把运动损伤的预防作为首要工作，采取安全、有效的措施，改善运动条件，改进教学训练方法，最大限度地避免损伤的发生，保证体育运动参加者的身体健康，提高运动能力。

二、运动损伤急救的意义

在不同运动项目中，运动损伤的发生表现出特有的多发病和易伤部位的特点。从我国当前运动员运动损伤发生的规律看，运动损伤的特点主要以软组织的伤病和慢性劳损为多，急性严重损伤相对较少。慢性劳损较轻时，往往是不运动时不痛，活动开后也不痛，对一般人的生活、工作和学习影响较小，容易被忽视。但是，对运动员来说，运动损伤造成的后果是比较严重的，因为运动员往往是边训练边治疗，容易造成伤后恢复缓慢、旧伤复发或者继发新的损伤，这样不但会影响运动员日常的训练、比赛和运动成绩，还有可能会缩短运动寿命，严重者甚至会导致残疾。因此，必须对损伤发生的原因、特点及规律，加以深入研究，才能提出有针对性的防治措施，为改进体育教学、训练，提高运动训练的水平提供依据，并把运动损伤发生率及其危害程度降到最低。

在运动损伤的治疗中，骨折、关节脱位，或肌肉、肌腱断裂等，容易被发现和重视，但对软组织损伤，特别是微细软组织损伤却往往被忽视。一般医务人员也容易忽视软组织损伤的诊断、早期处理及伤后早期功能康复，容易导致一些运动损伤后治疗不彻底，或者发展成为陈旧性损伤，对运动者的日常生活、工作和运动等带来不利影响，而且对陈旧性损伤的治疗效果也相对较差，这些问题必须引起大家对早期治疗的重视。因此在运动现场，一旦发生运动损伤，进行迅速而正确的急救处理，不仅对救护伤者的生命、减轻痛苦和预防并发症等具有重要意义，而且可以为下一步治疗创造良好的条件。

三、运动损伤的分类

运动损伤常用的分类方法有以下几种。

（1）按损伤皮肤或黏膜完整与否分类可分为开放性损伤和闭合性损伤。开放性损伤即伤处皮肤或黏膜的完整性遭到破坏，有伤口与外界相通，如擦伤、刺伤、切伤及裂伤等。闭合性损伤即伤处皮肤或黏膜无破损，没有伤口与外界相通，如挫伤、肌肉拉伤及关节韧带损伤等。

（2）按损伤病程分类可分为急性损伤和慢性损伤。急性损伤是指一瞬间遭到直接或间接暴力造成的损伤，如肌肉拉伤、关节扭伤等。慢性损伤是指局部过度负荷，多次微细损伤积累所致的损伤，或由于急性损伤处理不当，转变成陈旧性损伤，如肩袖损伤、髌骨软骨软化症等。

（3）按损伤的组织结构分类可分为肌肉与肌腱损伤、皮肤损伤、关节损伤、骨损伤、滑囊损伤、神经损伤等。

（4）按损伤轻重分类可分为轻度损伤、中度损伤和重度损伤。轻度损伤伤后不影响工作和训练；中度损伤伤后不能按锻炼计划进行正常练习，需停止患部练习或减少患部活动；重度损伤伤后完全不能锻炼，须住院治疗。

（5）按损伤与运动技术和训练的关系分类可分为运动技术伤和非运动技术伤。运动技术伤是指运动损伤的发生与运动技术及运动项目密切相关，其中，有的是急性伤，如肱骨骨折、跟腱断裂等；有的运动损伤属于慢性损伤，是由于多次微细损伤逐渐积累而成的，如足球踝、网球肘等。非运动技术伤是指与运动技术无关的意外损伤。

第二节 运动损伤的预防与治疗原则

一、运动损伤发生的原因

（一）对运动损伤的预防缺乏正确的认识

运动损伤的发生往往与体育运动组织者、教练员、运动员对预防运动损伤的重要性认识不足有关。由于缺乏运动损伤的基本知识，思想上麻痹大意，以及平时不注意进行安全教育，在训练和比赛中，没有采取各种行之有效的预防和保护措施，在发生运动损伤后又不能认真分析原因、总结经验，从而导致运动损伤经常发生。

（二）训练水平不够

身体素质训练水平不足涉及专项体能训练、技术训练、战术训练及心理训练等，很多人对素质差及身体训练不全面容易导致运动损伤的认识不足。从生理学的角度讲，无论哪种训练都是条件反射建立的过程，任何一种条件反射的动力定型不巩固，就容易出现技术动作失误，从而导致损伤的发生。错误的动作技术，违反了人体结构的特点、器官系统功能活动的规律及运动生物力学的原理，是参加运动训练不久的人或学习新动作时发生损伤的主要原因。例如，做前滚翻时，因头部位置不正引起颈部扭伤；排球传接球时，因手形不正确引起手指扭挫伤；投掷手榴弹时，在上臂外展90°，屈肘90°（甚至肘低于肩）的错误姿势下出手，可引起肩臂肌肉拉伤，甚至发生肱骨骨折等。

此外，运动参加者的心理素质差，比赛前过度紧张或过度兴奋、情绪不稳定、急躁、急于求成、注意力不集中、运动中出现畏难、恐慌或犹豫不决，都容易导致运动损伤的发生。

（三）教学、训练及比赛安排不合理

1. 准备活动不当

国内有研究认为，缺乏准备活动或准备活动不合理，是造成运动损伤的主要原因。准备活动的目的是提高中枢神经系统的兴奋性，增强各器官系统的功能活动，使人体从安静状态过渡到运动状态，使神经系统、运动系统和内脏器官等充分动员，以适应剧烈运动的需要。如果未做准备活动或准备活动不充分，都将影响肌肉的力量，弹性和延展性，容易引起损伤。另外，如果准备活动量过大、准备活动与专项运动结合不好、未做专项准备活动，以及准备活动未遵守循序渐进的原则等，都容易导致损伤。

2. 未遵守科学的训练原则

运动负荷过大是在安排运动负荷时，没有充分考虑到锻炼者的生理特点。运动负荷超过了锻炼者可以承受的限度，尤其是长期局部负担过大，会引起微细损伤的积累而发生劳损，这是专项训练中造成运动损伤的主要原因。过度训练就是由于运动负荷量过大，运动者机体未得到充分恢复所致，其症状表现为静息时心率加快、血压升高、睡眠不佳（失眠、多梦、易惊醒等）、食欲下降、体重减轻、无训练欲望、心情烦躁、易激怒、记忆力下降等。过度训练如不及时纠正，就会使人体免疫机能下降，增加感染的发生率。

科学的训练原则就是严格遵循训练的客观规律，按照机体对运动负荷的适应性规律，合理安排训练计划，主要包括系统性原则、循序渐进原则、个别对待原则等。目前，比较常见的问题是不顾年龄大小、性别差异、训练程度差异及伤病轻重情况等，盲目采用大运动量或单打一的训练方法，违反机体对负荷的适应性规律，致使许多优秀运动员由于伤病原因提前退役，这不能不引起重视。

3. 组织方法不当

在教学、训练的组织方法方面，学生过多、教师缺乏正确的示范和耐心细致的指导、缺乏保护和自我保护、组织性纪律性较差（在非投掷区练习投掷或任意穿越投掷区）、比赛日程安排不当、比赛场地和时间任意更动、让患病或体验不合格者参加比赛等，都可成为受伤的原因。在比赛中不遵守比赛规则或在教学训练中相互打闹、动作粗野、故意犯规等，是篮球、足球运动中发生损伤的重要原因。

（四）运动参加者自身状态不良

身体机能状态不良包括休息不好、疲劳、患病、受伤或伤病初愈阶段等，运动者的肌肉力量、动作的准确性和身体的协调性显著下降，警觉性和注意力减退，反应迟钝，此时参加剧烈运动或练习较难的动作，就容易发生损伤。心理状态不良，比如心情不愉快、恐惧、胆怯或急躁情绪等，也容易引发运动损伤。

影响运动者生理机能的因素主要有以下几个方面。

（1）年龄。青少年期骨骼发育尚未成熟，有机质含量相对较多，骨和软骨与成人的相比也显得软弱，因此对外力的抵抗能力较弱。青少年骨骼与骨周围肌腱发育相比显得较慢，所以青少年在骨的突起部、肌肉肌腱附着部都容易发生损伤。在受暴力作用时，骨和软骨往往先出现损伤，所以青少年运动损伤中，骨折发生率较高。

成年人骨骼无机物的含量比例相对青少年要高，但柔韧性降低，加之维持稳定的力量下降。因此，成年人的软组织扭伤发生率较高，骨折发生率相对比青少年低。

（2）性别。女性的肌肉含量和力量相对低于男性，比如膝关节的稳定性相对较差，所以损伤发生率女性比男性高。此外，女性月经紊乱会造成雌激素分泌低下，影响骨钙代谢，也是造成女性骨折好发的原因之一。

（3）体格。体内脂肪多、体重较大的人身体灵活性和耐力相对较差，更易造成损伤，尤其在抵御可造成损伤的暴力时，体重大的人往往处于不利地位。屈肌与伸肌的肌力比也是一个很重要的因素，很多情况下会造成肌肉力量相对较差部位的撕裂伤。

（五）缺乏医务监督

有些体育锻炼者由于不顾自身的身体条件，选择了不适当的运动项目，结果导致损伤的发生率增高。例如，年龄偏大的人采用蛙跳来增强腿部肌肉力量，运动负荷安排过大的话，就容易出现膝关节劳损；进行柔韧性练习时，韧带肌肉被动过度拉伸可能会造成拉伤。因此，科学锻炼就要选择适合于自身条件的运动项目，运动参加者必须在训练前（或比赛前）进行体检及运动机能评定，为教练员提供相关资料，以便合理安排训练；同时在训练过程中，进行必要的医务监督，也是预防运动损伤的重要措施之一。

（六）场地、器材、服装不符合卫生要求

场馆光线不符合要求、通风差、场地不平、过硬或过滑、器械表面粗糙、安装不牢固，以及器械、服装和鞋不合适，又或缺乏必要的防护器具（如护膝、护踝、护腿等）等，都可能成为导致损伤的原因。

此外，气温过高容易引起疲劳和中暑；潮湿、高温易引起大量出汗，发生肌肉痉挛或虚脱；光线不足导致能见度差，会影响视力，使兴奋性降低或反应迟钝；海拔过高、缺氧等会影响运动员的机能状态，导致运动损伤发生率增高。

（七）训练中缺乏保护与帮助

保护对体操和技巧等项目尤为重要，不光教练员要会保护与帮助，运动员自己也要学会自我保护。此外，合理使用支持带、护具等，也可以减少损伤的发生。

首先，要注意选位的合理性。在体操训练中进行保护与帮助时，要注意选择最容易发生危险的地方和最便于发挥助力的地方，而且要在确保不影响练习者动作完成的前提下，遵循越近越好的选位原则。

其次，要注意把握保护与帮助的时机。在体操训练的过程中，保护与帮助的运用通常是在瞬间发生的，教练员只有善于把握保护与帮助的时机，在关键的时刻给予适当的帮助才会取得最佳运用成效。例如，在开展前翻滚训练时，在练习者头接触垫子的一瞬间，给出“双脚蹬地”“腰部用力”的提示，效果是最好的，过早或是过晚都影响提示的效果。

最后，要注意保护和帮助中助力的科学性。要确保保护和帮助中助力的科学性：一方面，教练员要注意根据练习者的实际情况来合理确定助力的大小，如对于刚刚接触体操训练的练习者可以给予较大的助力，而对于动作水平较高的练习者则可以减少助力；另一方面，教练员还要注意根据动作完成的实际情况来有针对性地确定助力的方向，确保助力方向与动作方向之间的一致性。

二、运动损伤发生的特点和规律

（一）运动损伤的发病特点

由于运动项目众多，不同运动项目及各部位的损伤发生率也各不相同，所以损伤种类也较多。但总的来说，肌肉、筋膜、肌腱、腱鞘、韧带、滑囊等组织的中轻度损伤较多，这些损伤虽然不会明显影响一般人的日常生活，但会影响运动员的训练、运动成绩提高和运动寿命；骨折、关节脱位、韧带断裂等严重损伤相对较少，但对运动员影响较大。体育工作者如果掌握了运动损伤的发病规律，就可采取适当的预防措施，降低运动损伤的发生率，对预防与治疗运动损伤有重大的意义。

运动损伤具有以下特点：

（1）不同运动项目各有其专项多发性损伤，与运动技术动作密切相关；

（2）运动损伤以急/慢性软组织损伤较多（常见于肌肉、肌腱、韧带等）；

（3）在治疗措施中，调整训练方法和负荷非常重要，但这一措施对非运动员意义不大；

（4）研究运动损伤必须注意受伤动作与受伤机制，否则就很难谈到预防。

（二）运动损伤的发病规律

1. 运动损伤发生与运动项目的关系

运动损伤的发生率与不同运动项目有密切关系。有关专家对 2725 例运动损伤发生的特征进行分析，发现运动损伤的发生与专项技术要求密切相关，不同的运动项目存在专项多发病和不同的损伤好发部位。例如，篮球运动易伤膝（髌骨软骨病、半月板及副韧带损伤）、踝（踝关节周围韧带扭伤）；体操运动员易伤腰（腰部肌肉筋膜炎、棘突骨膜炎及椎板骨折等）、肩（肩袖损伤及肱二头肌长头肌腱腱鞘炎）、膝（髌骨软骨病及半月板损伤）、腕（伸/屈肌腱腱鞘炎）；跨栏运动员易伤大腿后群肌肉；投掷运动员易伤肩（肩袖损伤）、肘（肘内侧副韧带损伤）、腰（腰背肌肉筋膜炎）等。

2. 运动损伤发生的潜在因素

不同运动项目会有不同的损伤好发部位及专项多发病，主要是由以下两个潜在因素所决定的。

（1）运动项目的特殊技术要求。例如，篮球运动员最易伤膝，这是由于篮球运动的许多动作都要求膝关节处于半蹲位（130°～150°）发力，在完成移动、进攻、防守、踏跳、上篮等动作时，膝关节会产生屈曲、扭转、摩擦。同时，膝关节处于半屈位时，在解剖学上存在弱点，此时韧带及肌肉比较松弛，关节稳定性相对较差，易出现膝关节的内外旋或内外翻，髌骨关节面之间也会发生“不合槽”运动，因而易发生膝部软组织损伤（如韧带撕裂、半月板损伤或髌骨软骨病等）。又例如，体操运动员易出现肩袖损伤，这主要是由于在吊环、高低杠、单/双杠等项目中，需要完成各种悬吊及大幅度转肩动作的特殊要求所致。

（2）身体某些部位存在的解剖生理弱点。例如，肩关节由肩胛骨的关节盂和肱骨头组成，相连两骨关节面大小相差较大（关节窝仅能容纳关节头的1/4~1/3），关节窝周缘有关节唇加深关节盂。肩关节囊薄弱且松弛，附着在关节盂周缘和肱骨解剖颈之间，关节囊壁还有由滑膜包裹的肱二头肌长头腱通过，有加固肩关节的作用。由于肩关节盂较小，肱骨头较大，要完成肩关节的大范围回转动作时，主要是依靠肩袖的固定作用，肩袖肌腱受到的负荷也最大，所以肩关节容易发生肌肉、肌腱的拉伤，严重者还会发生肩关节脱位。另外在抬肩时，肩袖肌腱在肱骨大结节的附丽点与肩峰经常摩擦，一旦肩关节大范围活动过多，容易引起肩袖肌腱的慢性损伤。在解剖结构上，髋关节与肩关节都属于典型的球窝关节，关节活动度较大，可以做屈伸、内收、外展、旋转和环转运动。但髋关节由股骨头和髋臼组成，股骨头的关节面约占球面的2/3，髋臼周缘附着一个环形的纤维软骨称为髋臼唇，对稳固髋关节也起着重要作用，髋关节的关节囊坚韧，周围还有韧带加强，周围的肌肉较肩关节周围的肌肉强大，所以髋关节的稳定性要比肩关节强大得多。此外，运动员在进队时，如果未经严格的体格检查，由于一些先天畸形（如足副舟骨、椎骨异常、盘状半月板等），也可成为导致运动损伤的潜在原因。

虽然引起运动损伤有以上两个潜在因素，但是如果没有外部因素的诱导，也不易发生运动损伤。人体解剖结构上较薄弱的部位，往往在较大运动负荷作用下才会造成损伤，因此，超负荷的运动、不合理的训练方式及错误的技术动作等原因都可能导致运动损伤的发生，只要机体受到的应力负荷超过机体的承受范围，就可能导致运动损伤。比如，肱骨外上髁炎又称为网球肘，一般认为网球肘肯定是好发于网球运动员，所以才称为网球肘，但在实际调查中显示，专业网球运动员网球肘发生率并不高，反而是业余网球爱好者由于本身力量素质较差，技术动作不规范等原因导致网球肘的发生率较高。

三、运动损伤的预防原则

（一）加强对预防运动损伤的宣教工作

首先应建立医生、教练员和运动员三结合的制度，经常举行有关训练、运动损伤的知识讲座和讨论，如果能结合本项目运动训练和损伤的具体情况进行分析讨论，会取得更好的效果。积极开展运动损伤防护、急救知识教育，在训练和比赛中，认真贯彻“预防为主”的方针，加强教练员和运动员对预防运动损伤重要性的认识，是提高运动成绩、确保运动员身心健康的重要保障。在运动损伤发生后，要能够正确分析受伤原因，及时总结经验教训，可有效地降低运动损伤的发生率。

（二）注意全面身体素质训练，提高机体对运动负荷的适应能力

取得优异的运动成绩并保证身体健康，需要良好的心肺功能、足够的肌肉力量、柔韧性、平衡及协调能力等，良好的身体素质能降低运动损伤的发生率和严重性，因此要注意全面发展身体素质。此外，还要针对不同的运动项目，注意加强易伤部位及薄弱环节的训练，以减少损伤的发生。

（三）科学合理安排教学、训练和比赛

在制订和执行教学、训练计划时，既要符合训练的科学性原则，又要符合人体对运动负荷的适应性规律。要认真做好准备活动，准备活动内容要具有针对性，如训练和比赛中负荷较大和容易损伤的部位，应重点做好准备活动及专项辅助活动，以增加局部血液循环量、肌肉延展性和弹性、关节柔软性等，还能调整运动员的心理状态，减少紧张感和压力感。同时，准备活动应适合运动项目的特点、运动员个体情况及气候条件等，准备活动以达到身体充分活动开，能以良好的机能状态进入正式训练和比赛为目的。准备活动与正式运动的间隔时间不宜过长，以 1～5min 为宜。

根据运动专项常见运动损伤的特点，要遵守系统性原则、循序渐进原则和个别对待原则，合理安排运动量，避免过多容易致伤的动作练习或者身体局部负荷过大。例如，篮球运动员易患髌骨软骨病，在训练安排中，应当注意膝关节在半蹲位发力的专项练习与辅助练习不宜过于集中。

预防慢性损伤需要加强易伤部位肌肉力量和柔韧性的练习，改进技术动作也非常重要。例如，预防髌骨软骨病应当加强股四头肌练习，使髌骨通过股四头肌的作用，发挥更大的稳定膝关节的功能。另外，许多项目运动员腰部容易损伤，很大程度上与腰背肌和腹肌较薄弱有关，腰部肌肉力量不足就会使脊柱的稳定性受影响，从而加重背肌的负担，从而引起劳损。因此，加强薄弱部位和易伤部位的训练，提高它们的机能，在发展肌肉力量的同时，提高肌肉的弹性和延展性，是预防运动损伤的重要手段。

（四）加强医务监督，建立和健全自我监督制度工作

（1）运动员应定期进行体格检查。运动员应定期进行健康检查，尤其常见伤病相关的检查，若运动员患有先天畸形，畸形部位又是该项目负担较重的部位，则不宜从事该项目的训练，比如腰椎先天畸形者不宜从事体操、举重等腰部负荷较大的项目；髌骨软骨病、足副舟骨患者等不宜从事跑跳项目等。运动员应进行定期体检，应根据专项特点重点检查易伤部位，早期发现各种疲劳性损伤，及时与教练员沟通，调整训练负荷，并进行早期处理，可取得较好的疗效。

（2）加强自我医务监督。运动员必须加强自我医务监督，防微杜渐，对本专项常见伤病要及早发现，并做到心中有数。

（3）严格实施场地、设备卫生监督。场地、器械和防护用品要定期进行卫生、安全检查，对有安全隐患、已损坏的器械，应及时检查、维修，维修前一律禁止使用；还应注意运动服装的卫生要求，禁止穿不合适的服装、鞋进行活动。在恶劣气候条件下进行训练或比赛时，也要根据具体情况需要采取相应防护措施。

（五）加强保护与帮助

在运动中进行必要的保护可避免意外事故的发生并增强运动员的信心。运动员必须根据项目特点学会自我保护的方法，教练员也应熟练掌握保护技巧或采用一些必要的保护措施。此外，运动员还必须学会正确使用各种保护支持带和护具，在大运动量训练、比赛中（或者肌肉、关节有疼痛症状时），使用保护支持带进行适当固定，以减少损伤的发生。

第三节　运动损伤急救基本技术

一、常见软组织损伤的早期处理方法

科学合理的运动不仅可以强身健体，还能锻炼人的心智，随着全民健身运动的普及，参加体育锻炼的人群迅速增加，运动伤害发生的数量也随之增多。比如，运动前准备活动不足、运动量突然增加、技术动作不正确，都可能导致运动伤害的发生。一般而言，急性闭合性软组织损伤发生率最高，早期处理时，要遵循 POLICE 原则，即保护（P，Protection）、最佳负荷（OL，Optimal Loading）、冰敷（I，Ice）、加压包扎（C，Compression）、抬高患肢（E，Elevation）。POLICE 原则是针对运动损伤进行早期处理的常用方法，主要用于处理挫伤、肌肉拉伤、关节扭伤等急性闭合性软组织损伤。

（一）保护

损伤发生后，可通过夹板、绷带等固定骨折、脱位或受伤部位，让患部处于相对稳定的状态，可以减少出血、减轻受伤部位的炎症和肿胀、减轻痛苦、促进损伤组织的愈合、防止损伤加重或继发性损伤。根据需要还可以使用石膏或支架固定患肢。急性软组织损伤后需要固定 2~3 天，可减少并发症的发生，对治疗也有一定的帮助。如果过早地活动患部，会增加损伤部位的出血量，加重肿胀、疼痛等症状，使损伤程度加重，延长恢复时间。

（二）最佳负荷

在以前的急性闭合性软组织损伤的早期处理观念中，是强调 PRICE 原则，随着现代运动康复理念的发展，更新为 POLICE 原则，将以前的休息（R，Rest）换为最佳负荷。已经有大量研究表明，急性闭合性软组织损伤后的早期功能康复能够促进损伤部位的愈合，减少并发症，加快康复进程。一些功能康复方法（如水中行走、减重训练、核心训练、平衡训练等）都能在损伤早期康复中起到重要作用。在早期康复中，关键是要根据病患情况，通过最佳锻炼负荷的刺激，以促进细胞代谢，加快组织结构的重塑，同时又不会加重损伤部位的症状。

（三）冰敷

冰敷是急救处理方法中的重要手段之一。冷敷可以减轻由于出血和渗出引起的疼痛和痉挛，降低损伤组织的代谢率，减少酶的活性，还可以减少机体组织坏死，减轻损伤部位的炎症反应。冰敷时需要把冰袋置于受伤部位，在受伤后 24~72h，每 2~3h 可冰敷 20~30min，冰敷时皮肤的感觉有冷-疼痛-灼热-麻木四个阶段，当受伤位置感到麻木的时候，可移开冰袋，然后在受伤部位用弹性绷带加压包扎并抬高伤肢。冰敷可以使血管收缩，减轻患处的肿胀、疼痛及痉挛。受伤后立即使用冰敷以减少伤部的肿胀，可直接影响损伤恢复的快慢，但要注意冰敷的时间不宜过长，以免发生冻伤。

可以用作冷敷的有冰袋和便携式化学冷敷包。冰袋：以双层塑胶袋或湿毛巾装入碎冰置于伤处皮肤上，若运动员皮肤过敏，则以一层湿的弹性绷带包扎伤处，将冰袋置于伤部，再用弹性绷带固定冰袋。便携式化学冷敷包：包中含有两种化学囊，以手挤压使两种化学品混合，产生化学反应，而产生冷却的效果。便携式化学冷敷包简便易用，但冷敷包很快会失去冷却能量，而且只能使用一次，价格相对昂贵，较不实用，并有渗漏腐蚀皮肤的危险性。

使用冰敷的注意事项：

（1）冰敷每次使用不要超过30min，因为可能会发生冻伤或神经伤害；

（2）不要让冰袋直接接触皮肤，以湿的弹性绷带或毛巾保护皮肤；

（3）运动员如果有循环系统疾病，如雷诺氏病（肢端之间歇性苍白或发疳，由寒冷所引起的动脉痉挛），则不可使用；

（4）不要太早停用冰敷而改用热敷，过早使用热敷会加重肿胀与疼痛。伤后2天内，每天至少使用冰敷3~4次，对于较严重损伤，建议在使用冰敷3天后，且肿胀有明显消退后，才能考虑使用热敷；

（5）在非常冷的环境下，不宜使用湿的弹性绷带或湿毛巾包扎患处。

（四）加压包扎

几乎所有的急性损伤均可采用加压包扎法，通过压迫可减小局部伤害的肿胀及内出血，加压包扎可使患部内出血及瘀血现象减轻，防止渗出的体液渗入到组织内部，并能促进其吸收。

常用加压包扎方法是：用弹性绷带从伤处下面开始向上包扎，以螺旋状重叠包扎，均匀缠绕并且轻微施加压力，通过伤处时用力要适当减小。其他方法如：可以把浸水的弹力绷带放进冷冻室，这样可同时起到冷敷和加压的作用；可以使用毛巾、海绵、橡胶做的垫子来进行加压包扎。例如，踝关节扭伤时，可以用U形的海绵、橡胶垫子套在踝关节上，然后用胶布或弹力绷带固定，可以防止和减轻踝关节周围的肿胀。冷敷是间断性的，而加压则在一天中可以连续使用。需要注意的是，预防肿胀应持续用弹性绷带包扎18~24h，如果因为包扎产生疼痛、皮肤变色、麻痹、瘀紫、刺痛等现象，则表明包扎过紧，应解开弹性绷带重新包扎。

（五）抬高患肢

抬高患肢的适当方法是将受伤的部位抬得比心脏位置高一些，下肢受伤时，可以让患者躺下，并将患肢加压包扎、冰敷、抬高受伤部位，这都是为了减少血液积聚到受伤部位，从而减轻肿胀，尽可能在伤后24h内都抬高患肢。当怀疑有骨折时，应先用夹板固定后再抬高患肢，但有些骨折是不宜抬高患肢的，应视具体情况处理。

在运动受伤后，如果按照POLICE原则进行正确的早期处理，不仅对救护伤员生命、减轻痛苦和预防并发症等有重要意义，还能为进一步治疗、康复创造良好的条件。

POLICE原则的进行急性损伤救治的具体操作顺序：

（1）停止运动，不要让受伤部位活动；

（2）了解受伤的严重程度；

（3）在患部敷上冰袋；

（4）用弹力绷带将冰袋包扎固定住；

（5）把患部抬至比心脏高的位置；

（6）感觉消失或者冰敷20min后把冰袋拿掉；

（7）使用海绵橡胶垫子和弹力绷带做加压包扎；

（8）根据损伤的程度每2～3h用冰袋进行冷敷一次，直到患部疼痛得到缓解为止；

（9）睡觉时把弹力绷带拆去，或者适当松解，减少包扎的压力，并把患部抬至比心脏高的位置；

（10）次日清晨再按前面的方法处置一次；

（11）如果受伤严重，以上程序需坚持做2~3d。

（六）运动损伤的治疗原则

运动员在运动训练过程中，由于技术难度高、强度大，骨、关节的负担较重，甚至在带伤的情况下，还要完成训练任务、参加比赛，并争取最好成绩。所以，运动损伤的治疗不仅要求满足运动员日常生活的需要，还要满足其完成正常训练、比赛的需求。因此，运动员的损伤治疗要求很高，一般的处理原则包括以下几条。

（1）合理安排伤后训练。这是治疗运动损伤的重要内容，为了使运动员能保持已经获得的训练水平，一旦伤愈即能迅速投入正规训练，防止因伤后突然停训引起的“停训综合征”。通过肌力练习防止伤部肌肉萎缩，加强关节稳定，促进血液和淋巴循环，改善伤部组织代谢与营养，消除粘连，缩短修复时间，所以运动员受伤后应避免完全停止训练。合理安排伤后训练必须采用“训、科、医”三结合的工作方法，要求医师与康复医师、体能训练师及教练共同研讨，根据运动员的伤情、损伤机理、解剖生理弱点等，提出应避免或减少哪些动作，应加强哪些肌肉的练习，然后提出受伤部位和全面的身体训练计划，并交运动员试用，并详细记录其反应，然后调整康复训练方案，通过反复实践才能使训练安排科学合理。

（2）使用粘膏支持带或保护带。这样可以缓解疼痛、减轻肿胀、保护已伤部位，使运动员能尽早恢复训练、防止再伤、增进运动表现。

（3）局部治疗。局部治疗方法有按摩、理疗、外敷药、局部注射治疗（常用药物有普鲁卡因、利多卡因、醋酸轻化可的松、泼尼松龙、透明质酸酶、糜蛋白酶、生理盐水、10%葡萄糖液、当归注射液等），其作用是消炎止痛、改善伤部代谢、消除水肿、加速愈合、消除瘀血、粘连与挛缩等。应用必须适时、适量，尤其是局部注射治疗药物不可经常性使用，否则会引起伤部组织粘连、脆性增加等，导致再次损伤。

（4）注意全身治疗。运动损伤的发生常与全身状态不良有关，治疗时还应注意改善全身状态，如内服中药，补充维生素B、维生素C、维生素E等。

二、止血法

在事故现场或初次接诊患者时，对伤员病情进行初步检查，了解损伤的严重程度，对指导抢救有重要意义。现场急救时，不可能依赖其他仪器的检查和检测对病情做出精确的判断，只能根据伤员当时临床表现、生命体征变化等情况，迅速对病情做出较为客观的评估，以便及时、有效地指导现场急救。现场损伤急救的判断程序、内容和方法如下。

（一）CRASH PLAN 查体法

1. 检查目的

对损伤患者进行快速评估时，可按 CRASH PLAN 查体法，可以更全面、更迅速地发现不易发现的损伤，以防遗漏。其具体目的有：

（1）及时发现对伤员威胁最大的损伤；

（2）可发现不易发现的隐性损伤；

（3）对多发伤员可初步指导治疗；

（4）为防止漏诊和误诊提供可靠线索和依据。

2. CRASH PLAN 检查法的程序及内容

（1）C(Cardiac)：心脏；

（2）R(Respiratory)：呼吸；

（3）A(Abdomen)：腹部；

（4）S(Spine)：脊柱；

（5）H(Head)：头颅；

（6）P(Pelvis)：骨盆；

（7）L(Limb)：肢体；

（8）A(Arteries)：动脉；

（9）N(Nervous)：神经。

（二）是否有活动性大出血

应根据损伤后出血部位及其出血量，采取不同的止血法以及相应的救护措施。一般中等量（500mL 以内）出血，对循环功能影响不明显者，可不处理；大量出血导致休克，须采取抗休克处理。

（1）失血量估计：可根据患者的意识、心率、呼吸、尿量、脉压和中心静脉压等情况加以估计。

（2）出血部位的判断：在现场对伤员，尤其是昏迷患者的内出血，有时难以估计，此时应根据主要体征加以判断，如颅内出血可观察瞳孔变化，耳、鼻孔是否流血，眼球后血肿等情况，并加以判断；腹腔大出血可致腹部膨隆，有压痛、反跳痛，腹腔穿刺有血液等。

（3）动态观察出血情况：活动性出血的初级评估有时比较困难，须连续观察患者的血压、脉搏以及末梢循环等变化情况，加以判断。

损伤一般都会出血，特别是较大的动、静脉损伤，会引起大出血。如果抢救不及时或处理不当，伤员可因出血过多，出现失血性休克而危及生命。因此，对损伤出血，首先要有效地进行止血，然后再进行其他急救处理。

毛细血管和较小的静脉出血，一般出血缓慢，可外用止血散，如桃花散、花蕊石散、云南白药、如意金刀散等药物，再用纱布、绷带包扎伤口，就可以止血。较大的静脉或动脉血管损伤出血，出血量较大，可采用加压包扎法或止血带止血法。紧急情况下，可临时采用指压法以减少失血。

（三）指压止血法

在伤口的上方（即近心端），找到搏动的血管，用手指或手掌把血管压在局部的骨骼上，紧急时可隔着衣服压迫，使之止血。此法为应急措施，对较大血管出血需压迫 20min 才能止血。此方法适用于四肢及大脑部的大出血急救，但这毕竟是减少伤员失血挽救生命的临时应急措施，不宜长时间使用，同时也不便于伤员的搬运和转运。因此，在使用指压法的同时，应积极寻找器材，准备更换其他止血方法，并转送到条件较好的医院治疗。常用的指压止血法有以下几种。

（1）头面部出血指压止血法。该方法包括以下三种：一是颞浅动脉指压止血法，在耳屏前一指处压迫颞浅动脉，可减少同侧头皮及额、颞部出血；二是面动脉指压止血法，在下颌骨咀嚼肌的前方，触到面动脉的搏动处，将面动脉压在下颌骨上，可止住同侧面部下半部分出血；三是颈动脉指压止血法，在胸锁乳突肌内侧触到颈动脉搏动处，将颈动脉压向后方的颈椎横突上，可止住同侧头面部出血，但压迫该处止血时，时间不宜过长，而且只能单侧指压，不能双侧动脉同时压迫，以免引起脑缺血。

（2）肩部出血指压止血法。在锁骨上窝触到锁骨下动脉搏动，将锁骨下动脉压在第一肋骨上，可止住肩部和腋窝部出血。

（3）上肢出血指压止血法。手、前臂、上臂中下段的动脉出血，在上臂中、上段内侧触到肱动脉的搏动，用拇指或四指并拢将肱动脉压在肱骨上即可止血。

（4）手部出血指压止血法。对伤掌手腕掌侧两边的尺、桡动脉加压，即可达到止血目的。

注意事项：使用止血带，以出血停止为度，而不是越紧越好，否则会导致皮肤、神经、血管损伤，但是太松就达不到止血目的。需要注意以下原则。

（1）先抬高患肢 2~3min，以增加回心血量，然后上止血带。

（2）止血带必须佩戴醒目标志，注明上止血带的时间。

（3）止血带持续时间为上肢 1~2h、下肢 2~3h，超过上述时间应每 0.5~1h 松开止血带 5min，以暂时恢复血运，防止肢体缺血坏死。若出血停止则不必重复使用，需再上止血带时，宜稍向近端移动。绑缚前覆盖无菌敷料于伤口上，并压住伤口以免渗血。

（4）尽可能不用线、绳等材料做止血带。在损伤现场，若无止血带，可用三角巾、绷带、布条等代替止血带临时使用。

（5）松止血带前应加强抗休克治疗。解松止血带之前，先做好清创术的准备，以便迅速、彻底止血。对失血较多的伤员应予以输液、输血，以防发生休克、酸中毒等并发症。对严重的挤压伤和远端肢体严重缺血者，止血带要忌用或慎用。

（6）若止血带远端肢体已坏死，在截肢完成前不得松开止血带。

（四）填塞及钳夹止血

用无菌辅料在出血伤口的底部填塞，然后外加大块敷料，再进行加压包扎，必要时可将伤口边缘皮肤缝合以加强填塞效果。此法一般用于肌肉和骨骼渗血的止血，但止血不够彻底，且可能增加感染机会，取出敷料还可能发生再出血。

钳夹止血法主要用于损伤血管持续出血的伤口，钳夹后将血管钳留在伤口内，并进行包扎。条件许可时，可进行结扎血管。使用此法时，应注意勿盲目钳夹，也不宜在现场进行伤口探查。

三、绷带包扎法

在急救时，对开放性伤口或创面应及时进行妥善的包扎，对伤口进行正确的包扎是救护中的重要环节。

（一）包扎的目的

包扎不仅能达到压迫止血的目的，而且能保护伤口、减少感染、减轻疼痛、固定敷料，有利于伤员的搬运和转送。进行包扎时，动作要求轻巧、迅速、松紧适宜，敷料要包住伤口，严密牢固。包扎完毕，应检查远端肢体血运是否正常，若完全阻断，应予以放松，重新包扎。

（二）包扎的注意事项

（1）不能用污水冲洗伤口，接触伤口的辅料应尽量使用消毒敷料，不要用手接触伤口。如果没有消毒敷料，应选用较干净的毛巾、内衣片等布料包扎伤口，包扎的范围应超过伤口边缘 5~10cm。

（2）伤口表面的异物（泥沙块、木屑、衣服碎片等）可酌情取出，深而小又不易取出的异物切勿勉强取出，以免把细菌带入伤口或增加出血。如果有刺入体腔或血管附近的异物，现场不必处理，切不可轻率地拨出，以免损伤血管或内脏，引起危险。

（3）一些特殊的严重损伤（如内脏脱出时），不应送回，以免引起严重的感染或发生其他意外。原则上可用消毒的大纱布或干净的布包好，然后将用酒精擦拭或煮沸消毒后的碗或小盆扣在上面，用绷带或三角巾包好。

（4）包扎时动作要轻柔，必要时应将衣服剪开，以便于操作。包扎的松紧度要适宜，避免过松或过紧，不要在伤口处打结。

（三）包扎的材料

（1）急救包，为一厚棉垫，背部固定两条布带，压紧后装于橡皮袋内密封、灭菌。急救包具有无菌、体积小、携带方便等优点。使用时撕开橡皮袋，打开棉垫，盖在伤口上，棉垫背面的布带环绕肢体一周，打结即可。

（2）三角巾，使用方便，能包扎全身各部位。

（3）四头巾，适用于头部、鼻部、下颌等处包扎用。

（4）其他，消毒纱布块、绷带。若无上述包扎材料，就地取材使用清洁的毛巾、内衣或其他的布类。

（四）包扎方法

1. 绷带包扎法

绷带包扎法是最常用的一种包扎法，其取材、携带、操作都很方便，方法也容易掌握。

（1）环形包扎法：环绕肢体数圈包扎，每圈需重叠。该方法用于粗细均匀的部位，如颈部、手腕、额部等部位，也常用在绷带包扎法的开始。

（2）螺旋形包扎法：按环形包扎固定后，再斜向上环绕，后圈压住前圈的一半或1/3。该方法用于肢体粗细变化不大的部位，如上臂、足部等。

（3）螺旋反折包扎法：此法与螺旋法大致相同，但每圈反折一次，反折时以一拇指压在回返处，另一手将绷带反折向下，在包绕肢体拉紧。此法用于肢体粗细不等的部位，如小腿、前臂等。

（4）“8”字环形包扎法：先环绕肢体关节远端数圈以固定始端，再跨越关节一圈向上，一圈向下，每圈在中间和前圈相交，两圈在关节的屈侧交叉，并根据需要把前圈覆盖一半。该方法用于关节部位的包扎，如肘、膝关节等。

2. 三角巾包扎法

三角巾包扎应用灵活、包扎面积大、效果好、操作快，适用于全身各部位。使用时要求三角巾要固定、角要拉紧、中心舒展、敷料贴体。三角巾用途广泛，可折叠成燕尾巾、四指带等。燕尾巾是将三角巾的两个底角斜对折在一起成燕尾样叫燕尾巾，各部名称分别为燕尾角、燕尾夹角、燕尾底边角。四指带是将三角巾在顶角与底边中央对折，然后再与底边折叠成四指宽带。四指带多用于四肢，下颌等部位的包扎和夹板的固定。

（1）头部包扎法：三角巾底边齐眉上，沿耳上方拉向枕部，将顶角从头顶拉向后枕部，两底边压住顶角，交叉绕向前额打结，再将顶角反折固定于枕部。

（2）面部包扎法：将三角巾顶角打一个结，用其兜住下颌，罩住面部，左右底角向后拉紧，在枕后交叉压住底边，再绕向前额打结。根据情况在眼、口、鼻处剪开小孔。

（3）胸部包扎法：将三角巾底边横放伤侧胸部，并绕向背后，顶角拉过肩部背后，与左右底角在背后打结。

（4）肩部包扎法：将三角巾折成燕尾式，燕尾夹角放于肩上正中位，朝颈部。燕尾底边两角包绕上臂于外侧打结，拉紧两燕尾角，分别包绕伤侧胸背部至对侧腋下打结。

（5）下腹部包扎法：将三角巾顶角朝下，底边朝上，横放于腹部，两底角在腰后打结，顶角绕过会阴部至腰后与两底角结处打结。

（6）膝部包扎法：将三角巾折叠成四指带形，中段斜放在伤部，包绕膝部一周。将四指带上端压住上边，下端包绕一周并压住下边后与上端打结。

（7）大悬臂带：将三角巾顶角打结，兜住前臂屈曲90°吊于胸前，两底角拉向颈后打结（用于前臂挫伤或骨折）。

（8）小悬臂带：将三角巾折叠成四指带形，吊起前臂屈曲90°于胸前，两底角拉向颈后打结（用于锁骨和肱骨骨折）。

3. 其他包扎法

（1）体腔脏器膨出包扎法：在急救现场，若遇腹部开放性损伤，腹腔脏器膨出，不能将污染的脏器纳入腹腔内，可用碗盖住膨出之脏器，再用三角巾包扎。

（2）衣服包扎法：在无包扎材料的急救现场，可将衣或裤撕成带状、三角状或多头状，然后按上述方法进行包扎。

（3）头部帽子包扎法：用于头面部伤口，在缺乏材料的情况下，可将帽子衬里从中间剪开，剪开的两边下拉，接上带子，在下颌打结。

（4）头部毛巾包扎法：用于头面部伤口，包扎时将毛巾一边横放于头额，前缘两端反折向枕后部打结，后缘两端拉向颌下打结。

（5）前臂书包包扎法：用于前臂损伤，包扎时将书包背面包绕前臂，反折背包带，挂在脖子上悬吊上臂。

四、骨折的现场急救方法

现场救护中，对疑有骨折的伤员必须做可靠的临时固定，其目的是减轻伤员的疼痛、预防疼痛性休克、限制骨折端的活动，以免出现继发性的损伤。

临时固定的范围应包括骨折上、下两个关节。对开放性骨折要按救护顺序先止血、包扎，然后再固定骨折肢体。用于固定的器材有木夹板、绷带、三角巾、棉垫等；在无固定器材的情况下，可就地取材，采用树枝、竹竿、木棍、纸板、雨伞、腰带、衣服、书卷等代替。固定时，木夹板与肢体间要加衬垫（棉垫、毛巾、布片等软物），以防皮肤受压损伤；包扎四肢时，要露出指（趾）端，以便观察血循环。固定后，若出现指（趾）苍白、青紫、肢体发凉、疼痛或麻木时，表明血循环不良，要立即查明原因；若系包扎过紧，应放松绷带后重新固定。常用的临时固定方法有以下几种。

（一）骨折固定法

（1）前臂骨折固定法：协助伤员屈肘 90°，拇指向上。夹板置于前臂掌侧与背侧，背侧夹板稍长，应超过肘关节至腕关节的长度，然后用绷带于两端固定牢靠，再用三角巾将前臂悬吊于胸前，处于功能位。

（2）上臂骨折固定法：肱骨骨折，将夹板置于伤臂的内外侧，并在骨折部位上下两端固定，将肘关节屈曲 90°，使前臂处于中立位，再用三角巾将上肢悬吊，固定于胸前。若现场没有夹板，可先用一块三角巾悬吊上肢，再用另一块三角巾折叠成宽带将上臂固定于胸廓上。上肢骨折如无固定器材，可将患者上臂、前臂用皮带、布带固定于躯干上，或将伤员伤侧衣襟角剪一小口，向外上反折，托起前臂扣于第一或第二纽扣上。

（3）锁骨骨折固定：若为一侧锁骨骨折，可用三角巾把患侧前臂悬兜在胸前，限制上肢活动即可；若为双侧锁骨骨折，可在伤员背后放一“T”字形夹板，然后在两肩及腰部分别用绷带包扎固定。若无夹板，可用毛巾或敷料垫于两腋前下方，将三角巾折叠成带状，两端分别绕两肩呈“8”字形，拉紧三角巾的两头在背后打结，尽量使两肩后伸。

（4）肋骨骨折固定法：对肋骨骨折伤员，尤其是多根或多段肋骨骨折者，须用多头带固定。若现场无多头带，可将衣裤临时剪成多头带。固定时，先在骨折部盖上大棉垫，然后嘱伤员呼气后屏息，再将多头带在健侧胸部打结。

（5）大腿骨折固定法：取一长夹板放在伤腿的外侧，长度自足跟至腰部或腋窝部，另取一稍短的夹板置于伤腿内侧，长度自足跟至大腿根部，然后用绷带或三角巾分段固定夹板。

（6）小腿骨折固定法：取长短相等的夹板（从足跟至大腿）两块，分别放在伤腿的内外侧，然后用绷带或布条分段扎牢。紧急情况下无夹板时，可将伤员两下肢并拢，两脚对齐，然后将健侧肢体与伤肢分段绑扎固定在一起，注意在关节和两小腿之间的空隙处要垫以纱布或其他软织物，以防包扎后骨折部弯曲。

（7）脊柱骨折固定法：脊柱骨折时，立即将伤员俯卧于硬板上，不要移位。必要时，可用绷带将伤员固定于木板上。

（二）注意事项

（1）如果有伤口和出血，在骨折固定之前，应先止血、包扎，若伤员已发生休克，应先进行抗休克处理；在处理开放性骨折时，不可将外露的骨折端送回伤口，以防造成严重感染；夹板的大小应与骨折肢体相适应，其长度必须超过骨折肢体的上下两个关节。

（2）固定时除了要在骨折部位上下处绑扎固定外，还要固定上下两关节；夹板不可与皮肤直接接触，在夹板与皮肤之间应垫棉垫或其他物品，尤其在骨突出部位和悬空部位应放置厚棉垫，防止局部受压或固定不牢靠；固定应松紧适度，以免固定过紧而影响局部血运或固定不牢。肢体骨折固定时，一定要将指（趾）端露出，以便随时观察末梢血液循环情况，若发现指（趾）端苍白、浮肿、青紫或伤员自觉肢端发冷、麻木、疼痛，提示肢体血运不良，应松开重新固定；固定过程中应尽量避免不必要的搬动，尤其不可强制伤员进行各种难以完成的活动，以免加重损伤。

（三）搬运法

现场搬运伤员的基本要求是及时、迅速、安全地将伤员搬至安全地带，防止再次损伤。现场搬运多为徒手搬运，也可用一些专用搬运工具或临时制作的简易搬运工具，但不要因寻找搬运工具而贻误抢救时机，搬运的方法主要包括徒手搬运和器械搬运。徒手搬运不需要任何工具，器械搬运最常用的工具有帆布担架、铲式担架、四轮担架等。现场抢救时也可就地制作一些简便的担架，如用椅子、门板、毯子、绳子等。

五、现场心肺复苏术

（一）心肺复苏的意义

随着社会的发展、公民健康意识的提高和现代急救观念的更新，急救知识与技能的普及日益成为社会发展的需求。普及急救医学知识，培训急救人才的方法和途径是急救医疗服务体系的任务之一。

心肺骤停是临床危急重症，及时有效地进行心肺复苏（CPR，Cardio Pulmonary Resuscitation）是抢救心肺骤停患者最直接、最有效的措施。复苏的首要问题就是争取时间，时间是心肺骤停患者急救能否成功的关键。能够在心跳停止 4min 内即开始初期复苏，8min 内开始后期复苏者的成功率最高，因为在心跳停止后，脑神经细胞出现坏死的时间最短。大脑缺血、缺氧超过 4~6min，大脑组织就会产生损害，一旦超过 10min 大脑组织即产生不可逆损害。而我国城镇附近的院前急救站及救护车数量太少，急救呼叫反应时间太长，一般都超过 10min（国外为 7~8min），在这一“救命的黄金时刻”里，患者的现场救护与生命延续，只能依靠第一目击者。因此，当患者在院外发生心肺骤停时，需要“第一目击者”立即实施 CPR。

在我国，各种原因（包括冠心病、电击、溺水、损伤、窒息、严重过敏反应和药物过量等）引起的心肺骤停发生率颇高，每年发生的总人数相当高。在我国，院外心肺骤停患者的复苏成功率不到2%，国外某些发达国家/地区心肺骤停者复苏成功率可高达26%。影响心肺复苏成功率的因素有很多，但重要原因之一是发现患者心肺骤停的第一目击者是否掌握基本的心肺复苏术。发达国家目击者进行心肺复苏率大多超过20%，新加坡文章报道为20.6%，这些地区有较高的心肺复苏成功率。我国复苏成功率低与目击者进行心肺复苏比例过小有关，更深层次的原因可能是CPR不正确、不规范。调查研究显示，我国普通人群对心肺复苏知识的知晓率、普及率均较低，能实际操作正确者极少，作为心肺骤停第一目击者，无法进行CPR救援工作，他们急需学习和培训。因此，在急救工作中，有必要、有义务向公众普及急救知识，作为医疗常识让他们熟知CPR，在全社会进行宣教、培训、普及CPR知识已刻不容缓。

迄今，我国已有1000万以上人次接受了CPR训练，各地也陆续出现经过CPR普及培训的第一目击者在现场对猝死者进行心肺复苏取得成功的报道，这是一个很好的起步和良好的开端。然而接受过CPR普及培训者，每两年必须参加一次心肺复苏知识更新班，一方面复习操作练习，另一方面获得心肺复苏最新进展的相关知识。

（二）心肺复苏术的操作方法

CPR是针对呼吸心跳停止的急症危重患者所采取的关键抢救措施，即胸外按压形成暂时的人工循环并诱发心脏的自主搏动，采用人工呼吸代替自主呼吸，快速电除颤转复心室颤动，以及尽早使用血管活性药物来重新恢复自主循环的急救技术。一般将其分为初期复苏（BLS，Basic Life Support）、后期复苏（ALS，Advanced Life Support）和复苏后处理（PRT，Post-Resuscitation Treatment）三个阶段。心肺复苏的目的是开放气道、重建呼吸和循环。人们只有充分了解心肺复苏的知识，并接受相关训练后才可以为他人实施心肺复苏。

心肺复苏=（清理呼吸道）+人工呼吸+胸外按压+后续的专业用药

现场心肺复苏术，主要指基础生命支持，其CPR顺序，根据1992年美国心脏病学会修订的CPR指南提出：首先是畅通气道（A，Airway）；然后是人工呼吸（B，Breathing）；最后是人工循环或称胸外按压（C，Circulation），称为ABC三部曲。但是，在1998年，有人提出CPR顺序的应重新认识，即CAB顺序，首先是按压心脏，建立人工循环，理由是患者在心脏停搏后可有1~2次自发性气喘，心血管和肺内尚有氧合血液，体内因有存留的氧，立即实施心脏按压，可使心脑得到血供。由此，应分秒必争地进行心脏按压，恢复心脑血供，且按压时的胸廓弹性回缩，有助于肺通气。这种CAB顺序的前提是：患者心跳停止前没有明显的缺氧，对于大多数需CPR患者，应首先保持气道通畅，人工呼吸和人工循环同时进行。

据美国近年统计，每年心血管患者死亡数达百万人，约占总死亡病因的1/2。而因心脏停搏突然死亡者60%~70%发生在院前。因此，美国成年人中约有85%的人有兴趣参加CPR初步训练，结果使40%心脏骤停者复苏成功，每年抢救了约20万人的生命。心脏跳动停止者，若在4min内实施初步的CPR，在8min内由专业人员进一步抢救，死而复生的可能性最大。因此，在心肺复苏中，时间就是生命，速度是关键。初步的CPR按ABC进行，即开放气道-口对口人工呼吸-人工循环。

检查反应：非医护人员，只需检查患者的生命体征（包括意识、呼吸和对外界刺激的反应），而不需要检查脉搏即可实施复苏术。医护人员在实施心肺复苏前可检查脉搏。

非专业救援者的行动步骤：如果不止一人在急救现场，可同时开始救援行动。一名或多名训练有素的救援者在患者身边开始 CPR，另一名旁观者立即拨打急救反应系统，如果有条件，应迅速找到自动体外除颤器（AED，Automated Extemal Defibrillator）。

需要注意的事项如下。

（1）口对口吹气量不宜过大，一般不超过 1200mL，胸廓稍起伏即可。吹气时间不宜过长，过长会引起急性胃扩张、胃胀气和呕吐。吹气过程要注意观察患（伤）者气道是否通畅，胸廓是否被吹起。因为在进行 CPR 时，肺血流量明显降低，所需要的气体量也显著减少，1s 吹气可以满足气体需要量，同时，减少吹气时间，可以尽快恢复中断的胸外按压。另外，按压时通气导致胸膜腔内压增高，减少重要器官的血液灌流，因此，过度通气常无必要甚至有害，不仅可能降低胸外按压的效率，还可能导致胃扩张等并发症。

（2）胸外按压术只能在患（伤）者心脏停止跳动时才能进行。

（3）口对口吹气和胸外按压应同时进行，严格按吹气和按压的比例操作，吹气和按压的次数过多和过少均会影响复苏的成败。

（4）胸外按压的位置必须准确，按压位置不准确容易损伤其他脏器；按压的力度要适宜，用力过大过猛容易使肋骨骨折，引起气胸或血胸；按压的力度过轻，胸腔压力小，不足以推动血液循环。

（5）施行心肺复苏术时应将患（伤）者的衣扣及裤带解松，以免引起内脏损伤。

（三）心肺复苏有效指标

CPR 操作是否正确，主要是靠平时严格训练，掌握正确的方法。而在急救中判断复苏是否有效，可从以下四方面综合考虑。

（1）面色（口唇）。复苏有效时，面色由紫绀转为红润；如患者面色变为灰白，则说明无效。

（2）神志。复苏有效时，可见患者有眼球活动，甚至手脚开始活动。

（3）出现自主呼吸。自主呼吸出现，并不意味着马上可以停止人工呼吸，如果自主呼吸微弱，仍应坚持做人工呼吸。

（4）瞳孔。复苏有效时，可见瞳孔由大变小，并有对光反射；如瞳孔由小变大、固定，则说明复苏无效。

第四节　常见运动损伤的处理方法

一、肌肉拉伤

肌肉主动强烈地收缩或被动过度的拉长所造成的肌肉微细损伤、肌肉部分撕裂或完全断裂，称为肌肉拉伤。这是最常见的运动损伤之一，据统计，肌肉拉伤在运动损伤发生率中占 25%以上。

（一）病因病理

在体育运动中，由于准备活动不当，某部肌肉的生理机能尚未达到适应运动所需的状态；训练水平不够，肌肉的弹性和力量较差；疲劳或过度负荷，使肌肉的机能下降，力量减弱，协调性降低；错误的技术动作或运动时注意力不集中，动作过猛或粗暴；气温过低、湿度太大，场地或器械的质量不良等都可以引起肌肉拉伤。

在完成各种动作时，肌肉主动猛烈收缩超过了肌肉本身的负担能力；或突然被动地过度拉长，超过了肌肉的伸展范围，都可发生拉伤。例如举重运动弯腰抓提杠铃时，竖脊肌由于强烈收缩而拉伤；在做前压腿、纵劈叉等练习时，突然用力过猛，可使大腿后群肌肉过度被动拉长而发生损伤；横劈叉练习可使大腿内侧群肌肉过度被动拉长而发生拉伤。在体育运动中，大腿后群肌肉的拉伤最为常见，大腿内收肌、腰背肌、腹直肌、小腿三头肌、上臂肌等都是肌肉拉伤的好发部位。

（二）征象

伤后可出现局部疼痛、压痛、肿胀、肌肉紧张、发硬、痉挛、功能障碍。当受伤肌肉主动收缩或被动拉长时疼痛加重，肌肉抗阻收缩试验阳性，即疼痛加剧。受伤时有撕裂样感，肿胀明显及皮下瘀血严重，触摸局部有凹陷或见肌肉一端出现异常隆起者，可能为肌肉断裂。

（三）处理

早期处理采用 RICE 原则，即制动（Rest）、冷敷（Ice）、加压（Compression）、抬高患肢（Elevation）。

肌纤维轻度拉伤及肌痉挛者，用针刺疗法会取得显著疗效。肌纤维部分断裂者，早期用冷敷、加压包扎，还要把患肢放在使受伤肌肉松弛的位置以减轻疼痛。根据损伤严重程度，酌情于 48~72h 后开始按摩，手法要轻缓。

部分断裂者，局部停训 2~3 天，其他部位可以继续活动，以后逐步进行功能锻炼，但应避免重复受伤的动作，1 周后可逐渐增加肌肉的力量和柔韧性练习，在做伸展练习时以不增加伤部疼痛为度，10~15 天后，症状基本消除，可逐渐进行正规训练，训练时伤部必须使用保护支持带，并充分做好准备活动。

怀疑有肌肉、肌腱完全断裂者，应局部加压包扎、固定患肢后，立即送医院确诊，必要时进行手术治疗。肌肉，肌腱完全断裂或撕脱骨折者，应立即停止训练，完全休息，积极治疗，伤后训练和专项训练都应在医生指导下进行。

（四）预防

注意加强易伤部位肌肉的力量和柔韧性练习，同时应充分做好准备活动，合理安排运动量，才能达到预防的目的。

二、颈椎病

颈椎病又称颈椎综合征，是颈椎骨关节炎、增生性颈椎炎、颈神经根综合征、颈椎间盘脱出症的总称，是一种以退行性病理改变为基础的疾患。该病症主要由于颈椎长期劳损、骨质增生，或椎间盘脱出、韧带增厚，致使颈椎脊髓、神经根或椎动脉受压，出现一系列功能障碍的临床综合征。表现为颈椎间盘退变本身及其继发性的一系列病理改变，如椎节失稳、松动；髓核突出或脱出；骨刺形成；韧带肥厚和继发的椎管狭窄等，刺激或压迫了邻近的神经根、脊髓、椎动脉及颈部交感神经等组织，并引起各种各样症状。

（一）颈椎病的分类

（1）神经根型。颈椎间盘退行性改变或骨质增生的刺激，压迫脊神经根，引起上肢的感觉、运动功能障碍，常表现为一侧上肢节段的运动障碍或感觉麻木。

（2）脊髓型。颈椎间盘突出、韧带肥厚骨化或者其他原因造成颈椎椎管狭窄，脊髓受压和缺血，引起脊髓传导功能障碍者。有的以上肢开始发病，向下肢发展；有的以下肢开始发病，向上肢发展。主要表现为走路不稳、四肢麻木、大小便困难等。

（3）椎动脉型。由于钩椎关节退行性改变的刺激，压迫椎动脉，造成椎基底动脉供血不全者，常伴有头晕、黑蒙等症状，与颈部旋转有关。

（4）交感神经型。颈椎间盘退行性改变的刺激，压迫颈部交感神经纤维，引起一系列反射性症状者，临床上比较少见，而且常与心血管疾病、内分泌疾病等混杂在一起，难以鉴别。

（5）其他型。指食管压迫型，吞咽有异物感，临床上罕见。

（二）病因病理

颈椎病的基本病理变化是椎间盘的退行性变。颈椎位于头颅与胸廓之间，颈椎间盘在承重的情况下要做频繁的活动，容易受到过多的细微损伤和劳损而发病。

1. 病理

早期为颈椎间盘变性，髓核的含水量减少和纤维环的纤维肿胀、变粗，继而发生玻璃样变性，甚至破裂。颈椎间盘变性后，耐压性能及耐牵拉性能减低。当受到头颅的重力和头胸间肌肉牵拉力的作用时，变性的椎间盘可以发生局限性或广泛性向四周隆突，使椎间盘间隙变窄、关节突重叠、错位，以及椎间孔的纵径变小。由于椎间盘的耐牵拉力变弱，当颈椎活动时，相邻椎骨之间的稳定性减小而出现椎骨间不稳，椎体间的活动度加大和使椎体有轻度滑脱，继而出现后方小关节、钩椎关节和椎板的骨质增生，黄韧带和项韧带变性，软骨化和骨化等改变。

由于颈椎间盘向四周膨隆，可将其周围组织（如前、后纵韧带）及椎体骨膜掀起，而在椎体与突出的椎间盘及被掀起的韧带组织之间形成间隙，称韧带间盘间隙，其中有组织液积聚，再加上微细损伤所引起的出血，使这种血性液体发生机化然后钙化、骨化，于是形成了骨赘。椎体前后韧带的松弛，又使颈椎不稳定，更增加了受损伤的机会，使骨赘逐渐增大。骨赘连同膨出的纤维环，后纵韧带和由于损伤反应所引起的水肿或纤维疤痕组织，在相当于椎间盘部位形成一个突向椎管内的混合物，就可能对脊神经或脊髓产生压迫作用。钩椎关节的骨赘可从前向后突入椎间孔压迫神经根及椎动脉。椎体前缘的骨赘一般不会引起症状，但文献上也有这种前骨赘影响吞咽或造成嘶哑的报告。脊髓及神经根受压后，开始时仅为功能上的改变，如不及时减轻压力，逐渐会产生不可逆的变化。因此，如果非手术治疗无效，应及时进行手术治疗。

2. 病因

病因主要产生如下：

（1）颈椎退行性改变；

（2）外伤因素；

（3）慢性劳损；

（4）寒冷、潮湿。

颈椎病主要因为颈椎间盘和颈椎及其附属结构的退行性改变引起。

（三）处理

（1）口服药物治疗，主要用于缓解疼痛、局部消炎、放松肌肉治疗，对于颈椎不稳等继发的局部软组织劳损等疗效较明确，但不能从根本上治疗颈椎病。对于伴有四肢无力或麻木的患者来说，还可以使用神经营养药物辅助康复，促进受压神经的恢复。

（2）牵引法，通过牵引力和反牵引力之间的相互平衡，使头颈部相对固定于生理曲线状态，从而使颈椎曲线不正的现象逐渐改变，但其疗效有限，仅适于轻症神经根型颈椎病患者；且在急性期禁止做牵引，防止局部炎症、水肿加重。

（3）理疗，理疗法是物理疗法的简称。就是应用自然界和人工的各种物理因子，如声、光、电、热、磁等作用于人体，以达到治疗和预防疾病的目的。

（4）中医疗法，可采用按摩、针灸等方法进行治疗。

（5）康复锻炼，可采用颈椎关节操、麦肯基疗法等锻炼方法。

（6）手术治疗，对颈椎病诊断明确，神经根压迫症状严重，保守治疗后症状无明显好转者应采取手术治疗，而对于脊髓型颈椎病患者，即主要表现为双下肢走路无力、步态不稳等症状的患者，则应尽早实行手术治疗，以获得良好的恢复效果，因这类患者的治疗效果与神经压迫时间长短有密切关系。而对于椎动脉和交感神经兴奋型的患者，手术效果相对来说就不太确切。

（四）预防

（1）树立正确的心态，掌握用科学的手段防治疾病，配合医生治疗，减少复发。

（2）加强颈肩部肌肉的锻炼，在工作空闲时，做头及双上肢的前屈、后伸及旋转运动，既可缓解疲劳，又能使肌肉发达，韧度增强，从而有利于颈段脊柱的稳定性，增强颈肩顺应颈部突然变化的能力。

（3）纠正不良姿势和习惯，避免高枕睡眠，不要偏头耸肩，谈话、看书时要正面注视，要保持脊柱的正直。

（4）注意颈肩部保暖，避免头颈负重物，避免过度疲劳，坐车时不要打瞌睡。

（5）及早彻底治疗颈肩、背软组织劳损，防止其发展为颈椎病。

（6）劳动或走路时要避免挫伤，避免急刹车时头颈受伤，避免跌倒。

三、肩袖损伤

肩袖损伤是指肩袖肌腱或合并肩峰下滑囊的创伤性炎症病变。此伤在体操、投掷、排球、乒乓球、举重、游泳运动中较为多见。

（一）病因病理

主要是由于肩关节反复旋转或超常范围的运动，引起肩袖肌腱和肩峰下滑囊受到反复牵扯，并与肩峰和喙肩韧带不断摩擦、挤压所致。体操的转肩、投掷时的出手动作、举重时肩的突然背伸、排球的扣球、蝶泳时的划水动作等，都是引起此伤的典型机制。

（二）征象

多数患者有一次和多次损伤史，部分患者由劳损所致。伤后肩部疼痛，有时可向上臂或颈部放射，有的夜间疼痛加重。肩痛弧试验、反弓试验、肩关节内旋试验等均可出现阳性。慢性损伤者，常有反弓试验阳性及三角肌、冈上肌和冈下肌萎缩乏力，而多无其他症状及体征。急性损伤与亚急性损伤的患者都有肩关节的外展受限制，需与冈上肌肌腱断裂相鉴别，最好的鉴别方法是用普鲁卡因局部封闭后，肌腱炎患者能自动有力地抬举上臂而无疼痛，肌腱断裂患者虽无疼痛但不能有力地将上臂外展抬起。

（三）处理

上臂外展30°位固定并适当休息。采用针灸、理疗、中药外敷、注射疗法等均有较好效果。另外要注意加强肩部肌肉力量，改进技术动作。长期保守治疗无效者，可行手术治疗。

（四）预防

（1）要做好准备活动；
（2）合理安排训练和改进训练方法，正确掌握技术要领，注意纠正错误动作；
（3）加强肩部肌肉力量训练，提高肌肉力量和协调性；
（4）运动后采用按摩等方法，促进局部疲劳的消除。

四、网球肘

肱骨外上髁炎又名网球肘，因网球运动员易患该症而得名。乒乓球、羽毛球、击剑等需要反复用力伸腕活动者，都易发生该症。

（一）病因病理

由于经常反复伸、屈腕关节，尤其是用力伸腕又需同时前臂旋前、旋后活动，因伸肌群反复收缩或受到牵扯，引起伸腕肌群，尤其是桡侧腕短伸肌在肱骨外上髁附着处、局部滑囊或关节囊的慢性损伤所致。如网球、乒乓球运动中，由于“下旋”“反拍”回击球时，球的冲力作用于伸腕肌，该肌受到反复牵扯而发生劳损。

（二）征象

多无明显外伤史，逐渐出现肘外侧疼痛。初期只感到肘外侧酸困和轻微疼痛，或仅在用力伸腕和前臂旋前、旋后时局部疼痛。运动停止后，疼痛缓解，再重复做上述动作时又出现疼痛。病情发展时，疼痛加重，肘外侧出现持续性疼痛，并可向前臂放射。肘关节运动受限，拧毛巾、反手击球、提拿重物时疼痛加重，患侧手的力量减弱，严重者可出现患肢突然“失力”现象。肱骨外上髁伸肌腱附着处、肱桡关节和桡骨小头处有明显压痛，Mill 氏试验阳性，抗阻伸腕试验阳性。

（三）处理

早期患者症状较轻，按摩、理疗、中药外敷、针灸等都有较好效果，并应适当减少腕部背伸用力活动，在做手腕和前臂用力活动时，前臂肌腹处缠绕弹性绷带可减轻疼痛，肘外侧疼痛较重或出现持续痛的患者，应暂停腕部用力伸屈与前臂旋转练习。除上述治疗方法外，局部注射疗法的效果较好。个别患者经保守治疗无效而又严重影响训练和生活时，可考虑手术治疗。

（四）预防

（1）做好准备活动，提高肌肉的反应性；
（2）合理安排训练，避免局部负荷过大；
（3）加强伸肌群的力量练习；
（4）运动后采用按摩、热敷等，促进局部肌肉疲劳的消除；
（5）早期发现，及早治疗。

五、急性腰扭伤

由于腰部用力超过腰部软组织（肌肉、筋膜、韧带等）的生理负荷范围，造成程度不同的纤维断裂或小关节微动错缝，称为急性腰扭伤。在祖国医学中属于“闪腰”“岔气”的范畴。腰部是脊柱运动中负重大、活动多的部位，为身体活动的枢纽。腰部的肌肉主要有竖脊肌、腰方肌、腰大肌等，腰部筋膜分为前、中、后三层，各椎骨的棘突由棘上韧带和棘间韧带连接，形成韧带联合，有限制脊柱过度前屈的作用。

（一）病因病理

身体负重过大，超过所能承受的范围时，可发生腰部肌肉和筋膜的撕裂伤。如举重运动，当举起的杠铃重量过大，运动员腰部肌肉力量不足，不能保持身体平衡，重心不稳，可发生腰部扭伤；武术运动的旋风腿，跳起后身体扭转过猛等均能导致腰部急性扭伤。训练中动作不正确，也是致伤的常见原因。若举重的提铃动作不正确，即直腿弯腰提杠铃，阻力臂增长，重力全部落在腰骶部，从而导致肌肉和筋膜发生撕裂伤。腰部的过伸或过屈活动超过了脊柱的功能范围，从而导致棘上韧带和棘间韧带损伤或棘突骨膜炎。若举重运动过度塌腰，挺身式跳远腾空，跳水时下肢过分后伸，体操练“拱桥”动作等使棘突之间发生彼此挤压撞击，导致棘突间的肌肉和韧带损伤。跳远腾空落地时收腹过猛，脊柱过度前屈，均可使棘上韧带和棘间韧带或者肌肉过度牵扯发生撕裂伤。

（二）征象

可有明显的受伤史，严重受伤时有撕裂感，伤后腰部有不同程度的肿胀、疼痛和皮下瘀斑。轻者双手叉腰缓行，重者需他人搀扶行走，咳嗽、喷嚏时疼痛加重，部分患者可向腹股沟和股后部放射，脊柱生理弯曲度改变，可出现侧弯、腰曲减少或消失，腰部活动障碍和肌肉痉挛。

疼痛和动作的关系：腰背肌拉伤者弯腰和侧屈时疼痛，抗阻伸腰疼痛；棘上韧带损伤者，过伸、过屈脊柱都可感疼痛，而侧屈时疼痛不明显。损伤的局部一般有明显压痛点，肌肉损伤以第三腰椎横突压痛明显，而棘突发炎和棘上韧带损伤则以腰背部中线棘突和棘间隙压痛明显。

（三）处理

急性疼痛期应卧床休息，腰部垫一块薄枕，以放松腰肌，也可卧位与俯卧位相交替，避免受伤组织再受牵扯，以利修复，轻度损伤休息 2~3 天，较重扭伤需要一周左右。按摩对部分急性腰扭伤疗效较好，患者俯卧位，脚下垫枕，使腰部放松，以舒活酒做摩擦，用掌跟做揉、推压、按压等手法，力量逐渐由轻到重，然后在压痛部位进行分筋、理筋、按压、叩打，以及指针阿是穴、环跳、委中、肾俞等穴。针灸取扭伤穴、腰痛穴、后溪穴、采用针刺，得气后留针 30min，辅助以腰部运动，有较好效果。此外，外贴活络止痛膏，内服活络止痛药、火罐疗法、理疗及局部封闭均有一定疗效。

（四）预防

加强腰背肌力量练习，负重练习效果更好，充分做好准备活动，经常对腰部进行自我按摩，担抬重物时应屈腿直腰再起立，以避免腰部肌肉筋膜损伤。

六、腰椎间盘突出症

腰椎间盘突出症是较为常见的疾患之一，主要是因为腰椎间盘各部分（髓核、纤维环及软骨板），尤其是髓核，有不同程度的退行性改变后，在外力因素的作用下，椎间盘的纤维环破裂，髓核组织从破裂之处突出（或脱出）于后方或椎管内，导致相邻脊神经根遭受刺激或压迫，从而产生腰部疼痛，一侧下肢或双下肢麻木、疼痛等一系列临床症状。腰椎间盘突出症以腰 4~5、腰 5~骶 1 发病率最高，约占 95%。

（一）病因病理

（1）腰椎间盘的退行性改变是基本因素。髓核的退变主要表现为含水量的降低，并可因失水引起椎节失稳、松动等小范围的病理改变；纤维环的退变主要表现为坚韧程度的降低。

（2）损伤。长期反复的外力造成轻微损害，加重了退变的程度。

（3）椎间盘自身解剖因素的弱点。椎间盘在成年之后逐渐缺乏血液循环，修复能力差。在上述因素作用的基础上，某种可导致椎间盘所承受压力突然升高的诱发因素，即可能使弹性较差的髓核穿过已变得不太坚韧的纤维环，造成髓核突出。

（4）遗传因素。腰椎间盘突出症有家族性发病的报道，有色人种本症发病率低。

（5）腰骶先天异常。其包括腰椎骶化、骶椎腰化、半椎体畸形、小关节畸形和关节突不对称等，上述因素可使下腰椎承受的应力发生改变，从而构成椎间盘内压升高和易发生退变和损伤。

在椎间盘退行性变的基础上，某种可诱发椎间隙压力突然升高的因素可致髓核突出。常见的诱发因素有增加腹压、腰姿不正、突然负重、妊娠、受寒和受潮等。

（二）分型

从病理变化及 CT、MRI 表现，结合治疗方法可做以下分型。

（1）膨隆型。纤维环部分破裂，而表层尚完整，此时髓核因压力而向椎管内局限性隆起，但表面光滑。这一类型经保守治疗大多可缓解或治愈。

（2）突出型。纤维环完全破裂，髓核突向椎管，仅有后纵韧带或一层纤维膜覆盖，表面高低不平或呈菜花状，常需手术治疗。

（3）脱垂游离型。破裂突出的椎间盘组织或碎块脱入椎管内或完全游离。此型不单可引起神经根症状，还容易导致马尾神经症状，非手术治疗往往无效。

（4）Schmorl 结节。髓核经上下终板软骨的裂隙进入椎体松质骨内，一般仅有腰痛，无神经根症状，多不需要手术治疗。

（三）征象

1. 临床症状

（1）腰痛。腰痛是大多数患者最先出现的症状，发生率约 91%。由于纤维环外层及后纵韧带受到髓核刺激，经寰椎神经而产生下腰部感应痛，有时可伴有臀部疼痛。

（2）下肢放射痛。虽然高位腰椎间盘突出（腰 2～3、腰 3～4）可以引起股神经痛，但临床少见，不足 5%。绝大多数患者是腰 4～5、腰 5～骶 1 间隙突出，表现为坐骨神经痛。典型坐骨神经痛是从下腰部向臀部、大腿后方、小腿外侧直到足部的放射痛，在喷嚏和咳嗽等腹压增高的情况下疼痛会加剧。放射痛的肢体多为一侧，仅极少数中央型或中央旁型髓核突出者表现为双下肢症状。坐骨神经痛的原因有三：一是破裂的椎间盘产生化学物质的刺激及自身免疫反应使神经根发生化学性炎症；二是突出的髓核压迫或牵张已有炎症的神经根，使其静脉回流受阻，进一步加重水肿，使得对疼痛的敏感性增高；三是受压的神经根缺血。上述三种因素相互关联，互为加重因素。

（3）马尾神经症状。向正后方突出的髓核或脱垂、游离椎间盘组织压迫马尾神经，其主要表现为大、小便障碍，会阴和肛周感觉异常。严重者可出现大小便失控及双下肢不完全性瘫痪等症状，临床上少见。

2. 腰椎间盘突出症的体征

一般体征如下。

（1）腰椎侧凸。腰椎侧凸是一种为减轻疼痛的姿势性代偿畸形。视髓核突出的部位与神经根之间的关系不同而表现为脊柱弯向健侧或弯向患侧。如髓核突出的部位位于脊神经根内侧，因脊柱向患侧弯曲可使脊神经根的张力减低，所以腰椎弯向患侧；反之，如突出物位于脊神经根外侧，则腰椎多向健侧弯曲。

（2）腰部活动受限。大部分患者都有不同程度的腰部活动受限，急性期尤为明显，其中以前屈受限最明显，因为前屈位时可进一步促使髓核向后移位，并增加对受压神经根的牵拉。

（3）压痛、叩痛及骶棘肌痉挛。压痛及叩痛的部位基本上与病变的椎间隙相一致，80%~90%的病例呈阳性。叩痛以棘突处为明显，系叩击振动病变部所致。压痛点主要位于椎旁1cm处，可出现沿坐骨神经放射痛。约1/3患者有腰部骶棘肌痉挛。

特殊体征如下。

（1）直腿抬高试验及加强试验。患者仰卧、伸膝，被动抬高患肢。正常人神经根有4mm滑动度，下肢抬高到60°~70°始感腘窝不适。腰椎间盘突出症患者神经根受压或粘连使滑动度减少或消失，抬高在60°以内即可出现坐骨神经痛，称为直腿抬高试验阳性。在阳性患者中，缓慢降低患肢高度，待放射痛消失，这时再被动屈曲患侧踝关节，再次诱发放射痛称为加强试验阳性。有时因髓核较大，抬高健侧下肢也可牵拉硬脊膜诱发患侧坐骨神经产生放射痛。

（2）股神经牵拉试验。患者取俯卧位，患肢膝关节完全伸直。检查者将伸直的下肢高抬，使髋关节处于过伸位，当过伸到一定程度出现大腿前方股神经分布区域疼痛时，则为阳性。此项试验主要用于检查腰2~3和腰3~4椎间盘突出的患者。

神经系统表现如下。

（1）感觉障碍。视受累脊神经根的部位不同而出现该神经支配区感觉异常。阳性率达80%以上。早期多表现为皮肤感觉过敏，渐而出现麻木、刺痛及感觉减退。因受累神经根以单节单侧为多，故感觉障碍范围较小；但如果马尾神经受累（中央型及中央旁型者），则感觉障碍范围较广泛。

（2）肌力下降。70%~75%患者出现肌力下降，腰5神经根受累时，踝及趾背伸力下降，骶1神经根受累时，趾及足跖屈力下降。

（3）反射改变。反射改变也为本病易发生的典型体征之一。腰4神经根受累时，可出现膝跳反射障碍，早期表现为活跃，之后迅速变为反射减退；腰5神经根受损时对反射多无影响；骶1神经根受累时则跟腱反射障碍；反射改变对受累神经的定位意义较大。

3. 检查

（1）腰椎X线平片。单纯X线平片不能直接反应是否存在椎间盘突出，但X线片上有时可见椎间隙变窄、椎体边缘增生等退行性改变，是一种间接的提示，部分患者可以有脊柱偏斜、脊柱侧凸。此外，X线平片可以发现有无结核、肿瘤等骨病，有重要的鉴别诊断意义。

（2）CT检查。CT检查可较清楚地显示椎间盘突出的部位、大小、形态和神经根、硬脊膜囊受压移位的情况，同时可显示椎板及黄韧带肥厚、小关节增生肥大、椎管及侧隐窝狭窄等情况，对本病有较大的诊断价值，目前已普遍采用。

（3）磁共振（MRI）检查。MRI无放射性损害，对腰椎间盘突出症的诊断具有重要意义。MRI可以全面地观察腰椎间盘是否病变，并通过不同层面的矢状面影像及所累及椎间盘的横切位影像，清晰地显示椎间盘突出的形态及其与硬膜囊、神经根等周围组织的关系，另外，可鉴别是否存在椎管内其他占位性病变。但对于突出的椎间盘是否钙化的显示不如CT检查。

（4）其他。电生理检查（肌电图、神经传导速度与诱发电位）可协助确定神经损害的范围及程度，观察治疗效果。实验室检查主要用于排除一些疾病，起到鉴别诊断作用。

（四）处理

1. 非手术疗法

腰椎间盘突出症大多数患者可以经非手术治疗缓解或治愈，其治疗原理并非将退变突出的椎间盘组织回复原位，而是改变椎间盘组织与受压神经根的相对位置或部分回纳，减轻对神经根的压迫，松解神经根的粘连，消除神经根的炎症，从而缓解症状。非手术治疗主要适用于：年轻、初次发作或病程较短者；症状较轻，休息后症状可自行缓解者；影像学检查无明显椎管狭窄。

（1）绝对卧床休息。初次发作时，应严格卧床休息，强调大、小便均不应下床或坐起，这样才能有比较好的效果。卧床休息 3 周后可以佩戴腰围保护下起床活动，3 个月内不做弯腰持物动作，此方法简单有效，但较难坚持，缓解后，应加强腰背肌锻炼，以减少复发的概率。

（2）牵引治疗。采用骨盆牵引，可以增加椎间隙宽度，减少椎间盘内压，椎间盘突出部分回纳，减轻对神经根的刺激和压迫，需要专业医生指导下进行。

（3）理疗和推拿、按摩。该方法可缓解肌肉痉挛，减轻椎间盘内压力，但注意暴力推拿按摩可以导致病情加重，应慎重。

（4）皮质激素硬膜外注射。皮质激素是一种长效抗炎剂，可以减轻神经根周围炎症和粘连。一般采用长效皮质类固醇制剂加上 2%利多卡因行硬膜外注射，每周一次，3 次为一个疗程，2~4 周后可再用一个疗程。

（5）髓核化学溶解法。利用胶原酶或木瓜蛋白酶，注入椎间盘内或硬脊膜与突出的髓核之间，选择性溶解髓核和纤维环，而不损害神经根，以降低椎间盘内压力或使突出的髓核变小从而缓解症状，但该方法有产生过敏反应的风险。

2. 经皮髓核切吸术/髓核激光气化术

通过特殊器械在 X 射线监视下进入椎间隙，将部分髓核绞碎吸出或激光气化，从而减轻椎间盘内压力达到缓解症状目的，适合于膨出或轻度突出的患者，不适合于合并侧隐窝狭窄或者已有明显突出的患者及髓核已脱入椎管内者。

3. 手术治疗

手术适应证：

（1）病史超过 3 个月，严格保守治疗无效或保守治疗有效，但经常复发且疼痛较重者；

（2）首次发作，但疼痛剧烈，尤以下肢症状明显，患者难以行动和入眠，处于强迫体位者；

（3）合并马尾神经受压表现；

（4）出现单根神经根麻痹，伴有肌肉萎缩、肌力下降；

（5）合并椎管狭窄者。

（五）预防

腰椎间盘突出症是在退行性变基础上积累伤所致，积累伤又会加重椎间盘的退变，因此预防的重点在于减少积累伤。

（1）平时要有良好的坐姿，睡眠时的床不宜太软；

（2）长期伏案工作者需要注意桌、椅高度，定期改变姿势；

（3）职业工作中需要常弯腰动作者，应定时伸腰、挺胸活动，并使用宽的腰带；

（4）应加强腰背肌训练，增加脊柱的内在稳定性，长期使用腰围者，尤其需要注意腰背肌锻炼，以防止使用性肌肉萎缩带来不良后果；

（5）若需弯腰取物，最好采用屈髋、屈膝下蹲方式，减少对腰椎间盘后方的压力。

七、膝关节损伤

（一）应用解剖

膝关节是人体最大且最复杂的关节，膝关节的主要结构包括股骨下端、胫骨上端及髌骨关节面。膝关节之所以能活动自如又较少发生脱位，主要是前，后十字韧带（又称交叉韧带，共两条，前后各一条）、内侧副韧带、外侧副韧带（如果包括髌韧带则膝关节共有5条韧带）、关节囊及附着于关节附近的肌腱提供关节稳定性。此外，关节中间内外侧各有一块半月板，除了可以吸收部分关节承受的负重外，也可增加关节的稳定性。膝关节关节囊较薄而松弛，附着于各骨、关节软骨的周缘，关节囊的周围有韧带加固，前方的叫髌韧带，是股四头肌肌腱的延续（髌骨为该肌腱内的籽骨），从髌骨下端延伸至胫骨粗隆，在髌韧带的两侧，有髌内、外侧支持带，为股内侧肌和股外侧肌腱膜的下延，并与关节囊相编织；后方有腘斜韧带加强，由半膜肌的腱纤维部分编入关节囊所形成；内侧有胫侧副韧带，为扁带状，起自内收肌结节，向下放散编织于关节囊纤维层；外侧为腓侧副韧带，是独立于关节囊外的圆形纤维束，起自股骨外上髁，止于腓骨小头。膝关节囊的滑膜层是全身关节中最宽阔最复杂的，附着于该关节各骨的关节面周缘，覆盖关节内除了关节软骨和半月板以外的所有结构。

（二）膝关节运动损伤的检查方法

（1）侧扳试验。被动使膝关节外翻，若膝内侧疼痛则为内侧韧带扭伤；若内侧关节间隙有开口感，膝外翻活动异常为阳性，提示膝内侧韧带断裂；也可用同样的原理使膝内翻来检查膝外侧副韧带损伤。

（2）抽屉试验。患者仰卧，膝关节屈曲90°，检查者坐于床边以臀抵压住患足，双手握住胫骨上端用力前拉、后推，双侧对比，如有异常前后错动则为阳性。胫骨上端有异常向前移动，提示前十字韧带断裂；若胫骨上端有异常向后移动，提示后十字韧带断裂。

（3）麦氏试验。患者仰卧，患肢充分屈膝、屈髋，检查者一手握住患肢足部，另一手扶在膝上，使小腿内收外旋，然后缓缓伸直膝关节，若内侧关节间隙有疼痛与响声即为阳性，提示内侧半月板损伤；反之，则为外侧半月板损伤。

（4）研磨试验。患者俯卧，髋关节伸直，膝关节屈曲90°位，检查者双手握脚，用力向下挤压并向内、外旋转，引起膝内疼痛为阳性，提示半月板损伤。然后检查者用膝部压住患者股后，双手握踝将小腿向上牵拉并向内、外旋转小腿，引起疼痛为阳性，提示膝关节韧带损伤。

（5）髌骨软骨摩擦试验。用手掌按压患者髌骨，嘱患者屈伸膝关节或上下、左右错动髌骨，若有疼痛或粗糙的摩擦音，摩擦感为阳性，提示髌骨软骨病。

（6）单足半蹲试验。嘱患者单足支撑，逐渐下蹲，出现膝痛膝软为阳性，提示髌骨周围腱止装置损伤或髌骨软骨病。

（三）膝内侧副韧带损伤

1. 病因病理

因膝关节突然外翻所致，即膝关节屈曲（130°~150°），小腿突然外展外旋，或足与小腿固定，大腿突然内收内旋，若扭转的力量不大，只局限于内侧韧带本身的扭伤或部分撕裂；如扭转的力量较大，可引起内侧韧带完全断裂，或可合并内侧半月板、十字韧带的损伤。如踢足球时的两人对脚、摔跤“用绊”、滑雪时雪橇板被障碍物钩住、膝外侧受到外力撞击等，都是引起此种损伤的典型机制。

2. 征象

伤后膝内侧疼痛，半腱肌与半膜肌出现保护性痉挛，使膝关节被固定于微屈位，膝屈伸功能明显受限，被动屈伸时有抵抗感。膝内侧肿胀，若内侧韧带断裂，出现皮下瘀血，如韧带深层断裂或合并半月板、十字韧带损伤，膝关节出现血肿。局部压痛，尤以股骨内髁韧带附着处压痛较明显。膝关节侧扳试验，膝内侧疼痛，为内侧韧带损伤；大于5°~10°，提示内侧韧带断裂。双膝强力外翻位X射线正位片上，患膝内侧关节间隙开口增大，对诊断内侧副韧带完全断裂有重要意义。内侧副韧带损伤可合并内侧半月板、十字韧带损伤，应仔细检查以避漏诊。半月板损伤时，麦氏试验阳性，研磨试验下压时阳性；十字韧带损伤时，抽屉试验阳性。

3. 处理

内侧副韧带扭伤或部分断裂时，伤后立即冷敷、加压包扎，并抬高患肢以减少出血、肿胀。24~48h后，可外敷中药、理疗、痛点药物注射、按摩等，股四头肌功能锻炼应尽早进行，一般2~3周后可恢复训练。韧带完全断裂时，应在包扎固定后送医院处理。

4. 预防

（1）平时要注意加强腘绳肌、股四头肌和小腿三头肌的力量训练，以增强膝关节的稳固性与灵活性；

（2）注意场地安全卫生，避免场地致伤因素；

（3）正确掌握跳起后的落地动作，加强保护和自我保护；

（4）避免犯规或粗野动作。

（四）膝关节半月板损伤

膝关节半月板损伤，在篮球、排球、足球、体操跳马、田径跳高、跳远及武术运动中较为多见。

1. 病因病理

当膝关节屈曲时，半月板向后移动，伸直时，半月板向前移动，膝关节在半屈曲位下做小腿外展外旋或内收内旋时，两侧半月板一前一后移动。因此，在膝关节屈伸伴有扭转内外翻动作时，半月板本身产生矛盾运动，使其在股骨与胫骨平台之间发生剧烈研磨而致伤。体育运动中，当膝关节屈曲，小腿固定于外展外旋位，大腿突然内收内旋，并伸直膝关节是引起内侧半月板损伤的典型机制；若小腿固定于内收内旋位，大腿突然外展外旋并伸直膝关节，是引起外侧半月板损伤的典型机制。此外，膝关节突然猛力过伸及腘绳肌肌腱撕裂，也可引起半月板前角或半月板边缘分离。

2. 征象

多数患者有典型的外伤史，受伤时膝内有撕裂感，半月板损伤常合并滑膜损伤，或半月板活动牵拉滑膜而产生疼痛，尤以患侧更明显。受伤早期，因急性创伤性滑膜炎和韧带损伤，患膝积血积液而肿胀显著，慢性期可有少量积液。膝关节活动时，常可听到清脆的响声，常伴有疼痛。在行走或做某个动作时，因破裂的半月板突然移位，被卡在股骨髁与胫骨平台之间，出现膝关节不能屈伸的“绞锁”现象，行走或运动时，有关节不平、滑落感和不稳。患侧关节间隙有压痛，麦氏试验、研磨试验下压时可阳性。慢性期常有股四头肌萎缩，尤以内侧头明显。

3. 处理

急性期主要目的是治疗急性创伤性滑膜炎，以制动、消炎、止痛为主，并适当配合股四头肌“绷紧”练习，以防肌肉萎缩。若关节积血肿胀显著，应在无菌操作下抽出积血，然后用石膏托或棉花夹板加压包扎，固定于微屈位 2～3 周，同时，局部可外敷消炎、止痛的中药。慢性期，应视症状轻重不同，逐渐增加下肢负荷量，严格避免做重复受伤动作，以防再次受伤。按摩、理疗、中药外敷或熏洗等都可选用。若症状较重，经常绞锁，妨碍体育锻炼者，宜手术治疗。

4. 预防

（1）每次训练或锻炼前，要做好准备活动，提高关节的灵活性和协调性。

（2）在运动中要掌握自我保护方法；身体疲劳时不要参加剧烈运动，或减少运动负荷和强度。

（3）要加强下肢肌肉力量训练，提高膝关节的稳定性和灵敏性。

（4）伤病初愈恢复体育锻炼或训练时，要遵守循序渐进原则，以防受伤。

（五）髌骨劳损

髌骨劳损是髌骨软骨病和髌骨周缘腱止装置慢性损伤的统称。这两种损伤可单独发生，也可同时存在，损伤机制基本相同。此伤在篮球、排球、田径（尤其是田赛项目）、体操、举重等运动中较多见。

1. 病因病理

主要是膝关节（尤其是半蹲位姿势）长期负荷过度或反复微细损伤的积累而成。髌骨遭受一次外力撞击或股四头肌一次猛烈牵扯所致者甚少。膝关节半蹲位时，内、外侧副韧带相对松弛，关节稳定性下降，因而，髌骨周缘腱止部和髌韧带所承受的牵张力及髌、股骨相应关节面上所承受的压力较大。若半蹲位下再扭转发力，髌骨周缘腱止部和髌韧带附着部所承受的牵拉张力更大，出现撞击挤压和捻错摩擦。引起腱止处的缺血、变性、增生、钙化和软骨细胞的肿胀、纤维变、龟裂、剥离等一系列病理改变。在体育运动中很多动作都要求膝关节处于半蹲位（130°～150°）发力或移动，如篮球运动中的滑步防守、急停和起跳，排球运动中的半蹲起跳和救球，投掷铁饼时的半蹲转体等，若训练方法安排不当，膝关节的此种负荷过多或过于集中，就可引起髌骨劳损。

2. 征象

发病缓慢，症状渐起，膝关节酸软疼痛是本病的主要症状，早期只在大运动负荷训练后感到膝关节酸软无力，休息后症状多可消失，随着损伤程度的加重，膝关节酸软疼痛逐渐加重，但准备活动后可减轻，运动结束又加重，休息后又可减轻，继而出现持续疼痛，严重者走路和静坐时也痛，膝关节出现酸胀疼痛症状与完成半蹲位发力动作密切有关。膝关节常有轻度积液，病程长、症状较重者多有股四头肌萎缩，尤以股内肌为明显。髌尖、髌骨周缘有压痛，按压并上下、左右推动髌骨时，可有髌骨压迫痛。抗阻伸膝时多在伸至110°~150°疼痛，单足半蹲试验和髌骨软骨摩擦试验可阳性。晚期 X 射线片上多有髌骨关节间隙变窄、髌骨关节面上下缘骨赘、髌韧带增厚或钙化等各种改变。

3. 处理

关节软骨损伤后其本身的修复能力极差，至今尚无特效的保守治疗方法，因而更要注重预防。按摩、中药外敷或中药渗透药外敷、理疗、针灸、注射疗法等均可采用。

4. 预防

（1）要在全面身体训练的基础上发展专项训练。

（2）要合理安排运动负荷，改进训练方法，注意训练节奏，避免膝部负荷过度。

（3）循序渐进地加强股四头肌力量训练，提高膝关节的稳定性和髌骨腱止装置对牵拉力的适应性。

（4）要掌握正确的动作要领，纠正错误动作。

（5）每次训练课后，做单足半蹲试验，以便早期发现和及时处理。

（6）运动后要及时把汗擦干，注意保暖，防止着凉受风，并采用按摩、热水浴等方法加速疲劳的消除。

八、踝关节扭伤

（一）应用解剖

踝关节是由胫腓骨下端和距骨组成，胫骨下端内侧向下的骨突称为内踝，胫骨下端后缘也稍向下突出，称为后踝，腓骨下端突出部分称为外踝。外踝比内踝窄，但较长，其尖端在内踝尖端下 0.5cm，且位于内踝后约 1cm，内、外、后三踝构成踝穴，距骨位于踝穴内，距骨分体、颈、头三部分，有 6 个关节面。距骨体前宽后窄，上面的滑车关节面与胫骨下端的凹形关节面相接，其两侧关节面与内、外踝关节正好嵌合，距骨体下面有三个关节面，与跟骨的相应关节面对合，距骨头的关节面和舟骨构成距舟关节。

内踝韧带又称为三角韧带，呈三角形，尖朝上，底朝下，呈扇形，故比较坚强。外侧副韧带分三束，即距腓前韧带、距腓后韧带、跟腓韧带，较内侧副韧带薄弱。胫腓骨下端有一坚强而有弹性的联合韧带相连，包括骨间韧带、下胫腓前韧带、下胫腓后韧带、横韧带。踝关节的背伸跖屈活动范围有 70°左右。当踝关节背伸时，腓骨外旋上升，韧带相应紧张（胫腓二骨分开），距骨内外侧关节面与内外踝关节面紧密相贴，此时踝关节最稳定，如在背伸位受伤时，多造成骨折。当踝关节跖屈时，距骨体较宽部分滑出踝穴，其较窄部分进入关节内，腓骨内旋、下降并向前移动，踝穴变窄，距骨与两踝关节面仍然接触，但下胫腓联合韧带变松弛，此时踝关节处于不稳定状态，易造成韧带损伤。

（二）踝及足部运动损伤的检查方法

（1）内翻试验。检查者一手握住患肢小腿下部并固定，另一手握患足外侧将踝关节内翻，若外侧疼痛，踝关节无异常活动，提示踝关节外侧韧带扭伤。若两侧对比，距上关节外侧“开口感”增大，出现异常的内翻活动，则提示距腓前韧带或与跟腓韧带同时断裂。

（2）外翻试验。检查者一手握住患肢小腿下部并固定，另一手握患足内侧将踝关节外翻，若出现踝关节内侧疼痛，无关节不稳，提示内侧三角韧带扭伤。若伴有关节不稳，出现异常外翻活动，则提示三角韧带断裂。

（3）踝关节抽屉试验。检查者一手握患肢小腿下部，另一手握足跟，使距骨向前或向后错动，两踝对比，若患侧活动范围较大为阳性，提示踝关节外侧韧带或内侧韧带全断裂。

（4）捏小腿三头肌试验。患者俯卧，两足置床沿外，检查者用手捏患肢小腿三头肌肌腹，正常者捏肌肉时踝关节立即跖屈，若踝关节无跖屈活动则为阳性，提示跟腱完全断裂。

（三）踝关节侧副韧带损伤

踝关节扭伤占踝和足部损伤的1/3以上，在整个运动损伤中约占8%，居关节韧带损伤的首位。单纯内侧副韧带损伤较少见，常见的是外侧副韧带，尤其是距腓前韧带损伤，此伤多见于球类、田径、体操和武术运动中。

1. 病因病理

运动中由于场地不平、身体疲劳或跳起落地时身体失去平衡等，致使踝关节发生内翻（旋后）或外翻（旋前），使外侧或内侧副韧带受到过度牵扯、部分断裂或完全断裂。若距腓前韧带和跟腓韧带同时断裂，或三角韧带完全断裂时，多有踝关节暂时性脱位或半脱位，并可合并外踝或内踝骨折。

2. 征象

有踝关节突然内翻或外翻损伤史，伤后踝关节外侧或内侧疼痛，局部肿胀，若韧带和关节囊撕裂后，关节血肿，局部出现皮下瘀血，踝关节活动功能明显受限，出现跛行。伤部明显压痛，外侧副韧带扭伤则踝关节内翻试验时疼痛加重。外侧韧带全断裂时，踝关节外侧关节间隙增大，关节不稳，抽屉试验阳性；内侧三角韧带扭伤时，踝外翻试验疼痛加重。若三角韧带完全断裂时，并发关节脱位有时可自动复位，但伤处有凹陷，踝关节强迫内翻试验出现关节不稳，有异常外翻活动，抽屉试验阳性。

踝关节外侧韧带损伤时可合并外踝骨折，应注意鉴别。单纯外侧副韧带损伤时，压痛多在外踝下方，外翻试验时（除断裂的韧带嵌入关节外）一般不痛；合并外踝骨折时，压痛在外踝或外踝上，外翻试验时外侧疼痛。最后鉴别依靠X射线摄片。此外还应仔细检查踝、足部其他合并伤，以免漏诊。

3. 处理

伤后立即用拇指指腹压迫痛点止血，趁局部疼痛尚轻、关节两侧肌肉未出现痉挛时，立即做踝关节强迫内翻或外翻试验和抽屉试验，以了解是否韧带完全断裂。若疑有韧带完全断裂或合并骨折时，经加压包扎后送医院处理。韧带轻度扭伤，应立即冷敷，然后用棉花或海绵置于伤部作加压包扎并抬高伤肢。绷带包扎时要注意行走方向，如外侧韧带损伤时，使踝关节处于轻度外翻背伸位。24h 后，可选用外敷中药、理疗、按摩、针灸、注射疗法等，3~4 天后在保持原固定下练习行走。对韧带部分断裂，踝关节强迫内翻或外翻试验有轻微不稳的患者，经冷敷、加压包扎后，用托板固定 3 周，2~3 天后拆除加压包扎，配合中药外敷、理疗、针灸、按摩等，并继续托板固定，也可采用石膏管型固定 3 周。

4. 预防

（1）做好准备活动。

（2）加强运动场地的维修与保养，并做好安全检查。

（3）掌握自我保护的方法。

（4）加强足踝部力量训练，提高踝关节的稳定性和协调性。

（5）对易伤者在运动或比赛时要用保护支持带。

九、跟腱周围炎

跟腱周围炎是指跟腱及其周围的腱周组织的创伤性炎症，本症多见于田径跑跳项目和体操运动中。

（一）病因病理

主要是由于小腿三头肌反复急剧收缩造成局部劳损，或突然一次猛烈的拉伤，使跟腱纤维和腱围组织受到过度牵扯或部分撕裂，引起血管受损，血运障碍，以致供血不足，逐渐发生跟腱纤维变性，腱围组织因劳损或外伤撕裂导致肥厚和粘连。

（二）征象

跟腱部疼痛，初期在运动前或运动后疼痛，踏跳、蹬地和提踵时疼痛较明显，准备活动后疼痛多能消失或减轻。若继续训练，多次重复受伤动作，则疼痛加重，以致走路或不负重屈伸踝关节时也有疼痛，跟腱两侧有压痛，抗阻跖屈试验时疼痛，晚期患者常出现跟腱增粗，呈梭形肿大。跟腱腱围炎应与跟腱断裂相鉴别，后者可触及裂隙，捏小腿三头肌试验阳性。

（三）处理

急性期应局部休息，外敷中药或局部注射疗法，但不可刺入腱内，也不宜多用，并应用支持带保护以免再伤。2 周后可开始跑跳练习。慢性期可进行按摩、理疗、中药外敷等，但更重要的是安排训练，用全脚着地慢速跑，并逐渐增加距离，可使部分患者症状自然消失。症状较重经保守治疗无效或已出现肌腱硬化症者，可手术治疗。

（四）预防

（1）合理安排训练，避免局部负荷过度。

（2）防止局部受凉；运动后用按摩、热敷等方法消除局部疲劳。

（3）跟腱腱围炎患者易发生跟腱断裂，因此在训练中必须严格控制踝关节过度背伸位的爆发式发力，如体操空翻踺子练习等。

参考文献

[1] 白文忠，李东河．运动人体科学实验教程［M］．石家庄：河北科学技术出版社，2013.
[2] 颉梦宁，李风雷．运动人体科学实验指导［M］．北京：北京理工大学出版社，2015.
[3] 丽娜，高宏图，蔺文武．基于健身目的的人体科学理论与实践指导［M］．长春：吉林大学出版社，2011.
[4] 刘田．运动人体科学理论与实践［M］．青岛：中国海洋大学出版社，2018.
[5] 陆爱云．运动生物力学［M］．北京：人民体育出版社，2010.
[6] 乔德才．运动人体科学基础教程［M］．北京：高等教育出版社，2012.
[7] 王国基，杨赳赳，张劲松．运动人体科学实验［M］．成都：西南交通大学出版社，2015.
[8] 王瑞元，苏全生．运动生理学［M］．北京：人民体育出版社，2011.
[10] 徐玉娥，赵辉，邱娟，等．运动人体科学实验教程［M］．西安：西北工业大学出版社，2018.
[11] 姚鑫．运动人体科学实验教程［M］．北京：北京师范大学出版社，2016.
[12] 于森，刘忆冰．运动人体科学实验［M］．北京：人民体育出版社，2018.
[13] 张波，牟其林，李睿，等．体育训练与运动人体科学研究［M］．长春：吉林大学出版社，2017.
[14] 张月杰，李晓薇，卢明锋．由四种生物大分子代谢联络图分析物质代谢的特点［J］．生物学教学，2021，46（5）：4.
[15] 宋波．髋关节的骨骼肌运动能力对竞技健美操难度动作的重要分析［J］．运动，2011（15）：3.
[16] 左智炜，乔鹏岗，邢旭东，等．正常人大脑皮层言语分区结构性不对称研究［J］．磁共振成像，2015，6（2）：4.
[17] 张凌燕，温庆城，张志文．神经系统与内分泌系统的相互影响与协同作用［J］．生物学通报，2006（7）：24-25.
[18] 曾鹏，马应旭，李向平．血小板聚集率在心血管疾病及抗血小板治疗中的作用与意义［J］．中南药学，2016（9）：6.
[19] 郝传明，李菁．2019年诺贝尔生理学医学奖：机体细胞感受氧变化及适应性反应的机制［J］．生理学报，2019，71（6）：4.
[20] 李洁，刘蕊，陈葆青．深呼吸训练器大负荷气肌训练对稳定期COPD患者肺功能和运动耐力的影响［J］．中国医学装备，2019，16（4）：4.
[21] 李勇，王静丽．影响运动员食品安全的相关研究——评《膳食营养与食品安全》［J］．食品工业，2019，40（11）：1.
[22] 李刚．体内脂肪代谢障碍的原因［J］．中国保健食品，2011（7）：1.
[23] 张梅．探究学生肺活量测试中存在的问题及解决方法［J］．新课程，2017（33）：1.